직업으로서의 정치
직업으로서의 학문

막스 베버(Max Weber)
1864~1920

현대지성 클래식 57

직업으로서의 정치
직업으로서의 학문

POLITIK ALS BERUF

WISSENSCHAFT ALS BERUF

막스 베버 | 박문재 옮김

현대
지성

2부 직업으로서의 학문

일러두기

1. 본서에 수록된 『직업으로서의 정치』는 Max Weber, *Gesammelte Politische Schriften* (München: Drei Masken, 1921) pp. 396~450을, 『직업으로서의 학문』은 Max Weber, *Gesammelte Aufsätze zur Wissenschaftslehre* (Tübingen: Mohr, 1922) pp. 524~555을 대본으로 삼아 번역했다. 영어 번역본으로는 다음을 참조했다. Gerth and Mills, *From Max Weber: Essays in Sociology* (New York: Oxford University Press, 1946), Peter Lassman and Ronald Speirs, *Weber: Political Writings*, Cambridge Texts in The History of Political Thought (Cambridge: Cambridge University Press, 1994).

2. 인명과 지명 등 고유명사는 외래어 표기법을 따랐고, 본서에 수록된 두 강연에 나오는 장절 분류와 제목은 원문에는 없는 것으로 역자가 독자의 편의를 위해 추가했다.

3. 본문의 각주는 모두 역자가 붙인 것이다.

1부

직업으로서의 정치

1

서론

여러분의 요청에 따라 이 강연을 진행하게 되었지만, 여러분은 여러 모로 실망할 수밖에 없을 것입니다. 먼저 이 강연이 직업[1]으로서의 정치에 관한 강연이기 때문에, 여러분은 무의식적으로 내가 오늘날의 현안들[2]에 대해 어떤 입장을 표명하지 않을까 기대할 것입니다. 하지

---

1 원래 "소명"이라는 뜻을 지닌 Beruf를 신이 사람에게 정해준 직업, 즉 천직이라는 의미로 사용한 최초의 인물은 루터였다. 루터는 『성경』을 독일어로 번역하면서, 세속적인 직업을 신의 부르심이라는 뜻에서 Beruf로 지칭했다. 이 번역서에서는 문맥에 따라 "소명"이나 "직업"으로 번역했다. 베버는 정치가라는 직업이 지닌 "소명"으로서의 의미를 강조한다.

2 베버는 프로이센왕국의 총리대신 비스마르크가 독일을 통일해 독일제국(1871~1918)을 세우기 몇 년 전에 태어나 관료주의적인 독일제국에서 거의 평생을 살다가, 제1차세계대전(1914~1918)과 독일혁명(1918), 바이마르공화국의 수립(1919. 2. 13)이라는 격동기를 겪었다. 이 강연을 했던 때가 1919년 1월 28일이기 때문에, 여기서 "오늘날의 현안들"은 제1차세계대전의 패전국으로서 막대한 배상금으로 말미암아 발생한 극심한 인플레이션 같은 경제적 위기, 독일제국이 무너진 시기에 정권을 잡기 위해 벌어진 극좌파, 사회주의자, 우파 간의 극심한 권력 투쟁, 그리고 카를 리프크네히트와 로자 룩셈부르크가 이끄는 극좌파 단체인 스파르타쿠스단의 폭동(1919. 1. 5~11) 등 일련의 사회적 혼란을 가리킨다.

만 나는 우리가 살아가는 삶 전체 속에서 정치 행위가 지니는 의미와 관련해 몇 가지 질문을 다루고 나서, 마지막으로 현안들에 대한 입장을 순전히 형식적으로만 제시할 것입니다.

다음으로 나는 오늘의 강연에서 어떤 정치를 해야 하는가, 즉 정치 행위에 어떤 내용을 담아야 하는가[3]와 관련된 모든 질문은 완전히 배제할 것입니다. 그런 질문은 직업으로서의 정치가 무엇이고 무엇을 의미할 수 있는가 하는 일반적인 질문과 아무런 관련이 없기 때문입니다. 그러면 이제 본론으로 들어가겠습니다.

1) 정치와 국가

정치란 과연 무엇을 의미합니까? 정치라는 개념은 대단히 광범위해

---

3   당시 독일을 이끌고 있던 정당은 1875년 전독일노동자동맹과 독일사회민주노동당이 통합해 결성한 사회민주당(Sozialdemokratische Partei Deutschlands, SPD)이었다. 하지만 제1차세계대전에 대한 책임 문제로 중도좌파는 갈라져 독립사회민주당(USPD)을 결성했고, 극좌파도 갈라져 독일공산당(KPD)의 전신인 스파르타쿠스단을 결성했다. 하지만 프리드리히 에베르트가 이끄는 다수사회민주당(MSPD)은 1918년부터 자유주의자 및 보수주의자와 힘을 합쳐 독일혁명을 주도한 극좌파 세력을 진압했고, 1919년에는 독립사회민주당과 연합해 바이마르공화국을 수립했다. 하지만 1929년 세계 대공황으로 혼란기가 도래하면서, 정권을 장악하고 있던 사회민주당의 세력이 약화되었다. 결국 1934년 국가사회주의독일노동자당(Nationalsozialistische Deutsche Arbeiterpartei, NSDAP, '나치스')을 이끌던 아돌프 히틀러가 총통이 되면서 바이마르공화국 시대는 막을 내렸다. 따라서 이 질문은 당시 독일이 정치적으로 어느 노선을 채택해야 하느냐였다. 하지만 베버는 앞서 1917년에 행한 첫 번째 강연인 「직업으로서의 학문」에서 그런 당파적인 질문에 대한 대답은 학자인 대학교수가 해야 할 일이 아니며, 학자는 오직 "일반적인 질문"에 대해서만 대답할 수 있다고 단호하게 말한다.

서 독자적으로 수행하는 온갖 종류의 지도 활동을 포함합니다. 사람들은 은행의 외환 정치,[4] 중앙은행의 할인율 정치, 노동조합의 파업 정치라는 말을 사용합니다. 또한 한 도시나 지방자치단체의 학교 정치, 협회 이사진의 지도 정치, 심지어 남편을 조종하려고 하는 영리한 아내의 정치라는 말까지 사용합니다.

오늘 저녁 우리는 당연히 그런 식의 폭넓은 정치 개념을 기초로 우리가 정한 주제를 고찰해나가지는 않을 것입니다. 나는 여기서 정치라는 개념을, 오늘날에는 국가라고 부르는 정치적 결사체의 지도[5] 또는 그 지도에 영향을 미치는 것으로 이해하고자 합니다.

하지만 사회학적 관점에서 보았을 때, 정치적 결사체, 즉 국가란 무엇일까요? 사회학적으로는 국가도 다른 정치적 결사체들과 마찬가지로 국가가 수행하는 업무의 내용을 기준으로 정의할 수 없습니다. 정치적 결사체가 때때로 손대지 않는 업무는 거의 없었고, 게다가 사람들이 오늘날 국가라고 부르는 정치적 결사체, 또는 역사적으로 근대국가의 전신인 정치적 결사체들이 언제나 독점적으로 수행해온 고유한 업무가 있었다고 말할 수도 없기 때문입니다. 따라서 사회학적으로 보았을 때, 결국 근대국가는 모든 정치적 결사체와 마찬가지로

---

4 우리나라 말에서 "정치"는 통상 국가의 권력을 획득하고 유지하며 행사하는 활동을 뜻하고, "정책"은 정부나 단체, 개인이 취하는 노선이나 방침을 뜻하기 때문에 서로 다른 개념이지만, 독일어 Politik은 "정치"라는 의미와 "정책"이라는 의미를 둘 다 포함한다. 여기서는 의도적으로 "외환 정책"을 "외환 정치"로 번역했다.

5 Leitung은 "이끌다"를 뜻하는 동사 leiten의 명사형으로, 영어로 표현하면 leading에 해당한다. 즉, 베버는 국가를 이끌어가는 것 또는 국가를 이끌어나가는 데 영향을 미치는 행위가 정치라고 정의한다.

국가가 고유하게 지니고 있는 특수한 수단인 물리적 강제력이라는 관점에서만 정의할 수 있습니다.

예전에 트로츠키[6]는 브레스트-리토프스크[7]에서 "모든 국가는 강제력에 토대를 두고 있다"라고 말했습니다. 이 말은 실제로 옳습니다. 사회적 결사체가 존재하는데 강제력이라는 수단을 지니고 있지 않다면 국가라는 개념은 없을 것이고, 사람들이 진정한 의미에서 무정부 상태라고 부를 수 있는 현상이 벌어질 것입니다. 물론 강제력이 국가가 지닌 통상적인 수단 또는 유일한 수단이라고 말할 사람은 아마도 없을 것입니다. 하지만 물리적 강제력이 국가가 지닌 특별한 수단이라는 것은 분명합니다.[8]

바로 오늘날 국가와 강제력의 관계는 특히 밀접합니다. 과거에는 친족 집단을 비롯해 아주 다양한 결사체들이 물리적 강제력을 지극히 통상적인 수단으로 사용했습니다. 반면에 오늘날 국가는 국가라는 개

---

6 "트로츠키"(1879~1940)는 러시아의 혁명가로서, 멘셰비키(소수파) 입장에서 볼셰비키(다수파)와 대립했다. 레닌은 노동자 계급이 주도하는 부르주아 민주주의 혁명을 거쳐 무장봉기를 통해 프롤레타리아 독재로 나아가야 한다는 입장이었지만, 트로츠키는 부르주아와 지속적으로 협력하면서 일단 자유주의적인 자본주의 체제를 건설해야 한다고 하는 "영구혁명론"을 주장했다. 또한 러시아만의 일국사회주의를 통해 세계 혁명을 이룰 수 있다고 주장한 스탈린에 반대했고, 유럽의 사회주의혁명을 지원하고 연대해 세계 혁명을 이루어야 한다고 주장했다.

7 "브레스트-리토프스크"는 모스크바와 폴란드의 수도 바르샤바를 잇는 교통의 요지로서 러시아 서쪽의 국경 도시였다. 러시아혁명을 통해 수립된 소비에트 정부가 1918년 3월에 제1차세계대전의 교전국이었던 독일, 오스트리아 등과 단독으로 강화조약을 맺은 곳이기도 하다. 1919년에 폴란드의 영토가 되었다.

8 "물리적 강제력"은 국가가 자신의 목적을 달성하기 위해 "통상적으로" 사용하거나 "유일하게" 사용하는 수단은 아니지만, 오직 국가만이 행사할 수 있는 수단이라는 뜻이다.

넘의 특징에 속하는 일정한 영토 내에서 합법적인 물리적 강제력의 독점을 요구해 성공적으로 관철시킨 유일한 인간 공동체라고 말해야 할 것입니다. 국가 이외의 다른 모든 결사체나 개개인이 국가가 허용하는 범위 내에서만 물리적 강제력을 사용할 권리를 부여받는 것, 즉 국가가 강제력과 관련된 권리의 유일한 원천이라는 것은 오늘날의 특별한 현상이기 때문입니다.

또한 우리는 정치를 국가들 사이에서든, 한 국가 내에서 그 국가가 포괄하는 여러 인간 집단들 사이에서든 권력에 참여하고자 하거나 권력 배분에 영향을 미치고자 하는 시도라고 부를 수도 있을 것입니다. 이러한 정의는 정치라는 단어의 용법과도 기본적으로 일치합니다.

사람들은 어떤 문제를 정치적인 문제라고 말하고, 어떤 각료나 공직을 정치적인 공직이라고 말하며, 어떤 결정을 정치적인 결정이라고 말하기도 합니다. 이럴 때 '정치적인'이라는 말은 권력 배분이나 권력 유지 및 권력 이동과 관련된 이해관계가 그 문제를 해결하거나 그 결정에 영향을 미치거나 그 공직자의 활동 영역을 결정적으로 규정한다는 의미입니다.

정치를 하는 사람은 권력을 추구합니다. 사람들은 다른 목적, 즉 이념적이거나 이기적인 목적을 이루기 위한 수단으로 권력을 추구하거나, 권력이 주는 특권 의식을 누리기 위해 권력 그 자체를 추구합니다.

국가는 역사적으로 국가보다 앞서 존재했던 정치적 결사체들과 마찬가지로, 합법적인, 다시 말해 합법적인 것으로 여겨지는 강제력이라는 수단 위에 세워진, 인간에 대한 인간의 지배 관계입니다. 국가가 존속하기 위해 피지배자들은 그때그때의 지배자들이 주장하는 권위에 복종해야 합니다.

그렇다면 피지배자는 언제, 그리고 왜 지배자에게 복종할까요? 그러한 지배는 어떠한 내적 정당성과 외적 수단에 근거하고 있는 것일까요?

2) 지배의 내적 조건: 전통, 카리스마, 합법성

먼저 지배의 내적 정당성의 근거부터 살펴보겠습니다. 지배의 합법성의 근거는 원칙적으로 세 가지입니다. 그중 하나는 영원한 과거가 지닌 권위, 즉 아주 오랫동안 통용되어왔고 습관적으로 지켜져왔기 때문에 신성시된 관습의 권위입니다. 옛적에 족장이나 세습적인 지도자가 행하는 전통적 지배가 여기에 속합니다.

다음은 비범한 개인의 천부적 자질(카리스마)이 지닌 권위, 즉 한 개인의 계시나 영웅적 행위, 그 밖의 다른 지도자적 자질에 대해 사람들이 순전히 인격적으로 헌신하고 신뢰함으로써 생겨나는 권위입니다. 예언자, 정치 영역에서는 전쟁 영웅이었다가 지도자로 선출된 군주, 투표로 뽑힌 지배자, 뛰어난 대중 선동가, 정당 지도자가 행하는 카리스마적 지배가 이러한 유형에 속합니다.

마지막은 합법적 지배, 즉 법령의 타당성과 합리적으로 제정된 규칙에 기초한, 그리고 객관적 권한에 대한 믿음에 의거한 지배입니다. 이 경우에 복종은 법령에 따른 의무의 이행입니다. 이것은 근대적인 관료와 그 밖에 법령에 따른 권력을 행사하는 모든 사람이 행하는 지배 유형입니다.

　물론 잘 알다시피 현실에서 복종 여부를 결정하는 것은 주술적인 힘이나 권력자의 보복에 대한 공포, 내세나 현세에서의 보상에 대한 희망 등 아주 강력한 동기를 비롯한 매우 다양한 종류의 이해관계입니다. 이에 대해서는 곧 살펴보겠습니다. 하지만 사람들이 이러한 복종의 정당성의 근거를 따지다 보면, 틀림없이 위와 같은 세 가지 순수한 유형에 도달하게 됩니다.

　이러한 정당성이라는 개념과 그 내적 근거는 지배 구조와 관련해 아주 중요한 의미를 지닙니다. 물론 이 유형들은 현실에서 순수한 형태로 나타나지는 않습니다. 하지만 오늘 이 자리에서 이 세 가지 순수한 유형의 아주 복잡한 형태나 변형 형태, 또는 결합 형태를 다룰 수는 없습니다. 그것은 일반 국가론에 속하는 문제입니다.

　우리가 여기에서 특히 주목하는 것은 두 번째 유형, 즉 지도자의 순전히 개인적인 카리스마에 대한 피지배자들의 헌신에 의거한 지배입니다. 이 유형의 지배에 소명이라는 개념이 가장 깊이 뿌리내리고 있기 때문입니다.

　사람들이 예언자나 전쟁 지도자, 민회[9] 또는 의회의 아주 뛰어난 대중 선동가의 카리스마에 헌신한다는 것은 진정으로 그 인물 개인을

9　"민회"로 번역한 Ekklesia는 그리스어 ἐκκλησία('에클레시아')에서 온 단어로, 고대 그리스의 도시국가에서 열렸던 시민들의 총회를 가리키는 말이다. 아테네에서 기원전 594년에 개혁자 솔론은 모든 아테네 시민이 계급과 상관없이 민회에 참석해 전쟁 선포, 군사 전략, 최고위직 관료의 선출 등을 수행하게 했다. 민회에 참석한 시민들을 설득하는 것이 중요했기 때문에 수사학이 발달했고 소피스트들이 활발하게 활동했으며, 민회를 통해 "대중 선동가"가 두각을 나타낼 수 있었다.

소명을 받은 지도자로 인정한다는 의미이고, 사람들이 그에게 복종하는 것은 관습이나 법령 때문이 아니라 그 사람을 신뢰하기 때문입니다. 그 사람이 일시적으로 벼락출세한 편협하고 천박한 자가 아니라 그 이상의 인물이라면, 그도 자신의 본분을 따라 살면서 자기에게 맡겨진 소임을 다하고자 할 것입니다. 그리고 그의 지지자들, 즉 문하생들, 추종자들, 그를 순전히 개인적으로 열렬히 신봉하는 자들은 그의 인간됨과 자질 때문에 그에게 헌신할 가치가 있다고 여깁니다.

카리스마적 지배와 관련해 과거에 가장 중요했던 두 부류의 지도자는 한편으로는 주술사와 예언자, 다른 한편으로는 전쟁 영웅이었다가 지도자로 선출된 인물, 당파 지도자, 용병대장이었는데, 이 두 유형의 지도자는 어느 시대 어느 장소에나 등장했습니다. 하지만 우리가 특히 주목하는 것은 서양에서만 나타난 특유한 형태의 정치 지도자입니다. 이런 부류의 지도자로는 먼저 서양이라는 토양, 무엇보다도 지중해 문화의 고유한 도시국가를 배경으로 탄생한 자유로운 대중 선동가가 있고, 다음으로는 마찬가지로 서양 특유의 입헌주의국가라는 토양에서 생겨난 의회의 정당 지도자가 있습니다.[10]

하지만 물론 가장 고유한 의미에서 소명에 의거한 정치가들이 정치적인 권력 투쟁의 향방을 결정하는 데 유일하게 중요한 요인은 결코 아닙니다. 권력 투쟁의 향방을 결정하는 데 가장 중요한 요인은 이런 인물들이 어떤 종류의 보조수단을 활용할 수 있는가 하는 것입니다.

---

10 "대중 선동가(데마고그)"는 고대 그리스 도시국가에서 출현했고 "정당 지도자"는 근대 입헌주의국가의 의회 제도에서 출현했지만, 이 둘은 민회나 의회에서 카리스마가 검증된 인물이라는 공통점이 있다.

3) 지배의 외적 조건

정치적 지배 권력은 자신의 지배를 유지하기 위해 가장 먼저 무엇을 할까요? 이 질문은 모든 종류의 지배에 해당하기 때문에, 전통적 지배, 합법적 지배, 카리스마적 지배 등 모든 형태의 정치적 지배에도 적용됩니다.

모든 지배 조직이 지속적으로 공권력을 행사하기 위해서는 한편으로는 사람들의 행동을 통제해 정당한 공권력을 지니고 있다고 주장하는 지배자에게 복종하게 해야 하고, 다른 한편으로는 이러한 복종을 매개로 사안에 따라 물리적 강제력을 집행하는 데 필요한 자원, 즉 공권력 행사를 위한 인적 조직과 공권력 행사를 위한 물적 수단을 확보해야 합니다.

다른 모든 조직과 마찬가지로 정치적 지배 조직의 외적 표현인 인적 조직이 권력자에게 복종하는 것은 단지 앞에서 말한 정당성 관념 때문만은 물론 아닙니다. 개인적인 이해관계가 걸려 있는 다른 두 가지 수단 때문이기도 한데, 그중 하나는 물질적 보상이고, 다른 하나는 사회적 명예입니다. 물질적 보상으로는 가신의 봉토, 가신의 녹봉, 근대국가 관료의 보수, 기사의 명예, 신분상의 특권, 공직자의 명예가 있습니다. 그리고 이런 보상을 상실하지 않을까 걱정하는 불안이 공권력 행사를 위한 인적 조직과 권력자들 간의 연대를 형성하는 최종적이고 결정적인 토대입니다.

이것은 카리스마적 지배에도 적용됩니다. 참전한 자들에게는 전사의 명예와 전리품이 주어지고, 대중 선동가를 추종한 자들에게는 관직의 독점을 통해 피지배자를 착취할 수 있는, 이른바 전리품과 정치적으로 결정되는 이권뿐만 아니라 허영심이라는 추가적인 보상도 주어집니다.

강제력에 의존하는 지배를 유지하기 위해서는 기업 조직과 마찬가지로 일정한 외적인 물적 재화가 필요합니다. 그런데 모든 형태의 국가 질서는 통치자에게 복종하는 인적 조직이 그들이 관료이든 누구든 간에 화폐, 건물, 군수물자, 차량, 말을 비롯한 공권력 행사를 위한 물적 수단과 관련해 어떤 원칙에 기초하고 있느냐에 따라 두 가지 유형으로 구분할 수 있습니다.

하나는 공권력 행사를 위한 인적 조직이 그러한 물적 수단을 독자적으로 소유하는 것이고, 다른 하나는 공권력 행사를 위한 인적 조직을 물적 수단으로부터 분리하는 것인데, 후자는 오늘날 자본주의적 기업에서 사무직 근로자와 프롤레타리아를 물적 생산수단으로부터 분리하는 것과 같습니다. 즉, 통치자 자신이 공권력 행사에 대한 조직적인 통제권을 직접 갖고, 개인적으로 고용한 자들이나 자신이 임명한 관료들, 또는 자신의 측근과 심복에게 공권력을 행사하게 하거나 그 반대로 하는 것입니다. 전자의 경우에 공권력 행사를 위한 인적 조직은 국정 운영에 필요한 물적 수단에 대해 독자적인 권리를 지닌 소유자가 아니라 통치자의 지휘를 받습니다. 이러한 구별은 과거에 존재했던 공권력 행사를 위한 모든 조직에 적용됩니다.

우리는 공권력 행사를 위한 물적 수단의 전부 또는 일부에 대한 독자적인 권한이 통치자에게 종속된 인적 조직에 있는 정치체제를 신분제 정치체제로 부르고자 합니다. 예컨대, 봉건 체제에서 영주는 자신의 영지 안에서 행정과 사법의 비용을 스스로 지불했고, 전쟁 장비와 식량도 스스로 조달했습니다. 가신의 경우도 마찬가지였습니다. 그리고 이런 체제는 당연히 주군의 권력 지형에 영향을 미쳤습니다. 주군의 권력은 오직 가신들과의 개인적인 충성 계약, 그리고 가신들의 영지에 대한 소유권과 사회적 명예의 정당성이 주군으로부터 나온다는 사실에 기초했기 때문입니다.

그러나 정치 조직이 발전하기 시작한 초기부터 군주가 공권력 행사를 위한 인적 조직과 물적 수단을 둘 다 장악한 체제도 어디에서나 존재했습니다. 이 체제에서 군주는 노예, 시종, 집사, 측근 같이 개인적으로 그에게 종속된 자들을 통해, 그리고 자신의 창고로부터 현물과 화폐로 녹봉을 받는 자들을 통해 공권력 행사를 직접 관장합니다. 또한 공권력 행사를 위한 물적 수단을 위한 비용을 스스로, 즉 자신의 영지에서 나오는 수입으로 지불하며, 자신의 곡물 창고, 물품 창고, 무기고로부터 장비와 식량을 조달함으로써 순전히 자신에게 예속된 사병을 만들고자 했습니다.

신분제 정치체제에서 군주는 독자적인 기반을 지닌 귀족 계급의 도움을 받아 통치하면서 귀족들과 통치권을 공유하는 한편, 방금 말한 대로 공권력 행사를 위한 인적 조직과 물적 수단을 둘 다 장악한 군주는 자신에게 개인적으로 예속된 자들이나 평민을 활용했습니다. 이들은 재산도 없고 독자적인 사회적 명예도 없는 계층으로서, 물질적으로 군주에게 완전히 예속되어 있었고, 군주와 경쟁할 수 있는 독자적인 권력 기반도 없었습니다. 온갖 형태의 족장에 의한 지배, 세습 지배, 술탄[1]의 전제적 지배, 관료적 국가 질서가 이 유형에 속합니다.

특히, 근대국가의 특징인 가장 합리적인 형태의 관료 국가 질서가 바로 이 유형에 속합니다.

4) 근대국가와 직업 정치가의 출현

근대국가는 군주가 그와 공생해왔던, 공권력을 사적이고 독자적으로 소유하고 있던 자들의 권한을 박탈하면서 발전했습니다. 이들은 공권력 행사를 위한 수단, 전쟁 수행을 위한 수단, 재정 운용을 위한 수단, 정치적으로 활용할 수 있는 온갖 종류의 재화를 독자적으로 소유하고 있었습니다. 군주가 이들에게서 그러한 권한들을 박탈하는 과정 전체는 자본주의적 기업이 독자적인 생산자들을 점진적으로 흡수해 발전해온 과정과 전적으로 유사합니다. 이 과정이 끝났을 때, 근대국가에서는 정치 조직을 운영하기 위한 수단 전체에 대한 권한을 그 정점에 있는 한 사람이 사실상 독점합니다. 그래서 더 이상 어떤 공직자도 자신이 지출하는 돈이나 사용하고 관리하는 건물, 비축물, 도구, 무기의 개인적인 소유자가 아닙니다. 즉, 오늘날의 국가에서는 공직자들과 그 밖의 다른 인력을 포함한 공권력 행사를 위한 인적 조직과 공권력

---

11 "술탄"은 이슬람의 종교적 최고 지도자인 칼리프로부터 권한을 위임받아 특정 지역을 통치하는 정치적 지배자를 가리킨다. 종교적 권위를 의미하는 칼리프라는 명칭과 달리, 술탄은 정치적이고 군사적인 권력을 일컫는 명칭이다. 하지만 소아시아를 중심으로 세워진 이슬람 국가인 오스만제국(1299~1922)에서는 한 사람이 술탄직과 칼리프직을 동시에 갖고 있었다.

행사를 위한 물적 수단의 분리가 완벽하게 이루어졌습니다. 이것이야 말로 근대국가라는 개념의 본질에 속합니다.[12]

이 시점에서 가장 최근의 사태[13]가 전개되는데 이전에 독자적으로 정치적 수단과 정치적 권력을 소유하고 있던 자들로부터 다시 그들의 정치적 수단과 정치적 권력을 박탈하고자 하는 시도가 우리 눈앞에서 벌어지고 있습니다. 그리고 적어도 혁명 지도자들이 합법적인 정부의 자리를 차지했다는 점에서 이 혁명은 성공했습니다. 혁명의 지도자들은 권력 찬탈이나 선거를 통해 국정 운영에 필요한 인적 조직과 물적 재원을 얻기 위해 수단의 통제권을 장악했고, 자신들의 정당성을 피지배자의 의지로부터 도출했습니다. 이것이 얼마나 정당한 것인지는 별개의 문제입니다.

그들이 적어도 이러한 외관상의 성공을 토대로 과연 자본주의적 기업 내부에서도 권력의 박탈을 이루어낼 수 있는지는 또 다른 문제입니다. 자본주의적 기업의 운영은 상당히 유사하지만, 국정 운영과는 본질적으로 완전히 다른 법칙을 따르기 때문입니다.

12　베버가 활동한 시대는 여전히 독일제국(1871~1918)이 통치하던 시대였다. 독일은 여러 가문이 특정 지역을 차지하고 통치해오다가, 1871년에 호엔촐레른 가문이 이끄는 프로이센왕국이 독일을 통일함으로써 근대국가인 독일제국을 수립했다. 따라서 베버는 독일에서 근대국가가 성립된 과정을 보여주고 있다.

13　"가장 최근의 사태"는 독일혁명(1918년 11월)과 바이마르공화국의 수립을 위한 선거(1919년 1월)를 가리킨다. 독일혁명으로 독일제국은 붕괴했고, 공화국 헌법 제정을 위한 제헌의회 선거를 통해 2월 11일에는 "혁명 지도자들" 중에서 다수사회민주당(MSPD)의 당수 프리드리히 에베르트를 공화국의 대통령으로 선출했다. 강연 날짜는 1919년 1월 28일이지만 일련의 정치적인 일정은 이미 정해져 있었다. 베버는 피지배자들이 자신들의 의지에 따라 군주의 권력을 박탈하고 제정에서 공화정으로 통치 체제를 바꿨다고 말한다.

오늘 나는 이 문제[14]에 대한 입장을 밝히지는 않고, 단지 우리가 다루는 주제를 고찰하는 데 필요한, 순수하게 개념적인 측면만을 밝혀두고자 합니다. 근대국가는 자신의 영토 내에서 지배 수단인 정당한 물리적 강제력을 독점하는 데 성공한 공적이고 제도적인 지배 조직입니다. 그리고 근대국가는 이러한 독점을 위해 공권력 행사에 필요한 물적 수단을 국가 지도자의 수중에 통합시키고, 이전에 이 물적 수단에 대한 독자적인 소유권을 행사했던 모든 지배층의 권한을 박탈한 후, 그들의 자리를 대체해 최고 정점에 국가 자신을 두었습니다.

성공의 정도는 서로 다르지만, 세계의 모든 나라에서 이러한 정치적 박탈 과정이 진행되고 있고, 이 과정에서 처음에 군주들에게 봉사하는 자들 가운데서 두 번째 범주에 속한 직업 정치가들이 출현했습니다. 이들은 카리스마적 군주처럼 스스로 군주가 되려고 하는 자들이 아니라, 군주에게 봉사하는 자들이었습니다. 그들은 이 권력 투쟁에서 군주 편에서 정책을 집행해줌으로써, 한편으로는 자신들의 물질적 생계 기반을 확보하고, 다른 한편으로는 자신들의 삶에 이념적 내용을 부여했습니다. 그런데 이런 부류의 직업 정치가들이 단지 군주만이 아니라 다른 정치 세력에게도 봉사했다는 사실은 역시 서양에서만 발견되는 일입니다. 과거에 그들은 군주의 가장 중요한 권력 수단이자, 군주가 다른 정치 세력의 정치권력을 박탈할 때 사용한 도구였습니다.

---

14 "이 문제"는 독일혁명과 바이마르공화국의 수립을 가리킨다. 청중인 학생들은 당시 널리 존경받고 있던 베버에게 "이 문제"에 대한 구체적인 입장을 몹시 듣고 싶어 했지만, 베버는 정치적이고 당파적인 견해가 아니라 원칙적인 이야기만 하겠다고 말한다.

2

직업 정치가

1) 정치가의 여러 유형

언급한 직업 정치가를 좀 더 자세하게 살펴보기 전에, 우리는 이런 직업 정치가의 존재가 어떤 사태를 초래했는지 모든 면에서 아주 명확하고 분명하게 해둘 필요가 있습니다. 정치는 정치 조직들 사이에서, 그리고 그 조직들 내에서 권력 배분에 영향력을 행사하는 행위입니다. 따라서 경제활동과 마찬가지로 부업 정치나 전업 정치가는 물론이고 간헐적 정치가도 존재합니다. 우리는 투표를 하거나, 정치적 집회에서 찬성이나 반대 의사를 밝히거나, 정치적 연설을 하는 등 정치적 의사를 표명한다는 점에서 모두 간헐적 정치가입니다. 많은 사람의 경우 그들과 정치의 관계는 이 정도에 국한되어 있습니다.

오늘날 부업 정치가로는, 예컨대 정당정치와 관련된 여러 조직의 대표와 임원을 꼽을 수 있습니다. 그들은 원칙적으로 필요한 경우에만 정치 활동을 하고, 물질적으로나 이념적으로 이러한 정치 활동을 그들의 삶에서 최우선 순위로 삼지 않습니다. 소집할 때만 활동하는 추밀원[15]을 비롯해 그와 유사한 자문기관에 속한 사람들도 마찬가지 입니다. 또한 회기 중에만 정치 활동을 하는 상당수의 국회의원도 이런 유형에 해당합니다.

과거에 그런 사람들은 주로 지배층이었습니다. 우리는 군대나 국가 행정을 운영하는 데 중요한 물적 수단이나 개인적인 통치 권한을 독자적으로 소유한 계층을 지배층이라 부릅니다. 이 지배층 가운데 상당수는 단지 간헐적으로만 정치에 봉사했을 뿐이고, 자신의 삶을 전적으로 또는 우선적으로 정치에 봉사하는 데 바치겠다고는 전혀 생각하지 않았습니다. 도리어 통치 권한을 지대의 확보나 노골적인 이윤 추구 등 자신의 이해관계를 관철시키는 데 활용하면서 군주나 같은 신분의 지배층에 속한 자들이 특별히 요청하는 경우에만 정치 조직에 봉사하며 정치 활동을 했습니다.

이들뿐만 아니라 군주가 오로지 자신에게만 충성하는 독자적인 정치조직을 만들기 위한 투쟁 과정에서 끌어들였던 세력 중 일부도 다르지 않습니다. 궁정 자문역들, 좀 더 거슬러 올라가서는 왕정청,[16] 그리고 군주들의 다른 자문기관에 참여한 자문역들 중 상당수도 그

---

15 "추밀원"으로 번역한 Staatsrat는 일반적으로 군주제 국가에서 군주의 자문기관을 가리킨다. 입헌군주제 국가에서는 국가 원수인 군주가 법률상의 권한을 행사할 때 추밀원의 자문을 받아 결정하게 했다. 따라서 추밀원은 입헌군주제 국가에서 군주와 의회 사이의 완충지대라고 할 수 있다.

16 "왕정청"으로 번역한 Curia는 중세 시대에는 왕의 대신과 자문역으로 이루어진 궁정 회의를 가리켰고, 고대 로마에서는 원로원이 모인 건물을 가리키는 명칭이기도 했다.

렇습니다. 하지만 이렇게 단지 간헐적으로, 또는 부업으로 돕는 세력만으로는 당연히 군주가 필요로 하는 일들을 해낼 수 없었습니다. 그래서 군주는 그의 일을 돕는 것을 전업으로 삼아서 오직 그에게만 전적으로 봉사하는 세력을 만들어야만 했습니다. 이런 세력을 어디에서 충원했는지는 당시 그 왕조의 정치조직 구조에 영향을 미쳤을 뿐만 아니라, 당시 문화에 각인된 전체적인 특징과 관련해서도 본질적으로 결정적인 영향을 미쳤습니다.

그런데 군주의 권력을 완전히 제거하거나 대폭적으로 제한해 이른바 자유로운 정치 공동체를 건설해나가고 있던 정치조직도 군주와 마찬가지로 그런 세력이 절실하게 필요했습니다. 여기서 '자유로운'이라는 말의 의미는 강제력에 의한 지배로부터의 자유를 뜻하는 것이 아니라, 전통에 의해 정당화되고 대부분이 종교적으로 신성화된 모든 권력의 유일한 원천이었던 군주 권력이 이 정치 공동체에는 존재하지 않는다는 것을 뜻합니다. 역사적으로 오로지 서양에서만 뿌리를 내린 이 자유로운 정치 공동체는 지중해 문화권에서 처음으로 등장한 정치조직으로서의 도시였습니다. 이 모든 경우에 전업 정치가의 모습은 어떠했을까요?

2) 직업으로서의 정치: 두 가지 방식

사람이 정치를 직업으로 삼는 데는 두 가지 방식이 있습니다. 하나는 정치를 위해 살아가는 것이고, 다른 하나는 정치에 의존해 살아가는 것입니다. 이 두 가지 방식은 결코 서로 배타적이지 않습니다. 도리어 사람들은 적어도 이념적으로는, 그리고 대부분 물질적으로도 이 두 가지를 병행합니다. 정치를 위해 살아가는 사람도 내적으로는 정치에 의존하는 삶을 살아갑니다. 그 사람은 자신이 권력을 소유해 행사하는 것 자체를 즐기거나, 하나의 대의에 헌신하는 것이 자신의 삶의 의미라는 인식을 통해 내면의 안정과 자부심을 얻습니다. 이렇게 내적인 측면에서 진정으로 하나의 대의를 위해 살아가는 모든 사람은 분명히 그 대의에 의존해 살아가는 것입니다.

하지만 정치를 직업으로 삼는 두 가지 방식의 차이는 이 문제와 관련해 훨씬 더 중요한 경제적 측면과 결부되어 있습니다. 직업으로서의 정치에 의존해 살아가는 사람은 정치를 자신의 지속적인 수입원으로 삼고자 하는 반면에, 정치를 위해 살아가는 사람의 경우에는 그렇지 않습니다.

사유재산 제도가 지배하는 곳에서 사람이 정치를 위해 살아가려면 경제적 측면에서 대단히 통속적인 전제 조건이 필요합니다. 그런 사람은 일상에서 정치가 그에게 가져다줄 수 있는 수입에 경제적으로 의존하지 않아야 합니다. 아주 단순하게 말해서, 재력이 있거나 충분한 수입을 안겨주는 생활 여건을 갖춰야 한다는 것입니다. 적어도 일상적인 상황에서는 그래야 합니다.

물론, 전쟁 군주를 따르는 자나 거리의 혁명 영웅을 따르는 자는 일상적인 경제 조건을 거의 도외시합니다. 이 두 부류의 사람은 전리품이나 약탈물, 몰수하거나 징발한 물품, 아무 가치도 없는 지불 수단의 강제에 의존해 살아가는데, 이는 모두 본질적으로 동일합니다. 하지만 이런 상황은 비일상적인 현상일 수밖에 없습니다.

따라서 일상적인 경제에서는 오직 독자적으로 재력을 갖추고 있을 때만 정치를 위해 살아갈 수 있습니다. 그러나 이것만으로는 충분하지 않습니다. 더 나아가 경제 활동에서 자유로워야 합니다. 즉, 자신의 노동력과 사고의 전부 또는 상당 부분을 계속해서 영리 활동에 쏟아붓지 않아도 수입이 보장되어야 합니다.

이런 의미에서 경제 활동에서 무조건적으로 가장 자유로운 사람은 노동을 하지 않고 이자나 지대를 모든 수입의 원천으로 삼아 생활하는 사람입니다. 이 수입은 과거의 영주, 오늘날의 대지주와 귀족처럼 지대—고대와 중세에서는 노예 또는 농노가 바치는 지대—로부터 나오거나, 유가증권이나 그와 비슷한 근대적인 자본 투자로부터 나옵니다.

그러나 노동자는 물론이고, 특히 매우 주목할 만한 일입니다만 기업가도, 그리고 바로 근대적인 대기업가도 앞에서 말한 의미에서 경제 활동으로부터 자유롭지 않습니다. 기업가야말로 자신의 기업을 경영하는 일에 묶여 있어 경제 활동에서 자유로울 수 없기 때문입니다. 농업 분야 기업가는 농업이 지닌 계절성 때문에 산업 분야 기업가보다 훨씬 더 낫기는 합니다만, 대개의 경우 기업가가 잠시라도 다른 누군가에게 자신의 역할을 맡긴다는 것은 대단히 어렵습니다.

예컨대, 의사도 마찬가지입니다. 그가 실력이 뛰어나고 할 일이 많을수록 자리를 비우기가 더욱 어렵습니다. 변호사는 사정이 좀 더 낫습니다만, 이는 순전히 업무 특성에서 기인합니다. 따라서 변호사는 직업 정치가로서도 다른 직종과 비교할 수 없을 정도로 큰 역할을 해왔는데, 주로 지배적인 역할을 했습니다. 이렇게 구체적인 예시를 들어 설명하는 것은 이 정도로 해두고, 지금까지의 고찰에서 생겨나는 몇 가지 함의에 대해 살펴보기로 합시다.

경제적인 측면에서 정치에 의존해 살아가는 사람들이 아니라, 전적으로 정치를 위해 살아가는 사람들이 한 국가나 정당의 운영을 이끈다는 것은 필연적으로 정치적 지도층이 금권주의적으로 충원될 수밖에 없다는 것을 의미합니다. 그렇다고 해서 그 반대도 옳다는 말은 물론 아닙니다. 즉, 국가나 정당을 금권주의적으로 운영한다고 해서 이런 정치적 지배 계층이 정치에 의존해 살아가고자 하지 않았다는 것, 다시 말해서 그들이 자신들의 정치적 지배를 사적인 경제적 이해관계를 위해 활용하지 않았다는 의미는 아닙니다.

당연히 그렇지 않습니다. 자신들의 정치적 지배를 사적인 경제적 이해관계를 위해 어떤 식으로든 활용하지 않은 지배 계층은 없었습니다. 따라서 한 국가나 정당을 전적으로 정치를 위해 살아가는 사람들이 운영한다는 의미는 단지 이렇습니다. 즉, 정치를 위해 살아가는 직업 정치가는 자신의 정치 활동에 대한 직접적인 경제적 보상을 추구할 필요가 없는 반면에, 재력이 없는 직업 정치가는 자신의 정치 활동에 대한 직접적인 경제적 보상을 요구할 수밖에 없다는 뜻입니다.

그렇다고 해서 재력이 없는 정치가는 정치를 통해 자신의 생활을 위한 경제적인 문제만을 오로지 또는 주로 염두에 두고, 대의에는 전혀 또는 별로 생각하지 않는다는 의미는 아닙니다. 이보다 더 잘못된 생각은 없을 것입니다. 경험에 비추어 보았을 때 재력가는 자신의 인생 목표 전체에서 의식적으로든 무의식적으로든 자기 생활의 경제적

안전성을 가장 중요하게 생각합니다. 반면에 무모하고 거침이 없는 정치적 이상주의는 기존의 경제체제를 유지하는 것이 이익인 집단에서 완전히 배제되어 있는, 가진 재산이 없는 계층에서 발견됩니다. 이 계층에서만 발견된다는 의미는 아닙니다만, 이 말은 특히 비일상적인 시기인 혁명기에 해당합니다.

따라서 이것이 의미하는 바는 오직 한 가지입니다. 즉, 정치 지망생이나 정치 지도자들, 그리고 그 추종자들을 금권주의적인 방식으로 충원하지 않기 위해서는, 이 정치 지망생들이 정치 활동을 통해 정기적이고 확실한 수입을 얻어야 한다는 자명한 전제 조건이 충족되어야 한다는 것입니다.

정치는 명예직으로 수행할 수도 있는데, 이런 경우에는 이른바 예속되지 않은 사람들, 즉 재력가들, 특히 이자나 지대로 살아가는 사람들이 수행합니다. 하지만 재력이 없는 사람들에게도 정치 지도자가 될 수 있는 길을 열어주기 위해서는 보수를 지급해야 합니다. 정치에 의존해 살아가는 직업 정치가는 순전히 비정기적인 수입으로 생활하는 사람일 수도 있고, 정기적으로 보수를 받는 관료일 수도 있습니다. 전자는 특정한 일을 해주고 요금이나 수수료—공식적으로 불법인 비정기적인 팁과 뇌물은 이러한 범주에 속하는 수입의 한 변형입니다—를 받아 수입을 얻고, 후자는 고정적으로 현물이나 화폐 또는 이 둘 모두를 보수로 받습니다.

과거의 용병대장이나 관직을 사고팔던 자들, 또는 미국의 보스처럼 기업가 같은 직업 정치가도 있습니다. 미국의 보스는 자기가 지출한 비용을 투자라고 생각해서 자신의 정치적 영향력을 이용해 수익을 만들어냅니다. 또한 기관지 편집인, 당 서기, 근대국가의 각료나 정치 관료 등 고정적인 보수를 받는 직업 정치가도 있습니다.

군주, 전쟁에서 승리한 정복자, 정권을 잡은 당파의 우두머리 등이 추종자들에게 지불한 보상은 과거에는 영지, 토지 증여, 온갖 종류의 녹봉이었고, 화폐경제가 발달한 후에는 특히 수수료 개념의 봉록이었습니다. 하지만 오늘날 정당 지도자는 자신에게 충성한 자에게 정당, 신문사, 협회, 의료보험, 지방자치단체, 국가에 있는 온갖 종류의 공직을 보상으로 배분합니다. 정당 간의 모든 권력 투쟁은 자신들의 정강에서 내건 목표를 둘러싼 투쟁일 뿐만 아니라, 무엇보다도 관직 배분권을 위한 투쟁이기도 합니다.

독일에서 지방분권주의자들과 중앙집권주의자들 간의 모든 투쟁은 무엇보다도 관직 배분권을 수중에 넣기 위해 베를린파, 뮌헨파, 칼스루에파, 드레스덴파[17]가 벌이는 투쟁입니다. 정당들은 정강에서 내건 목표를 배신하는 것보다 자신들이 관직을 확보하는 일에서 밀리는 것을 더 심각하게 받아들입니다. 프랑스에서는 정당의 정책에 따른 주지사들의 교체가 정당의 정강을 수정하는 것보다 언제나 더 큰 변혁으로 여겨져서 더 많은 소란을 불러일으켰습니다. 실제로 정당의 정강이 순전히 명분에 지나지 않는다는 사실을 보여줍니다.

많은 정당들, 특히 미국의 정당들은 헌법 해석을 둘러싼 과거의 대립이 사라진 후에는 오로지 관직을 사냥하는 정당들이 되었습니다.

---

17 "베를린"은 프로이센왕국(1701~1918)과 독일제국(1971~1918)의 수도였고, "뮌헨"은 바이에른왕국(1805~1918)의 수도였다. "칼스루에"는 바데대공국(1806~1918), 바덴공화국(1918~1945)의 수도였고, "드레스덴"은 작센왕국(1806~1871)의 수도였다.

그래서 이 정당들은 득표 가능성에 따라 자신들의 핵심적인 정강도 수정해버립니다.

스페인에서는 최근까지도 양대 정당이 각 정당의 추종자들에게 관직을 주기 위해 정당 지도부 간의 협약에 따라 자신들이 정한 주기에 맞춰 선거를 조작해 교대로 정권을 장악해왔습니다. 스페인의 식민지에서는 이른바 선거를 하든 혁명을 하든 목적은 언제나 국가의 여물통을 차지해 사료를 확보하는 데 있습니다.

스위스에서는 정당들이 비례대표제를 활용해 서로 사이좋게 관직을 나누어 갖습니다. 바덴의 1차 헌법 초안을 비롯해 독일의 많은 혁명적인 헌법 초안들은 이 비례대표제를 각료직에까지 확대하는 내용을 담고 있는데, 이 초안들은 국가와 공직을 사람들에게 녹봉을 제공해 부양하는 제도로 취급한 것입니다. 특히 가톨릭중앙당[18]은 이 초안에 열광해, 심지어 바덴에서는 공로에 대한 고려 없이 각 종파에 무조건 비례의 원칙에 따라 관직을 배분한다는 강령을 만들기까지 했습니다.

관료제가 일반화되면서 관직의 수가 점증하고 확실하게 보장된 생계수단으로서 관직에 대한 욕구가 커지자, 모든 정당에서 이러한 경향이 강화되고 있습니다. 그럼으로써 정당을 추종하는 당원들은 관직을 더욱더 그들의 생계를 해결해주는 수단으로 여기고 있습니다.

---

18 "가톨릭중앙당"은 독일제국과 바이마르공화국에서 활동한 가톨릭계의 정당이다. 가톨릭 신자들의 이익을 옹호하기 위해 창설된 이 정당은 독일제국 의회에서 4분의 1의 의석을 차지함으로써, 대부분의 정치 문제에 대해 좌파와 우파 사이에서 중재자 역할을 담당했다. 바이마르공화국 시절에는 가톨릭중앙당의 지지를 받지 않고는 정부를 조직하는 것조차 불가능할 정도로 세력이 막강했고 총리도 다섯 명이나 배출했다. 하지만 1933년에 나치 독일하에서 해체당했다.

3) 근대 전문 관료층의 발전

하지만 오늘날 이러한 경향과 대비되는 것은 근대 관료층의 발전입니다. 이들은 장기간의 교육을 통해 전문적으로 훈련을 받아 고급 정신 노동자로 발전했고, 전문 관료라는 대단한 명예심을 갖게 되어 청렴성까지 갖추었습니다. 만일 그들에게 이러한 명예심이 없었다면, 우리는 끔찍한 부패와 속물근성이 만연한 위험천만한 환경에서 살아갈 수밖에 없었을 것입니다. 특히 국유화의 진척으로 경제에서 국가의 역할이 증대하고 있고 앞으로도 더욱 증대할 상황 속에서 국가 기관들의 단순한 기술적 운용조차도 위협받았을 것입니다.

　미국의 경우 과거에는 대통령 선거 결과에 따라 약탈 정치가들이 심지어 우편배달부에 이르기까지 수십만 명에 달하는 관리들을 교체하는 아마추어 행정이 만연했고 종신 직업 관료라는 개념조차 알지 못했지만, 그러한 아마추어 행정은 오래전에 공무원 제도 개혁[19]을 통해 타파되었습니다. 이러한 발전은 순전히 전문적인 국가 행정의 필요성에 따른 결과입니다.

　유럽에서는 500년에 걸쳐 노동 분업적인 전문 관료층이 서서히 발전해왔습니다. 이러한 발전은 이탈리아의 도시국가들과 그 지배층[20]

---

19 미국에서는 1883년 공무원 임용에 관한 법률인 펜들턴 공무원법을 제정하고 "공무원 제도 개혁"을 시행했으며, 이 법률에 따라 관리임용위원회라는 연방정부 기관을 신설했다. 한때 엽관제가 행해져 대통령 선거에서 승리한 정당이 관직을 독점해왔지만, 1881년 가필드 대통령이 선거 중에 약속한 관직을 주지 않아 암살된 사건을 계기로 엽관제의 폐단이 드러나자 펜들턴법을 제정해 공무원 제도를 개혁했다.

으로부터 시작해, 군주국가들 가운데서는 노르만족의 정복 국가들[21]에서 발전했습니다. 그러나 군주들의 재정 분야에서 전문 관료층의 발전에 결정적인 진척이 있었습니다. 당시만 해도 주로 기사 출신이었던 군주들의 졸렬한 국정 운영 때문에 재정 분야는 가장 큰 타격을 받을 수 있는 분야였음에도 불구하고, 막시밀리안 1세 황제의 국정 개혁은 극도의 곤경과 터키인의 지배라는 위기에서조차도 관료들이 재정 분야에서 군주들의 영향력을 제어하는 것이 얼마나 어려운 일이었는가를 보여줍니다.[22] 그리고 전쟁 기술의 발전으로 군사 전문가인 장교들이 생겨났고, 사법 절차가 정교화되면서 전문적으로 교육받은 법률가들이 생겨났습니다.

16세기에 들어와 좀 더 발전된 국가들에서는 전문 관료층이 재정, 군사, 법률 등 세 분야에서 최종적으로 승리를 거둡니다. 이렇게 되자, 절대왕정의 군주는 처음에는 전문 관료 덕분에 세습 귀족을 누르고 우위를 차지했지만, 점차 자신의 지배권을 전문 관료에게 넘겨주어야 했습니다.

---

20 "지배층"으로 번역한 이탈리아어 Signoria('시뇨리아')는 중세 시대와 르네상스 시대에 이탈리아 도시국가들의 지배층을 가리킨다.

21 "북방인"이라는 뜻을 지닌 "노르만족"은 게르만족 중에서 덴마크와 스칸디나비아를 원래의 거주지로 삼는 일파로서 바이킹이라 불렸다. 노르만족 중에서 덴마크계는 노르망디공국과 시칠리아왕국을 건설했고, 노르웨이계는 아이슬란드, 그린란드로 진출했으며, 스웨덴계는 러시아로 향해 노르고로트공국과 키이우공국을 건설했다.

22 "막시밀리안 1세"(1459~1519)는 합스부르크 가문 출신의 신성로마제국의 황제이자 오스트리아 대공으로서 중요한 군사 개혁과 행정 개혁을 실시했고, 예술과 문학과 과학의 발전에 상당히 기여했다. 그러나 경제에 문외한이었음에도 불구하고 관료들에게 일을 맡기지 않음으로써, 결국 재정 문제로 말미암은 군사력의 열세 때문에 곤경에 처했다.

전문적인 교육을 받은 관료층이 우위를 보이면서 정치 지도자들이 등장하기 시작했는데, 이 과정은 훨씬 덜 눈에 띄는 방식으로 진행되었습니다. 물론 옛날부터 세계 어디에나 군주에게 자문하면서 실질적으로 막강한 권력을 행사하는 자들이 존재했습니다. 동양에서는 통치의 결과에 대한 술탄의 책임을 최대한 막기 위해 재상[23]이라는 전형적인 인물을 만들어냈습니다. 서양에서는 마키아벨리[24]가 활동했던 카를 5세[25] 시대에 처음으로 외교 전문가를 전문적으로 양성했는데, 외교 전문가 집단이 열렬히 탐독했던 베네치아[26] 공사들의 보고서가 특히 큰 영향을 미쳤습니다. 대부분 인문주의 교육을 받은 이들은 서

---

23 "재상"(Großwesir)은 처음에 튀르키예의 오스만제국에서 대신들을 이끌면서 국정에 대한 모든 책임을 진 관료로서, 최고 권위인 술탄을 보호하기 위해 생겨난 제도로서 나중에는 이슬람 국가들로 확대되었다. 오스만제국의 말기에 재상의 정치적 영향력은 막강했다.

24 "마키아벨리"(1469~1527)는 르네상스 시대 이탈리아의 외교관, 철학자, 역사가, 저술가다. 오랫동안 피렌체공화국(1115~1569)에서 외교와 군사 업무를 관장하는 직책을 맡아 일했다. 정계에서 은퇴한 후 1513년에 쓴 『군주론』(1532년에야 출간됨)으로 유명해진 그는 흔히 근대 정치철학과 정치학의 아버지라 불린다. 『군주론』에서 유래한 마키아벨리주의는 국가의 발전과 국민의 복리 증진을 위해서는 어떠한 수단이나 방법도 허용할 수 있다는 국가 지상주의적인 정치 이념을 가리킨다.

25 "카를 5세"(1500~1558)는 에스파냐의 왕으로서는 카를로스 1세(1516~1556)로, 신성로마제국의 황제로서는 카를 5세(1519~1556)로 불렸다. 에스파냐의 아라곤왕국과 카스티야왕국의 왕위를 모두 물려받아 최초로 에스파냐제국의 왕으로 즉위한 인물이자, 에스파냐제국과 신성로마제국의 왕위에 모두 오른 유일한 인물이다. 카를 5세는 트라스타라마 왕조와 합스부르크-부르고뉴 왕조가 구축한 국제적인 외교망을 물려받았는데, 이 두 왕조는 교황청에 뒤이어 15세기 말에 가장 먼저 각국에 외교관을 상주시키기 시작했다.

26 "베네치아"는 북동 이탈리아의 도시로, 697년부터 1797년까지 1,000년 넘게 베네치아공화국의 수도였다. 9세기에 최초의 국제 금융 중심지로 부상했고, 14세기 말에는 최대의 국제 금융 중심지가 되었다.

로를 전문가 집단으로 여겼는데, 이는 중국의 전국시대에 활동한 인문주의적 정치가들과 비슷했습니다.

입헌주의국가가 발전하면서, 궁극적으로 한 사람의 정치 지도자가 국내 정치를 포함한 정치 전반을 통합해 공식적으로 이끌어야 할 절대적인 필요성이 처음으로 대두되었습니다. 물론 이전에도 그런 인물들은 군주의 자문역, 아니 사실상 군주를 이끈 지도자라는 형태로 언제나 존재해왔습니다. 그런데 그런 정치 지도자의 필요성에도 불구하고, 행정관청 조직은 가장 선진적인 국가에서조차 처음에는 다른 길로 갔습니다. 즉, 협의체 성격을 띤 최고 행정관청이 생겨났습니다.

이론적으로나, 그리고 점차 감소하는 추세이기는 했지만 실제적으로도 군주는 이 최고 행정관청의 회의를 직접 주재했고, 최종적인 결정도 군주가 내렸습니다. 이 협의체에서는 제안서와 반대 제안서를 제시하고 투표를 실시해 다수 의견과 소수 의견을 가렸습니다. 점차 아마추어의 지위로 전락해가던 군주는 이 공식적인 최고 행정관청과 순전히 개인적인 심복들, 즉 내각을 통해 결정을 내린 후에 그들을 통해 국가 추밀원이나 이와 비슷한 다른 이름의 최고 관청에 자신의 결정을 통보하는 방식으로, 점점 더 커질 수밖에 없었던 전문 교육을 받은 관료들의 압력에서 벗어나 최고의 통수권을 장악하고자 했습니다. 전문 관료층과 전제적 지배 사이의 이러한 암투는 어디에나 존재했습니다.

4) 군주와 의회, 전문 관료층

하지만 의회가 생겨나고 정당 지도자들의 권력욕이 커지면서 상황이 변했습니다. 이러한 변화를 초래한 원인은 아주 다양했음에도 불구하고, 실제로 나타난 결과는 동일했습니다. 물론 그 결과에 어느 정도의 차이는 있었습니다.

특히 독일의 경우처럼 왕조가 계속해서 실질적인 권력을 장악하고 있던 곳에서는 군주와 관료층의 이해관계가 견고하게 결합되어 의회와 의회의 권력 요구에 맞섰습니다. 관료들은 각료직 같은 고위직도 자신들이 차지함으로써 관료들이 승진해서 오를 수 있는 자리가 되기를 바랐고, 군주 쪽에서는 자기에게 충성하는 관료들 중에서 자신의 판단에 따라 각료를 임명할 수 있기를 바랐다는 점에서, 이 둘의 이해관계가 서로 맞아떨어졌습니다.

따라서 군주와 관료들은 하나의 통일적인 정치 리더십을 중심으로 서로 단합해 의회에 대항하기 위해서 협의체를 폐지하고 내각 수반을 중심으로 한 단일한 내각으로 개편하고자 했습니다. 더구나 순전히 형식적인 것이기는 하지만 군주가 정당 간의 투쟁과 정당들의 공격으로부터 벗어나 있으려면, 군주를 대신해 의회에 나가 발언하고 의회와 맞서며 정당들과 협상함으로써 자신을 책임져줄 수 있는 인물이 필요했습니다. 이 모든 이해관계가 동시에 한 방향으로 작용해 행정을 통일적으로 이끄는 관료형 각료가 출현했습니다.

영국처럼 의회가 군주의 권력보다 우세한 곳에서는 통일적인 정치 리더십이 한층 더 촉진되었습니다. 이렇게 해서 영국에서는 리더라 불리는 단일한 의회 지도자를 정점으로 하는 내각이 발전했습니다. 의회에서 선거 결과 더 많은 의석수를 차지한 다수당은 법적으로는 공인되지 않았지만, 실질적으로는 국정을 좌지우지할 수 있는 유일한 정치권력이었고, 내각은 이 다수당의 위원회였습니다. 공식적인 협의체 기구들은 지배 권력인 정당에 속한 기관들이 아니었기 때문에 실질적인 통치권을 지닐 수 없었습니다. 도리어 지배 정당이 대내적으로 권력을 유지하고 대외적으로 중요한 정책을 실행할 수 있으려면, 당을 실질적으로 이끄는 사람들로 구성되어 있으면서 은밀하게 협의할 수 있는 강력한 기관인 내각이 필요했고, 다른 한편으로는 내각의 모든 결정에 대해 국민에게, 특히 의회 구성원에게 책임을 지는 지도자인 내각 수반이 필요했습니다.

나중에 이 영국식 제도는 의원내각제라는 형태로 유럽 대륙에 전파되었고, 오직 미국과 미국의 영향을 받은 민주주의 체제에서만 의원내각제와 완전히 다른 체제가 들어섰습니다. 미국에서는 국민의 직접선거에서 승리한 정당이 선출한 지도자가 자신이 임명한 관료 기구의 수반이 되며, 예산과 입법만 의회의 동의가 필요합니다.

5) 전문 관료와 정치 관료

정치가 지속적이고 조직적인 활동[27]으로 발전하면서, 권력 투쟁에 대

---

27 원문에는 Betrieb라는 한 단어로 되어 있다. Betrieb는 기업이나 공장, 또는 경영이나 영업,

한 훈련과 근대적인 정당 제도가 발전시킨 투쟁 방법에 대한 훈련이 필요했습니다. 그 결과 관료들은 두 부류로 나뉘었습니다. 물론 이 구분은 결코 절대적인 것은 아니지만 분명하게 구별됩니다. 하나는 전문 관료이고, 다른 하나는 정치 관료입니다.

본래적인 의미에서 정치 관료의 외관상 특징은 언제든지 마음대로 전직시키거나 해임하거나 휴직시킬 수 있다는 것입니다. 프랑스의 주지사나 이와 유사한 다른 나라들의 관료가 그런 예입니다. 이는 사법 분야 관료들의 독립성과 현저한 대조를 이룹니다.

영국에서는 의회의 다수당이 바뀌면 내각도 바뀌는데, 이때 확고한 관행에 따라 관직에서 물러나는 관료들이 정치 관료라는 부류에 속합니다. 특히 내무 행정 전반을 관리하는 업무를 맡은 관료들이 보통 이 부류에 속합니다. 담당하는 업무는 국내 질서의 유지, 즉 기존의 지배 관계의 유지인데, 거기에는 정치적인 요소가 포함되어 있습니다. 프로이센에서 내무 행정을 담당하는 정치 관료들은 푸트카머 법령[28]에 따라 정부 정책을 대변해야 하는 의무가 있었기 때문에 처벌을 피하기 위해서는 이 의무를 이행해야 했습니다. 또한 이들은 프랑

가동을 뜻하며, 나아가 활발한 활동, 혼잡과 혼란을 의미하기도 한다. 따라서 여기서 Betrieb는 기업이나 공장처럼 어떤 조직을 이루어 지속적으로 활동한다는 의미다.

28 "프로이센"(1701~1918)은 베를린을 수도로 호엔촐레른가가 다스린 왕국이다. "푸트카머"(1828~1900)는 프로이센의 정치가이자 비스마르크의 처남으로, 프로이센의 교육종교부 장관, 내무부 장관을 역임했다. 보수주의자로서 옛 프로이센의 전통을 유지하고자 했고, 자유주의 세력을 억압했으며, 친독일제국 인사들의 의회 선거를 전폭적으로 지원했다. 정부의 정책과 정치적인 선거에서 정부를 무조건적으로 지지해야 할 의무를 모든 관리에게 부과하는 황제의 칙령을 주도해 1882년 1월 4일에 반포했다.

스의 주지사들과 마찬가지로 관이 선거에 영향을 미치는 도구로 활용되었습니다.

독일에서는 다른 나라와 달리 대부분의 정치 관료들은 전문 관료들과 동일한 자격을 갖추어야 했습니다. 정치 관료가 되기 위해서는 대학을 나와야 했고, 전문적인 시험을 통과해야 했으며, 일정한 수습 기간을 거쳐야 했습니다. 우리 독일의 관료들 가운데 정치 기관의 수장인 각료만이 근대적인 전문 관료층만의 이러한 특징을 갖추지 않고 있습니다. 구체제 아래에서 프로이센의 문화부 장관은 고등교육기관을 다니지 않은 사람도 될 수 있었지만, 해외 공관의 참사관은 원칙적으로 법령에 정해진 시험을 통과한 사람만이 될 수 있었습니다. 그러니 전문적인 교육을 받은 국장과 참사관이 해당 분야의 전문적인 문제에 대해 장관보다 훨씬 더 잘 알고 있었습니다. 알트호프[29]가 프로이센의 교육부에서 활동했던 때가 그 예입니다. 영국의 사정도 다르지 않았습니다. 그 결과 실무에서는 국장이 장관보다 더 실권을 쥐고 있었습니다. 이것은 그 자체로는 불합리한 것이 전혀 아니었습니다. 장관직은 정치적 권력 지형을 대표할 뿐만 아니라, 이 권력 지형으로부터 생겨나는 정치적 지침을 대변하고, 자신의 휘하에 있는 전문 관료의 제안을 그 지침에 비추어 검토하거나, 그 지침과 부합하는 정치

---

29 "알트호프"(1839~1908)는 프로이센의 교육부에서 대학 교육국장을 맡아 연구 중심 대학을 발전시키는 데 지도적인 역할을 했다. 그가 시행한 제도는 미국과 많은 유럽 국가에서 연구 중심 대학을 위한 모델이 되었다. 그는 1882년부터 1907년까지 프로이센의 종교, 교육, 의학, 행정 분야의 자문역과 고위직을 맡아 수행함으로써 독일제국에서 가장 중요한 교육 관료가 되었다.

적 성격의 지시를 전문 관료에게 내리는 자리였기 때문입니다.

민간 경제에 속하는 기업도 사정이 아주 비슷합니다. 원래 기업을 소유하고 지배하는 주군은 주주총회지만, 전문 관료의 지배를 받는 국민처럼 기업 경영과 관련해서는 영향력이 없습니다. 그리고 기업 정책을 수립하는 데 결정적인 역할을 하는 기구인 이사회는 은행의 지배 아래에서 단지 사업과 관련된 지시를 내리고 기업 실무를 담당할 인력을 선발하기만 할 뿐, 스스로 기업을 전문적으로 경영할 능력은 없습니다.

이 점과 관련해 현재 혁명 국가[30]의 구조도 근본적인 혁신을 보여주고 있지 않습니다. 국가 행정에 대해서는 절대적으로 아마추어에 불과한 혁명 인사들이 기관총을 들고 있다는 이유만으로 국가 행정에 관한 권한을 장악하고서, 전문 교육을 받은 관료들을 단지 그들의 지시를 이행하는 두뇌와 수족으로 이용하고 있기 때문입니다. 현 체제의 근본적인 문제점은 다른 데 있지만, 오늘은 그에 관해서 거론하지 않겠습니다.

---

30 여기서 "혁명 국가"는 제1차세계대전(1914~1918)이 끝나갈 무렵에 일어난 독일혁명
(1918. 11)으로 건립한 바이마르공화국을 가리킨다.

3

역사적으로 본 직업 정치가의
여러 유형과 특징

이제 우리는 정치 지도자와 그 추종자들을 포함한 직업 정치가의 전형적인 특징을 살펴보고자 합니다. 이 특징은 시간이 지나면서 바뀌어왔고, 또한 오늘날에는 아주 다양합니다.

　앞에서 이미 보았듯이 과거에 직업 정치가는 군주와 독자적인 세력을 지닌 세습 귀족의 권력 투쟁 속에서 군주 편을 들면서 세력을 키웠습니다. 이러한 직업 정치가의 주요 유형을 간단하게 살펴봅시다.

1) 성직자, 문인, 궁정 귀족, 도시 귀족, 법률가

군주는 세습 귀족과 싸울 때 독자적인 세력을 형성하지 않은 계층 가운데 정치적으로 이용 가능한 계층을 끌어들여 자기편으로 삼았는데, 우선 **성직자**가 그런 계층에 속했습니다. 인도차이나반도, 불교 시대의 중국과 일본, 라마교[31]의 몽골, 중세 시대의 기독교 국가들도 마찬가지였습니다. 성직자가 문자를 안다는 것이 기술적으로 중요했기 때문입니다. 황제나 군주, 칸[32]이 브라만교[33]나 불교, 라마교의 승려를 궁정으로 불러들이거나 주교와 사제를 정치 자문역으로 둔 의도는 어디에서나 동일했습니다. 즉, 문자를 아는 행정 인력을 확보해 세습 귀족과의 투쟁에 활용하기 위한 것이었습니다. 성직자 그중에서도 특히 독신인 성직자는 가신과 달리 정치적이고 경제적인 이해관계의 영역에서 벗어나 있었고, 후손을 위해 군주에 맞서 독자적인 정치권력을 추구하고자 하는 유혹에 빠지지도 않았습니다. 또한 성직자는 신분상의 특징으로 말미암아 군주의 국정 운영을 위한 수단으로부터도 분리되어 있었습니다.

군주가 활용한 두 번째 계층은 인문 교육을 받은 **문인**이었습니다. 우리 독일에서도 한때 군주의 정치적 자문역, 특히 군주의 생각을 담

31 몽골, 부탄, 네팔에 널리 퍼져 있는 "라마교"는 북인도의 명승이자 밀교를 수학한 파드마 삼바바가 747년에 티베트 왕의 초청으로 티베트로 가서 토속 종교인 뵌교와 불교를 융합함으로써 발흥했다. 13세기에는 원나라 세조가 라마교를 국교로 삼자, 라마교는 정치와 종교 두 영역에서 큰 세력을 얻기도 했다.

32 몽골 초원의 유목민 집단의 수장을 가리키던 "칸"은 5세기 초 이후 몽골, 위구르, 거란, 킵차크 등에서 군주를 이르는 칭호가 되었다.

33 인도 대륙을 정복한 아리안족이 창시한 브라만교는 기원전 1000~800년경 카스트제도의 확립과 함께 최고 계급인 브라만을 중심으로 발달한 종교다. 구전되어오던 베다 사상을 기원전 1500~1200년에 산스크리트어로 편찬한 브라만교의 성전 『베다』는 인도의 전통적인 생활 방식과 사상의 근간이었다. 브라만교 교리의 핵심에 따르면, 우주의 절대자 브라만의 일부인 인간은 허망한 생각으로 인해 브라만과 유리되어 윤회하며 고통을 받는다. 따라서 허망한 생각을 없애고 브라만과 아트만(나)이 합일해 윤회에서 벗어나면 절대 세계에 이를 수 있다고 한다.

은 문서를 작성하는 자가 되기 위해 라틴어로 된 연설문을 쓰고 그리스어로 된 시를 짓는 법을 배운 시절이 있었습니다. 당시에는 인문학 교육 기관과 왕립 시학 교육 기관이 만개했습니다. 독일의 경우 이 시기는 금방 지나갔고 정치적으로 깊은 영향을 미치지도 못했지만, 우리의 교육 제도에는 지속적으로 영향을 미쳐왔습니다.

그러나 동아시아에서는 사정이 달랐습니다. 중국의 고관대작은 서양 르네상스 시대의 인문주의자와 근본적으로 비슷해서, 먼 과거부터 전해진 고전 문헌을 통해 인문학적 교육을 받고 시험을 통과한 사람들이었습니다. 여러분이 리훙장[34]의 일기를 읽어보면, 여전히 자기가 시를 짓고 서예를 잘한다는 것에 대단한 자부심을 가지고 있음을 알 수 있습니다. 고대 중국에서 발달한 관습을 따랐던 이 계층은 중국의 운명 전체를 결정했습니다. 우리의 인문주의자도 중국의 인문주의자처럼 조금이나마 기회가 주어져 자신들의 뜻을 관철하는 데 성공했더라면, 우리의 운명도 중국의 운명과 비슷했을 것입니다.

군주가 활용한 세 번째 계층은 **궁정 귀족**이었습니다. 군주는 세습 귀족이 가지고 있던 독자적인 정치권력을 박탈하는 데 성공한 이후, 이들을 궁정으로 끌어들여 정치나 외교 업무에 활용했습니다. 17세기 독일의 교육 제도가 큰 변화를 맞게 된 원인 가운데 하나는 군주가 인문주의적인 문인 대신에 궁정 귀족을 직업 정치가로 삼아 자신을 보

---

34 "리훙장"(1823~1901)은 청나라 말기의 정치가로 1862년 태평군의 반란을 진압한 후, 각지의 난을 평정해 청나라를 멸망의 위기에서 구했다. 청일전쟁 후의 시모노세키조약(1895), 의화단사건 후의 베이징조약(1900) 체결 등 외교에 공을 세웠고, 중국의 근대화에 힘을 기울였다.

좌하게 한 데 있습니다.

군주가 활용한 네 번째 계층은 영국에서 특유하게 형성된 **도시 귀족**이었습니다. 귀족의 아류와 도시 금리생활자로 이루어진 이들을 전문용어로는 신사 계급[35]이라고 불렀습니다. 군주는 처음에 남작 귀족들에 대항하기 위해 이 계층을 끌어들여 자치 정부의 관직을 맡겼지만, 나중에는 점점 더 이들에게 의존했습니다. 이 계층은 사회적 권력을 확보하고자 한 자신들의 이해관계와 맞아떨어졌기 때문에, 보수를 받지 않고 지방 행정관청의 모든 관직을 맡았고 이 상태는 계속 유지되었습니다. 유럽 대륙의 모든 국가는 관료주의화되었지만, 영국만은 이들 덕분에 관료주의에서 비켜날 수 있었습니다.

군주가 활용한 다섯 번째 계층은 대학 교육을 받은 **법률가**였습니다. 서양 그중에서도 유럽 대륙에 특유하게 존재했던 이 계층은 유럽의 정치 구조 전체에서 결정적으로 중요한 역할을 했습니다. 합리적 국가로 발전한다는 의미에서 정치혁명은 어디에서나 교육받은 법률가들이 주도했는데, 여기서 관료화된 후기 로마제국의 개혁 로마법이 강력한 영향을 미쳤다는 사실이 분명하게 드러납니다. 영국에서는 비록 전국적인 거대 법률가 조합들이 로마법의 수용을 방해하기는 했지만, 법률가들이 정치혁명을 주도한 것은 마찬가지였습니다. 지구상

---

35 "도시 귀족"을 뜻하는 Patriziat(영어의 patrician)는 이탈리아의 자유도시(베네치아 등), 독일의 자유 제국 도시, 한자동맹 같은 도시에서 이자나 지대로 살아가는 계층을 가리킨다. "신사 계급"(gentry)은 원래 중세 시대 이후 귀족 가문의 자손이지만 귀족의 칭호를 받지 못한 자들로서 지대를 수입원으로 노동을 하지 않고도 살아갈 수 있는 상류층을 가리키는 명칭이었다. 나중에는 도시 귀족들 역시 이러한 명칭으로 불렸다.

어느 곳에서도 이와 유사한 사례를 찾아볼 수 없습니다.

인도의 미맘사 학파[36]에서 시작된 합리적이고 법률적인 사고도, 이슬람 세계에서 오래전에 정교화한 온갖 법률적 사고도 합리적인 법적 사고가 신학적 사고 형태에 압도당하는 것을 막을 수 없었습니다. 무엇보다도 이러한 문화권에서는 소송 절차가 충분히 합리화되지 못했습니다. 고대 로마의 법학은 로마를 도시국가에서 세계 제국으로 올려놓은 아주 독특한 성격을 지닌 정치체제의 산물이었는데, 이탈리아의 법률가들이 이 고대 로마의 법학을 받아들여 활용함으로써 소송절차의 합리화를 실현했습니다. 중세 후기 로마법학자와 교회법학자의 고대 로마법의 근대적 사용이 그 한 예이며, 법률적이고 기독교적인 사고에서 나왔지만 나중에 세속화된 자연법 이론들이 그런 활용의 예에 속합니다.

이 법률적 합리주의의 위대한 대변자들로는 이탈리아 여러 도시의 행정장관, 프랑스에서 왕권에 기초해 영주들의 통치권을 와해시킬 공식적인 수단을 만들어낸 왕실 법률가, 교회법학자와 공화주의 진영의 자연법주의적 신학자, 유럽 대륙 군주의 궁정 법률가와 박식한 법관, 네덜란드의 자연법주의자와 폭군방벌론자,[37] 영국의 왕실 법률가

---

36 힌두교의 정통 육파철학 중 하나로 기원전 2세기에 쟈이미니(기원전 약 200~100)가 창설한 "미맘사 학파"는 힌두교 성전인 『베다』에서 규정한 제사와 의례를 연구하고 해석해 인간이 실행해야 할 의무인 "법"('다르마')을 체계적으로 정리했다. 미맘사 학파에 따르면 이 법을 실행함으로써 해탈에 이를 수 있다.

37 "폭군방벌론자"(monarchomachi)는 16세기 절대왕정 시대에 가톨릭과 개신교의 종교전쟁에서 군주가 가톨릭을 옹호할 때 이 군주는 국민과의 계약을 위배한 폭군이므로 군주를 벌해 죽이는 것은 정당하다는 사상이다. 주로 프랑스에서 개신교에 속한 인물들이

와 의회 법률가, 프랑스의 법복 귀족,[38] 끝으로 혁명기의 변호사가 있었습니다.

만일 이 법률적 합리주의가 없었다면, 절대 국가의 출현이나 혁명은 거의 생각할 수 없었을 것입니다. 프랑스 의회의 항변서나 16세기부터 시작해 1789년까지 작성된 프랑스 삼부회[39]의 의사록을 한번 읽어본다면, 여러분은 도처에서 법률가 정신을 발견할 수 있습니다. 그리고 프랑스혁명기의 국민회의 구성원들은 평등선거법에 따라 선출되었는데도 그들의 직업 분포를 면밀하게 조사해보면, 프롤레타리아는 단 한 명뿐이고 부르주아 기업가는 극수소인 반면에 온갖 종류의 법률가가 대다수임을 알 수 있습니다. 만일 이 법률가들이 없었다면, 당시의 급진적인 지식인들과 그들의 구상에 생명을 불어넣은 바로 그 정신은 결코 생각할 수 없었을 것입니다.

주장했다. 대표적인 관련 저작으로는 오트만의 『프랑코 갈리아』(1573), 베즈의 『종속적 통치자의 권리』(1574), 뒤플레시 모르네의 『폭군에 대한 권리 주장』(1579) 등이 있다. monarchomachi는 '군주와 싸우는 자들'이라는 뜻을 지닌 그리스에서 유래한 라틴어로, 스코틀랜드의 법률가 윌리엄 바클리(1546~1608)가 자신의 저서인 『왕국과 왕권』(1600)에서 폭군방벌론자를 비판하면서 처음으로 사용했다. 네덜란드의 자연법사상가 알투지우스(1557~1638)는 종교적 성격에서 탈피한 저항권 이론을 전개해 자연법에 근거한 폭군방벌론을 주장했다.

38 "법복 귀족"(Noblesse de Robe)은 프랑스의 구체제에서 사법이나 행정의 고위 관직을 차지함으로써 새로운 귀족 계급을 형성한 계층이다. 이들은 대체로 귀족의 칭호를 받지 않았으며 세습이 가능한 특정 관직을 장악했다. 가장 영향력 있는 법복 귀족은 항소 법원에 속한 1,100명의 법관들로, "칼의 귀족"(noblesse d'épée)이라 불린 전통 귀족과 차이가 있다.

39 "삼부회"는 프랑스의 구체제에서 세 신분의 대표자가 국가의 중요 사안에 관해 의논하던 일종의 신분제 의회다. 제1신분은 가톨릭 성직자, 제2신분은 전통 귀족과 법복 귀족, 제3신분은 평민이었다. 형태는 의회와 비슷했지만 영국의 의회와 달리 실권이 없었고, 왕의 명령으로 소집되어 왕의 자문기관 역할을 수행하는 데 그쳤다.

프랑스혁명 이후로 근대적 변호사와 근대적 민주주의는 완전히 짝을 이루고 있습니다. 또한 유럽적인 의미의 변호사, 즉 독자적인 신분 계층으로서의 변호사 집단은 오직 서양에만 존재했습니다. 이 변호사 계층은 중세 때부터 진행된 소송 절차의 합리화에 영향을 받으며 형식주의적이고 게르만적인 소송 절차[40]에서 활동한 대변자로부터 발전해왔습니다.

2) 정치가와 관료의 차이

정당의 출현 이후 서양 정치에서 변호사가 중요한 역할을 하게 된 것은 우연이 아닙니다. 정당을 통해 정치를 한다는 것은 특정한 이해관계를 지닌 정당을 통해 정치를 한다는 것이고, 이것이 무엇을 의미하는지는 이제 곧 알게 될 것입니다.

어떤 사안을 그 사안과 이해관계가 있는 고객에게 유리한 쪽으로 이끌어가는 것은 훈련받은 변호사가 하는 일입니다. 그 점에서 변호사는 어떤 관료보다 우월합니다. 우리는 적군[41]의 선전 활동의 우월성

---

40 법률 체계에서 영국과 유럽 대륙은 서로 다른 길을 걸었는데, 영국은 보통법(common law)인 관습법 체계를 따랐다. 반면에 유럽 대륙은 전통적인 관습법인 게르만법(독일법)을 로마법에 접목한 성문법 체계를 발달시켰기 때문에, 절차와 내용에서 형식주의와 합리주의가 지배했다. 따라서 성문법에 대한 합리적 해석의 필요성 때문에 법률가의 역할이 중요했다. 또한 근대사회의 형성 과정에서 이들 법률가는 법관, 검사, 변호사로서도 아주 중요한 역할을 했다.

41 제1차세계대전에서 독일제국이 속해 있던 "동맹국"은 오스트리아-헝가리 제국, 오스만

을 경험하면서 이 사실을 배울 수 있었습니다. 분명히 변호사는 논리적으로 취약하다는 의미에서 불리한 사안일지라도 법률 기술을 통해 유리하게 이끌어 승소할 수 있습니다. 또한 논리적으로 강점을 지니고 있다는 의미에서 유리한 사안을 그대로 살려 유리하게 이끌어 승소할 수 있는 사람도 바로 변호사입니다.

반면에 정치가로서의 관료는 아무리 유리한 사안이라도 기술적으로 좋지 않게 처리함으로써 앞에서 말한 의미에서 불리한 사안으로 만들어버리는 일이 비일비재합니다. 지금까지 우리는 그런 경험을 해야 했습니다. 오늘날의 정치는 주로 말이나 글이라는 수단을 통해 공개적으로 이루어지는데, 말과 글의 효과를 신중하게 검토하는 것은 변호사에게는 자신의 고유한 업무 영역이지만, 전문 관료의 일은 아니기 때문입니다. 전문 관료는 대중 선동가[42]가 아니며, 그들이 존재하는 목적에 비추어 보았을 때 대중 선동가가 되어서도 안 됩니다. 그

제국, 불가리아왕국이었고, 독일제국이 싸웠던 "적군"인 협상국 또는 연합국은 프랑스, 러시아제국, 영국 등이었다. 베버는 "적군의 선전 활동의 우월성"은 협상국에 속한 변호사들과 법률 교육 때문이라고 보았다.

42 "대중 선동가"(Demagoge)는 "대중을 이끄는 자"를 뜻하는 그리스어 δημαγωγός('데마고고스')에서 유래했다. 고대 그리스에서는 부정적인 의미가 없었으나 대중을 움직이기 위해서는 이성보다는 감정에 호소하고, 합리적인 논리나 추론보다는 궤변에 가까운 화술을 사용하는 것이 유리했기 때문에, 고대 그리스에서조차도 점차 부정적인 의미를 띠었다. 민회를 비롯한 대중 집회는 물론이고 법정에서도 수백 명에 달하는 시민들로 구성된 배심원단이 소송에서 결정적으로 중요한 역할을 했기 때문에, 설득의 기술인 수사학으로 무장한 자들이 대중 연설가와 변호사로 활약했다. 고대 그리스만이 아니라 특히 대중의 힘이 강력한, 민주주의가 발달한 모든 곳에서 대중 선동가는 엄청난 영향력을 발휘한다. 나중에 베버는 당시 독일적인 상황에서는 긍정적 의미의 대중 선동가, 즉 카리스마를 지닌 진정한 리더가 필요하다고 역설한다.

런데도 전문 관료가 대중 선동가가 되려고 한다면, 대체로 아주 형편 없는 대중 선동가가 될 뿐입니다.

진정한 관료는 그의 고유한 소명에 비춰 볼 때 정치를 해서는 안 되고, 무엇보다도 특히 비당파적인 자세로 행정을 해야 합니다. 이것은 적어도 공식적으로는 국가의 사활이 걸린 이해관계가 의문시되지 않는 한 이른바 정치적 행정 관료에게도 해당합니다. 진정한 관료라면 분노나 편견 없이[43] 자신의 직무를 수행해야 합니다. 또한 관료는 정치가나 지도자 또는 그 추종자가 언제나 반드시 해야 하는 것, 즉 권력 투쟁을 해서는 안 됩니다. 당파성, 권력 투쟁, 분노와 편견(sine ira et studio) 등의 격정은 정치가의 본령, 그중에서도 특히 정치 지도자의 본령이기 때문입니다. 정치 지도자의 행동은 관료의 행동과 완전히 다른 원칙, 아니 정반대되는 원칙을 따릅니다.

관료의 명예는 관료가 자신의 견해를 분명하게 개진했음에도 불구하고 그의 상급 관청이 그가 보기에 잘못된 명령을 내리고 고수할 때, 마치 그 명령이 자신의 신념과 일치한다는 듯이 양심껏 정확하게 그 명령을 수행하는 데 있습니다. 이러한 최고의 도덕적 통제와 자기부정이 없다면 관료 조직 전체가 무너지고 맙니다. 반면에 정치 지도자, 즉 지도적인 정치가의 명예는 자기가 행한 일에 대해 전적으로 자신이 책임을 진다는 데 있습니다. 정치 지도자는 이 책임을 거부하거

---

43 여기서 베버는 "분노나 편견 없이"라고 말할 때 라틴어 sine ira et studio('시네 이라 에 트 스투디오')라는 표현을 사용한다. 이 표현은 로마의 역사가 타키투스(약 56~120)가 『연대기』의 서론에서 처음으로 사용했다. 이 표현은 흔히 감정에 휩쓸려서는 안 된다는 것을 강조할 때 사용한다.

나 전가할 수 없고, 해서도 안 됩니다.

도덕적으로 최고의 품성을 갖춘 관료들은 자기 책임이라는 정치적 관점에서 보았을 때는 무책임하고 형편없는 사람들이고, 그런 의미에서 정치가로서는 도덕적으로 저급한 자들입니다. 그런데 우리는 애석하게도 이런 정치가들이 지도적 위치에서 국정을 이끄는 것을 반복해서 보아왔습니다. 우리가 관료 지배라고 부르는 바로 그것입니다. 하지만 우리가 이렇게 결과론적인 관점에서 우리 체제가 지닌 정치적 결함을 폭로한다고 해서, 우리 관료층의 명예를 흠집 내는 일은 결코 아닙니다.[44] 이제 또다시 정치가들의 유형에 관한 논의로 돌아가 봅시다.

입헌주의국가가 탄생한 이래로 서양에서는 대중 선동가가 정치 지도자의 전형이 되었고, 민주주의가 뿌리를 내린 후로는 더욱더 그렇게 되었습니다. 대중 선동가라는 말은 뭔가 찜찜하고 불쾌한 여운을 지니고 있기는 하지만, 대중 선동가라는 이름으로 불린 최초의 인물이 클레온[45]이 아니라 페리클레스[46]였다는 사실을 잊어서는 안 됩

---

[44] 독일제국에서 진정한 정치 지도자가 나와 이러한 전문 관료들을 이끌었을 때 더 나은 결과를 만들어낼 수 있었겠지만, 그것은 어디까지나 진정한 정치 지도자를 배출하지 못한 정계의 잘못이고, 관료들은 관료로서의 본분을 충실히 수행했기 때문에, 이 말이 관료들의 명예를 훼손하는 것은 아니라는 뜻이다.

[45] 부유한 피혁상에서 태어난 "클레온"(기원전 422년에 죽음)은 기원전 430년경 만년의 페리클레스를 공격하면서 정계에 등장해 페리클레스가 죽은 후 그의 뒤를 이어 민주파의 지도자가 되었다. 당시의 정치가들은 귀족파와 민주파를 불문하고 모두 명문가 출신이었던 데 반해, 클레온은 상인 출신으로서 인격적 자질은 형편없었지만 대중 연설이라는 무기를 통해 민중을 10년 가까이 이끌었다. 동시대의 역사가 투키디데스는 그를 천한 대중 선동가로 규정했다.

니다. 페리클레스는 처음에는 관직 없이, 그리고 나중에는 고대 민주주의에서 제비뽑기로 충원된 관직들과 대조적으로 유일하게 선출직이었던 최고사령관을 맡아, 아테네 민중의 최고 의결 기구인 민회를 이끈 인물이었습니다. 오늘날의 대중 선동가들도 대중 연설을 활용합니다. 오늘날 선거에 입후보한 사람들이 소화해야 하는 유세용 대중 연설을 생각해보면 그 양이 엄청납니다만, 그보다 더 영향력이 오래가는 인쇄된 글도 활용합니다. 그래서 오늘날에는 대중 선동가의 가장 중요한 유형은 정치 평론가와 특히 언론인입니다.

3) 언론인

근대 정치 저널리즘의 사회학은 모든 면에서 하나의 독립적인 주제로 다뤄야 하기 때문에, 이 강연의 범위를 고려하면 여기서 이 주제를 개괄적으로 살펴보는 것조차 불가능합니다. 하지만 최소한 몇 가지는 짚고 넘어가야 합니다.

언론인은 다른 모든 대중 선동가들, 그리고 최소한 영국이나 이전의 프로이센에서 변호사가 차지하고 있는 지위와 대비되는 유럽 대륙

---

46 "페리클레스"(기원전 약 495~429)는 소피스트 교육을 받아 대중 연설에 탁월했던 고대 아테네의 정치가이자 장군이다. 명문가 출신이었지만 귀족파를 이끄는 키몬에 대항해 민주파의 지도자로서 당시 귀족 세력의 거점이었던 아레오스파고스 회의의 권한을 박탈하고, 평의회, 민중 재판소, 민회가 실권을 쥐도록 하는 법안을 민회에 제출해 통과시킴으로써 아테테 민주주의의 전성기를 이끌었다.

의 변호사, 예술가와 마찬가지로 확고한 사회계층으로 자리잡고 있지 않습니다. 언론인은 일종의 불가촉천민 계급[47]에 속하고, 사회는 언제나 언론인 중에서 윤리적으로 가장 저급한 자들을 기준으로 삼아 언론인 전체에 대한 사회적 평가를 내립니다. 세간에서 언론인과 그들이 하는 일에 대해 이상한 소문이 나도는 것은 바로 이 때문입니다.

반면에 진정으로 훌륭한 언론인으로 활동하기 위해서는 적어도 학자에게 필요한 정도의 재능을 요구한다는 사실을 아는 사람은 별로 없습니다. 특히 언론인은 지시가 내려지면 즉시 글을 써야 하고, 그 글로 즉시 영향을 미쳐야 하며, 학자와는 완전히 다른 조건에서 글을 써내야 한다는 점 때문에 그런 재능은 필수적입니다.

언론인의 책임이 학자의 책임보다 훨씬 더 크고, 또한 모든 존경할 만한 언론인의 책임감이 평균적으로 결코 학자의 책임감보다 낮지 않고, 이번 전쟁을 통해 알게 된 것처럼 도리어 더 높은 것이 사실인데도, 이 사실을 제대로 알고 있는 사람은 거의 없습니다. 무책임한 언론인의 활동이 종종 끔찍한 결과를 초래했고, 사람들이 그런 일들을 고스란히 기억하고 있기 때문입니다. 게다가 유능한 언론인은 평균적으로 다른 사람들보다 더 사려 깊습니다. 물론 그렇게 믿는 사람

---

47 "불가촉천민 계급"으로 번역한 Pariakaste에서 '파리아'(Paria)는 원래 마드라스 지방에서 가무와 기예가 천직인 계층을 가리켰지만, 나중에는 불가촉천민 전체를 일컬었다. 인도의 카스트제도는 브라만(성직자), 크샤트리아(귀족), 바이샤(상인), 수드라(천한 노동자) 이렇게 4계급으로 구분되지만, "파리아"라 불리는 불가촉천민은 카스트제도에 속하지 않은 제5계급으로, 현재 인도 인구의 15퍼센트에 해당한다. 이들은 청소·세탁·이발·도살 등 가장 힘들고 어려운 일을 담당하고, 거주·직업 등에서 엄격한 차별대우를 받았다.

은 아무도 없지만, 이것은 엄연한 사실입니다.

대중은 언론인이라는 직업에는 다른 직업과는 비교할 수 없을 정도로 엄청난 유혹이 뒤따른다는 것도 알고, 언론인이 현재 어떤 여건에서 활동하고 있다는 것도 알기 때문에, 언론에 대해서 한편으로는 경멸하지만 다른 한편으로는 몸을 사리는 비겁한 모습을 보이는 이중적인 태도를 취하는 것이 몸에 배어 있습니다. 이것과 관련해서 우리가 무엇을 해야 하는지에 대해서 오늘은 다룰 수가 없습니다.

오늘날 우리는 언론인이라는 직업의 정치적 운명, 즉 언론인에게 정치 지도자의 위치로 올라갈 수 있는 기회가 있느냐 하는 데 관심을 갖습니다. 지금까지 언론인은 사회민주당[48]에서만 그런 기회를 잡을 수 있었습니다. 하지만 사회민주당 내에서 언론인이 담당한 기관지의 편집인이자 주필이라는 직책은 압도적으로 관료적인 성격을 지니고 있었을 뿐이지 정치 지도자의 위치로 올라가기 위한 토대가 될 수는 없었습니다.

전체적으로 보면 부르주아 정당들에서는 언론인이 이런 경로를 거쳐 정치권력으로 오를 수 있는 가능성이 이전 세대에 비해서 오히

---

48 "사회민주당"은 독일제국 시대인 1875년에 설립되었고, 중도좌파 성향을 띤 사회민주주의를 지향하는 정당이다. 따라서 우파가 지배했던 비스마르크의 제국 의회에서 독일제국의 국내외 정책에 대해 아주 비판적인 입장을 견지했다. 1890년에 현재의 당명으로 개칭하면서 마르크스주의 노선을 공식적으로 천명하고 1950년대까지 고수했다. 그러나 독일제국 시대부터 민주적 선거를 통해 정권을 획득해 국가를 사회주의로 변화시킨다는 베른슈타인의 수정주의 노선을 사실상 채택했다. 제1차세계대전이 일어나면서 전시 공채 발행 문제로 다수사회민주당(MSPD)과 독립사회민주당(USPD)으로 분열했지만, 나중에 다시 힘을 합쳐 전후 바이마르공화국을 세우고 정권을 장악했다.

려 더 나빠졌습니다. 물론 모든 비중 있는 정치가는 언론의 영향력이 필요했기 때문에 언론과 좋은 관계를 맺어야 했습니다. 그러나 정당 지도자가 언론계에서 배출된 경우는 사람들의 예상과 달리 극히 예외적인 일이었습니다. 언론인들이 이전보다 훨씬 더 언론사에서 없어서는 안 되는 사람들이 되었기 때문입니다. 재력이 없어서 언론사에 직업인으로서 얽매여 있을 수밖에 없는 언론인은 더욱더 그러합니다. 이렇게 된 것은 언론인에게 요구되는 업무 강도와 활동이 폭증했기 때문입니다. 생계를 유지하기 위해서 매일 또는 매주 기사를 써야 하는 것은 정치가에게는 족쇄나 다름없습니다. 정치 지도자의 자질을 지닌 사람들이 바로 이러한 일로 말미암아 권력을 향해 나아가는 길에서 외적으로나 특히 내적으로도 힘을 상실하게 된 여러 사례를 나는 알고 있습니다.

구체제[49] 아래에서 언론이 국가와 정당을 지배한 권력과 맺은 관계가 저널리즘의 수준에 엄청난 악영향을 끼쳤다는 사실은 따로 살펴보아야 할 주제입니다. 우리의 적국들에서는 이 둘의 관계가 우리와 달랐습니다. 하지만 그 나라들에서도, 그리고 모든 근대국가에서 언론인으로 일하는 사람들의 정치적 영향력은 점점 더 줄어든 반면에, 예컨대 노스클리프 경[50] 같은 자본주의적 언론 재벌의 정치적 영향력

---

[49] "구체제"는 독일제국 시대(1871~1918)를 가리킨다. 독일제국은 11월혁명 때 마지막 황제였던 빌헬름 2세가 네덜란드로 망명하면서 막을 내렸고, 독일 임시정부는 11월 11일에 무조건 항복을 선언함으로써 제1차세계대전도 막을 내렸다. 이 강연은 1919년 1월 28일에 행해졌기 때문에 베버는 독일제국을 "구체제"로 지칭한다. 이 강연 직전인 1919년 1월 19일에는 바이마르공화국 헌법 제정을 위한 제헌의회 선거가 있었다.

[50] "노스클리프 경"(1865~1922)은 영국의 대중 저널리즘의 초기 개척자로서, *Answers to*

이 점점 더 중대하고 있는 것은 분명한 사실로 보입니다.

우리 독일에서 이제까지 특히 소형 광고를 싣는 신문인 대중 광고지를 장악한 자본주의적 신문 재벌은 일반적으로 정치에 대한 무관심을 조장해온 대표 주자였습니다. 독자적인 정치 노선을 걸었을 경우에 전혀 이득을 볼 수 없었고, 특히 국정을 주도하는 정치권력의 비호 아래 사업상의 이득을 추구할 수 없었기 때문입니다. 정치가들은 전쟁 기간 동안 광고 사업을 이용해 언론에 상당한 정도의 정치적 영향력을 행사하고자 했고, 이러한 시도는 지금도 계속되고 있는 듯합니다. 우리가 충분히 예상할 수 있듯이, 큰 언론사는 정치가의 이러한 시도를 거부할 수 있지만, 작은 신문사는 그렇게 하기가 훨씬 더 어렵습니다.

어쨌든 우리 독일에서 언론인이라는 이력은 여러 가지로 아주 매력적이고, 어느 정도 정치적인 영향력을 행사할 수 있는 가능성을 지니고 있으며, 무엇보다도 정치적 책임을 수반하기도 하지만, 오늘날 정치 지도자로 부상하기 위한 정상적인 경로는 아닙니다. 이제 더 이상 아닌지, 아니면 아직은 아닌지는 시간을 두고 지켜봐야 하겠지만 말입니다. 전부는 아니지만, 다수의 언론인이 익명 활동의 원칙 폐기를 지지하고 있지만, 이것이 어떤 변화를 가져올지는 말하기 어렵습니다.

Correspondents(1888), 보수당의 기관지 *Daily Mail*(1896)을 창간했고, 1908년에는 *The Times*를 인수했다. 1901년부터 제1차세계대전이 끝날 때까지 영국의 여론에 지대한 영향력을 행사했다. *Daily Express*의 발행인인 비버브룩 경(1879~1964)은 지금까지 런던의 대표적인 거리인 "플리트 스트리트를 활보한 사람 중에서 노스클리프가 가장 위대한 인물"이라고 말했을 정도였다.

전쟁 기간 동안 우리 독일의 여러 언론사에서는 글솜씨가 뛰어난 사람들을 특별히 고용해 신문사를 이끌게 했고, 그들은 언제나 자신의 이름을 명확히 밝히고 글을 썼습니다. 하지만 우리는 몇몇 잘 알려진 사례들을 통해 이런 방식으로는 언론의 책임감이 기대했던 것만큼 확실하게 높아지지 않는다는 사실을 확인했습니다. 반면에 일부 저질 대중지로 악명 높은, 당파성이 없는 신문들은 이런 방법을 통해 판매 부수를 높이려 했고, 또한 실제로 그렇게 하는 데 성공했습니다. 이런 신문사들의 사주와 발행인, 그리고 선정적인 언론인은 그렇게 해서 재산을 얻기는 했지만, 확실히 명예를 얻지는 못했습니다. 나는 이 원칙 자체에 반대하지 않습니다. 이 문제는 아주 복잡하고, 또 그러한 현상이 일반적인 것도 아닙니다. 앞으로 상황이 어떻게 전개될지는 좀 더 두고 봐야겠지만, 현재까지는 이 방법이 진정한 정치 지도자를 키우거나 정치를 책임 있게 운영할 수 있게 해주는 길은 아닙니다.

하지만 이 모든 사정에도 불구하고 언론인의 이력은 여전히 직업적 정치 활동에 이르는 가장 중요한 길 중 하나입니다. 그렇다고 해도 누구나 갈 수 있는 길은 아닙니다. 적어도 나약한 성격의 사람들, 특히 신분상의 지위가 확실하게 보장되어 있을 때만 평정심을 유지할 수 있는 사람들이 갈 수 있는 길은 아닙니다. 물론 젊은 학자들의 삶도 어느 정도 도박이라고 할 수 있지만, 신분과 관련된 확고한 관습이 그를 둘러싸서 탈선으로부터 보호해줍니다. 그러나 언론인의 삶은 모든 면에서 완전히 도박입니다.

게다가 언론인의 삶은 인생의 다른 상황에서는 거의 경험할 수 없을 정도로 내적 확신과 평정심을 뒤흔들어 시험하는 온갖 환경 속에 놓여 있습니다. 언론인은 자신의 직업을 수행하면서 쓰디쓴 경험을 자주 하지만, 그들이 겪는 최악의 상황은 아닙니다. 성공한 언론인일수록 아주 힘든 내적 갈등을 유발시키는 상황에 놓입니다.

성공한 언론인은 전 세계 유력인사들의 대저택 연회장에서 겉보기에는 대등한 입장에서, 그리고 사람들이 언론인을 두려워하기 때문에 흔히 모든 사람의 아부를 받으며 그들과 교류합니다. 하지만 그는 자기가 연회장의 문을 열고 나가자마자, 그를 연회에 초대했던 유력인사가 연회장에 초대된 다른 손님들에게 자기가 엉터리 글쟁이와 교류할 수밖에 없는 이유에 대해 자신을 합리화하면서 장황한 변명을 늘어놓아야 한다는 것을 알고 있습니다. 언론인이 이런 일을 감내하기란 결코 쉬운 일이 아닙니다.

또한 언론인은 시장이 그때그때 요구하는 모든 것에 대해, 그리고 생활 속에서 발생하는 온갖 문제에 대해 즉각적이면서도 설득력 있게 자신의 견해를 밝히면서도 조금도 천박해서는 안 될 뿐만 아니라, 자기 자신을 노출해 품위를 상실해서도 안 되며, 그에 따른 무자비한 결과들을 피할 수 있어야 합니다. 따라서 우리가 정말 놀라워해야 할 일은 언론인 중에는 인간적으로 탈선하거나 형편없어진 사람들이 많다는 것이 아니라, 외부인들은 쉽게 짐작할 수 없겠지만 방금 앞에서 말한 모든 상황에도 불구하고 언론계 인사 가운데 진정으로 인간답고 훌륭한 사람이 아주 많다는 사실입니다.

4

근대 정당의 출현과 직업 정치가

1) 근대 정당의 출현

직업 정치가의 한 유형인 언론인은 이미 상당히 오래된 반면에, 정당 관료라는 직업 정치가는 수십 년 전에 처음으로 출현해 발전해왔고, 그중 일부는 불과 몇 년 전에 출현했습니다. 이 직업 정치가가 역사적으로 어떻게 발전해왔는지 파악하기 위해서는 정당 제도와 정당 조직을 고찰해야 합니다.

국가를 비롯한 어떤 정치 결사체의 관할 영역과 업무 범위가 작은 시골 지방을 벗어나 규모가 커지고, 또한 주기적인 선거를 통해 통치자를 선출하게 되면, 이해관계로 형성된 정당들이 생겨날 수밖에 없습니다. 즉, 정치에 일차적인 관심을 가지고 정치권력에 참여하고자 하는, 상대적으로 소수의 사람들이 자유로운 모집 활동을 통해 추종자들을 만들어내고, 스스로 후보로 나서거나 그들이 미는 사람들을 후보로 내세우며, 정치 자금을 모으고 득표 활동에 나섭니다. 큰 규모의 정치 결사체에서 선거를 통해 통치자를 선출하는 경우에 이런 정당들 없이 선거를 제대로 치를 수 있으리라고는 생각할 수 없습니다.

정당들을 중심으로 이렇게 선거를 치르게 되면, 선거권을 가진 국민은 현실적으로 정치에 적극적인 국민과 정치에 소극적인 국민으로 나뉩니다. 국민이 이렇게 둘로 나뉘는 것은 국민의 자발적인 의사에 기초한 일이기 때문에, 선거 의무제나 직능대표제 같은 어떤 조치로도 막을 수 없고, 또한 이런 일의 발생과 직업 정치가들에 의한 지배를 명시적으로나 묵시적으로 차단하기 위한 법안을 제정한다고 해도 막을 수 없습니다.

모든 정당이 존속하기 위해서는 정당 지도층과 자유로운 모집 활동을 통해 만들어진, 그 추종자들로 이루어진 정치에 적극적인 국민이 필수적입니다. 그리고 이 추종자들은 자신들이 속한 정당 지도자를 당선시키기 위해 자유로운 홍보 활동을 통해 소극적인 유권자들을 확보합니다.

하지만 정당의 구성은 다양합니다. 예컨대, 중세 도시에 존재했던 교황당[51]과 황제당 같은 정당은 순전히 개인적인 추종자들로 이루어져 있었습니다. 교황당의 규약집에는 영지를 소유할 수 있는 기사 계급

---

51 중세 말기에 교황과 신성로마제국이 대립하면서 "교황당"(Guelfen)은 교황을, "황제당"(Ghibellinen)은 황제를 지지했다. 12세기에 시작된 두 당파의 싸움은 13세기 중반부터 이탈리아 전역으로 확대되었다. 피렌체에서 봉건귀족 계급은 "황제당"에 속한 반면에, 고리대금 중심의 금융업으로 교황청과 밀착한 신흥 상공인 계급은 "교황당"에 속했다. 피렌체, 베네치아, 제노바는 "교황당"의 도시로 유명했고, 피사는 "황제당"의 도시였다.

으로 살아온 모든 가문을 지칭했던 귀족 계급의 재산 몰수, 관직과 투표권에서 귀족 계급의 배제, 지역을 초월한 위원회 조직, 엄격한 군사 조직과 조직 내에서의 밀고자 포상을 정하고 있습니다. 이러한 규약은 소련의 공산당인 볼셰비키[52]와 그들이 조직한 평의회인 소비에트[53]와 엄선된 군사 조직, 특히 러시아의 첩보 조직을 연상시키며, 기업가, 상인, 이자와 지대로 생활하는 자, 성직자, 왕실 후손, 경찰 정보원 같은 부르주아의 무장 해제와 정치적 권리 박탈과 재산 몰수를 연상시킵니다.

하지만 교황당의 군사 조직은 호적에 따라 기사들로만 이루어진 군대였고, 이 군대를 이끄는 거의 모든 직책은 귀족들이 차지했습니다. 마찬가지로 소비에트도 기업가의 높은 보수, 성과급 제도, 테일러 시스템,[54] 군대와 공장의 규율을 그대로 유지하거나 다시 도입했고, 외국 자본을 찾아 나섰습니다. 한마디로 말해서, 국가와 경제가 제대로

---

52 "다수파"라는 뜻을 지닌 "볼셰비키"는 소련 공산당의 전신인 러시아사회민주노동당(1898년 창당)의 다수파를 가리키는 명칭으로, 소련 공산당의 별칭이기도 했다. 마르토프가 이끈 온건파인 "멘셰비키"(소수파)는 부르주아 민주주의 혁명을 거쳐 공산주의로 나아가는 민주적 투쟁 방식을 강조한 반면에, 레닌이 이끈 볼셰비키는 부르주아 민주주의를 거치지 않고 직접 프롤레타리아 혁명 노선을 주장했다.

53 "소비에트"는 소련에서 노동자, 농민, 병사의 대표자가 구성한 "평의회"를 일컫는다. 의회를 중심으로 한 부르주아 민주주의의 의회와 대비되는 개념으로, 마을 소비에트에서 최고 의결 기관인 연방 소비에트까지 있었으며 소련의 정치적 기반을 이루는 권력기관이었다.

54 "테일러 시스템"은 미국의 기술자 테일러(1856~1915)가 개발한 과학적 경영 관리 방식을 가리킨다. 이 시스템의 핵심은 한편으로는 작업 과정에서 노동자의 태만을 방지하고 최대의 능률을 발휘하도록 시간 연구와 동작 연구를 바탕으로 1일의 작업 표준량인 과업을 제시하는 과업 관리, 다른 한편으로는 노동 의욕을 고취시키기 위한 차별적인 성과급 제도였다.

돌아가도록 소비에트는 한때 자신들이 부르주아 계급의 제도로 규정해 타도했던 모든 것을 완전히 다시 받아들여야 했고, 게다가 옛 오크라나[55]의 요원들을 국가 권력의 주요한 수단으로 다시 가동시켰습니다. 이런 점에서 교황당과 볼셰비키 정책의 유사성은 더욱 두드러집니다. 하지만 우리가 여기서 다루고자 하는 내용은 그러한 강압에 의한 조직이 아니라, 정당의 건전하고 평화적인 득표 활동을 통해 유권자 시장에서 권력을 얻고자 하는 직업 정치가입니다.

우리가 지금 통상적으로 일컫는 정당도 처음에는 귀족 추종자 집단이었습니다. 예컨대, 영국이 그랬습니다. 한 귀족이 어떤 이유로든 당을 바꾸면, 휘하에 있는 사람들 모두 그와 함께 새로운 당으로 옮겨 갔습니다. 1832년 선거법[56]이 개정되기 전에는 국왕만이 아니라 큰 귀족 가문들도 수많은 선거구를 장악하고 있었습니다. 이 귀족 정당들과 유사한 것이 부르주아 계층의 권력이 부상하면서 도처에서 생겨난 명망가 정당들입니다. 한편, 서양의 전형적인 지식인층의 정신적 지도를 받고 교양과 재산을 갖춘 계층은 어떤 경우에는 계층의 이해관계, 어떤 경우에는 가족 전통, 어떤 경우에는 순전히 이데올로기적인 이유로 분화되어 여러 정당을 이루고 그 정당을 이끌었습니다.

---

55 "오크라나"(Ochrana)는 러시아제국 시대인 19세기 말과 20세기 초에 내무부의 경찰국 산하에 있던 비밀경찰 조직을 가리키는 명칭으로서, '공공 안전과 질서를 보호하기 위한 부서'의 줄임말이다. 정치적 테러 행위와 좌익 혁명가들의 활동을 막기 위해 창설했다.

56 당시 영국은 산업혁명으로 인해 많은 농민이 농촌을 떠나 도시로 이주함으로써, 14세기 이후부터 시행되어오던 선거구 제도(40실링 이상의 수입이 있는 농민들에게만 선거권을 주는 제도)가 유명무실해지자, 1832년에 당시 수상이었던 휘그당 소속 그레이(1830~1834)가 도시 중산층에게 선거권을 주는 제1차 선거법 개정을 이루어냈다.

성직자, 교사, 교수, 변호사, 의사, 약사, 부농, 공장주―영국에서 자신을 신사 계급에 속한다고 여긴 계층 전체―는 처음에는 임시 조직, 기껏해야 한 지역의 정치 협회를 결성했을 뿐입니다. 격동기에는 소시민 계층이 자기 목소리를 내기도 했고, 간혹 프롤레타리아도 지도자가 있는 경우에는 자기 목소리를 냈습니다. 물론 이 지도자가 일반적으로 프롤레타리아 계층 출신인 경우는 없었지만 그렇게 했습니다. 이 단계에서는 여러 지역을 아우르며 지속적인 활동을 벌이는 정당 조직이 지방에는 아직 존재하지 않았고, 지역의 명망가는 단지 자신의 지역구 출신 의회 의원들과 연결되어 있었습니다. 의원 후보자를 선출하는 데 지역의 명망가가 결정적인 역할을 했기 때문입니다. 후보자가 내건 공약은 후보자의 유세에서 나오거나 명망가의 모임이나 후보자가 소속된 정당의 결정을 통해 만들어졌습니다.

정치 협회는 부업과 명예직을 기반으로 운영되었고, 정치 협회가 없는 대부분의 지역에서는 선거철이 아닌 때는 정치에 지속적인 관심을 가진 소수의 사람들이 완전히 비공식적인 정치 조직을 이루어 활동했습니다. 언론인은 보수를 받는 유일한 직업 정치가였고, 신문사는 지속적으로 정치 활동을 하는 유일한 조직이었습니다. 그 외에는 오직 회기 중에 활동하는 의회가 있었을 뿐입니다. 물론 의원들과 의회의 정당 지도자들은 어떤 정치적 행동이 바람직한 것으로 보일 때 어느 지역 명망가를 활용해야 하는지 알고 있었습니다. 하지만 당원들이 낸 얼마 안 되는 당비를 가지고 정기 집회와 공개적인 의원 보고회를 개최하는 등 지속적으로 활동하는 정당 조직은 대도시에만 존재했고, 정치 활동은 선거철에만 살아났습니다.

그런데 의회 의원들이 각 지역을 통합하고 전국적으로 연대해 선거를 치를 수 있는 가능성, 전 지역의 광범위한 계층의 사람들이 인정하는 통일된 공약, 전국적으로 통일된 선전 활동이 지닌 효력 등에 관심을 갖게 되었는데, 이것이 정당 조직을 전국적으로 확대하려는 시도를 가속화시키는 동력이 되었습니다. 이렇게 해서 중소 도시에 이르기까지 정당의 하부 지역 조직의 네트워크도 구축하고, 의회 정당의 중앙당 사무국을 이끄는 의원과 지속적으로 연락하는 대리인의 네트워크도 구축했습니다.

하지만 정당의 하부 지역 조직이 지닌 명망가들의 협회라는 근본적인 성격은 여전히 달라지지 않았습니다. 정당의 중앙당 사무국 외에는 아직 유급 직원이 없었습니다. 정당의 하부 지역 조직을 이끄는 사람들은 예외 없이 그 지역에서 평판이 좋은 덕분에 이 직책을 맡게 된 명망 있는 사람들이었습니다. 의회 밖의 명망가들은 의회에 들어간 의원으로 이루어진 정계의 명망가 계층과 나란히 영향력을 행사했습니다. 그러나 점차 정당에서 발행하는 기관지가 언론과 하부 지역 조직을 위한 정신적 자양분을 공급하는 역할을 맡게 되었습니다. 당원들의 정기적인 당비 납부도 불가결해졌고 그중 일부는 중앙당의 경비를 충당하는 데 쓰였습니다. 얼마 전까지만 해도 독일의 대부분 정당 조직은 아직 이 단계에 있었습니다.

프랑스에서는 이 첫 번째 단계가 여전히 부분적으로 지배하고 있습니다. 의원들의 결속은 대단히 불안정하고, 정당의 하부 지역 조직에서는 소수의 지역 명망가들이 활동하며, 지역 후보자가 내거는 공약은 비록 의원 총회의 결정과 프로그램에 어느 정도 의존하기는 하지만, 후보자 자신이 직접 작성하거나 개별 후보 지망자의 후원자들이 개별적으로 대신 작성해줍니다.

이런 체제는 부분적으로만 균열이 났을 뿐입니다. 정치를 본업으로 하는 직업 정치가의 수가 얼마 되지 않아 다 합해봐야 선출된 의원, 중앙당의 소수의 직원, 언론인, 그 밖에 프랑스에서 정치적 관직에 있는 자거나 그런 관직을 얻기 위해 애쓰는 자인 관직 사냥꾼이 전부입니다. 외형적으로 보았을 때 정치가 부업인 경우가 압도적이었습니다. 또한 각료에 임명될 수 있는 의원의 수도 매우 제한되어 있었고, 의원직이 지닌 명망가적인 성격으로 인해 의원 선거에 입후보하는 사람의 수도 매우 제한되어 있었습니다.

반면에 정치 조직에 간접적인 이해관계, 무엇보다도 물질적인 이해관계를 지닌 사람의 수는 아주 많았습니다. 정부 부처의 모든 조치, 그중에서 특히 인사와 관련된 조치는 선거에 미칠 영향을 고려해 취해진 까닭에, 사람들은 자기 지역 출신 의원의 중재를 통해 온갖 종류의 민원을 관철시키고자 했고, 다수당에 속한 각 부처 장관은 같은 당 소속 의원의 청탁을 좋든 싫든 경청하지 않을 수 없었기 때문입니다. 이런 이유로 누구나 다수당 소속 의원이 되려고 했습니다. 각각의 지역구 의원은 관직에 대한 인사권뿐만 아니라 자신의 선거구의 모든 현안에 대한 온갖 결정권도 갖고 있었으며, 재선을 위해 자기 지역 명망가들과도 끈끈한 관계를 맺고 있었습니다.

2) 최근의 정당 구조

명망가 계층, 특히 명망가 출신 의원들이 국정을 지배하는 이러한 목가적인 상황과 첨예하게 대비되는 것이 바로 가장 최근의 정당 조직 형태입니다. 민주주의, 보통선거권, 대중 유세와 대중 조직의 필요성, 고도로 통일적인 정당 지도부와 아주 엄격한 규율의 발전이 이러한 정당 조직 형태를 낳았습니다.

이제 명망가들이 지배하고 의원들이 국정을 주도하던 시대는 끝났고, 의회 밖에서 정치를 본업으로 하는 정치가들이 정당을 장악하고 있습니다. 이 정치가들은 미국 정당의 보스나 영국의 선거 본부장이 실제로 그런 것처럼, 기업가이거나 고정 급료를 받는 관료입니다. 형식적으로는 광범위한 민주화가 이루어졌습니다. 공식적인 공약을 만드는 것은 이제 더 이상 의회의 원내교섭단체가 아니며, 지역의 명망가들도 더 이상 후보 지명권을 갖고 있지 않습니다. 이제는 지구당 당원 대회에서 후보를 선출하고, 상급 대회에 보낼 대의원을 선출합니다. 이런 여러 상급 대회를 거쳐 전당대회가 열립니다.

하지만 당정을 실질적으로 장악한 사람들은 지속적으로 당무를 수행하는 사람들, 또는 당의 운영에 필요한 재정이나 인력을 좌지우지하는 자들, 즉 정치적인 이익집단(예컨대 태머니 홀[57])을 후원하거나

---

57 "태머니 홀"(Tammany Hall)은 뉴욕시를 기반으로 활동했던 민주당의 정치 기계 명칭이다. 1789년에 출범할 당시에는 혁명전쟁의 퇴역 군인들이 결성한 자선단체의 성격을 띠고 있었지만, 1800년 공화파(나중의 민주당)의 토머스 제퍼슨이 대통령으로 당선되고 공화파가 뉴욕시와 뉴욕주를 석권하는 데 주도적인 역할을 함으로써 공식적인 정치

이끄는 자들입니다. 결정적으로 중요한 것은 이렇게 조직화된 인적 집단 전체, 또는 더 정확하게는 이 인적 집단 전체를 이끄는 자들이 의원들을 견제할 뿐만 아니라 자신들의 뜻을 의원들에게 상당 부분 강요할 수 있다는 사실입니다. 영미권 국가에서 이 집단 전체를 '기계'라고 부르는 것은 의미심장합니다. 그리고 이 사실은 정당의 지도자를 선출하는 것과 관련해 특히 중요한 의미를 지닙니다. 이제는 의원들의 의사와 상관없이 이 기계가 지지하는 사람이 정당의 지도자가 됩니다. 달리 말하면, 이러한 기계의 출현은 국민투표에 의한 민주주의의 도입을 의미합니다.

정당의 추종자들, 그중에서도 특히 정당의 관료들과 정당에 속한 기업가들은 당연히 그들이 지지하는 정당 지도자가 승리했을 때 관직이나 그 밖의 다른 이권 같은 개인적인 보상을 기대합니다. 여기서 결정적으로 중요한 것은, 물론 개별 의원에게서도 보상을 기대하겠지만, 정당의 추종자들이 개별 의원이 아니라 정당 지도자에게서 개인적인 보상을 기대한다는 사실입니다. 추종자들은 무엇보다도 자신들이 선출한 지도자의 인물 됨됨이가 선거전에서 대중 선동가적인 영향력을 발휘해 당에 표와 의석, 즉 권력을 안겨주고 그럼으로써 그의 지지자들이 기대했던 보상의 기회가 극대화되기를 기대합니다.

정당을 이루고 있는 평범한 사람들이 단지 정당의 추상적인 강령만이 아니라 자신들이 믿고 헌신하는 한 사람을 위해 일한다는 것

기구로서 입지를 굳혔다. 19세기 후반에 정치에 무지한 이민자들의 표를 매수하는 등 "보스" 정치의 전형을 보여주면서 절대적인 권력을 행사하는 가운데 부패 정치의 온상이라는 평을 받았다. 여기서 "보스"는 표를 모으는 자들을 가리킨다.

은 그들에게 이념적인 만족감을 주기 때문에, 모든 지도자가 지닌 이러한 카리스마적 요소는 추종자들을 일하게 만드는 동력 중 하나입니다.

한편으로는 정당 내에서 자신들의 영향력을 유지하고자 한 지역 명망가 및 의원과의 끊임없는 잠재적인 싸움이라는 난관 속에서도 이러한 정당 조직 형태는 발전해왔지만, 발전 정도는 아주 다양합니다. 이러한 정당 조직 형태는 미국의 부르주아 정당에서 처음으로 발전했고, 그 후 특히 독일의 사회민주당에서 발전했습니다. 그러나 이러한 형태는 정당 구성원들 모두가 인정하는 지도자가 나타나지 않으면 그 즉시 끊임없이 반격을 받고, 설령 그런 지도자가 나타난다고 하더라도 정당에 속한 명망가들의 허영심과 이해관계를 받아들여 온갖 양보를 하게 됩니다.

하지만 무엇보다도 이 기계는 일상적인 당무를 관장하는 당 관료들이 장악할 수도 있습니다. 사회민주당 사람 중 다수는 자신들의 당이 이러한 관료주의화에 빠져 있다고 생각합니다. 하지만 정당 지도자가 강력한 대중 선동가적인 영향력을 지닌 인물인 경우, 당 관료들은 상대적으로 쉽게 그를 따릅니다. 이 지도자를 통해 그들이 당의 권력을 확보할 수 있다는 기대감, 그리고 한 지도자를 위해 일하는 것이 주는 내적인 만족감이 그들의 물질적이고 이념적인 이해관계와 맞아떨어지기 때문입니다.

대부분의 부르주아 정당처럼 지도자의 출현이 훨씬 더 어려운 경우에는 당 관료와 명망가가 함께 정당에 대한 영향력을 장악합니다. 명망가는 당 간부진의 일원이 되거나 당 위원회에서 작은 직책을 맡을 때 이념적인 측면에서 살맛이 나기 때문입니다. 신출내기 대중 선동가에 대한 반감, 정당 정치의 경험—사실 이것은 상당히 중요합니다—이라는 측면에서 자신들의 우월성에 대한 확신, 정당에서 오랫동안 지켜온 전통의 와해에 대한 이데올로기적인 우려가 명망가의 행동을 결정합니다. 그리고 정당 내에서 전통을 중시하는 모든 당원이 이 명망가를 지지합니다. 무엇보다도 특히 농촌 지역의 유권자들은 오랫동안 보아온 명망가의 이름을 신뢰하고 알지도 못하는 사람인 대중 선동가는 불신하는데, 이것은 소시민 유권자들도 마찬가지입니다. 물론 이들도 자신들이 알지 못하는 대중 선동가가 일단 성공을 거두고 나면 그를 아주 확고하게 지지합니다.

3) 국민투표에 의한 정당 조직 형태의 부상

이제 이 두 가지 정당 조직 형태 간의 싸움을 보여주는 몇 가지 주요한 사례들, 특히 오스트로고르스키[58]가 설명한 국민투표에 의한 정당 조직 형태의 부상에 대해 살펴봅시다.

---

58 "오스트로고르스키"(1854~1919)는 러시아의 정치학자로, 미국의 정당 조직을 연구해 『민주주의와 정당 조직』(전2권)을 저술했다. 이 책에서 그는 풍부한 사료들을 기반으로 미국의 정치는 정당이 지배하고 있음을 입증했고, 금권정치에 의한 정치의 부패를 보여주었다.

(1) 영국의 사례: 코커스 시스템

먼저 영국의 사례입니다. 영국에서는 1868년까지 정당 조직은 거의 전적으로 명망가 조직이었습니다.[59] 농촌 지역에서 토리당[60]을 지지한 사람들은 영국국교회 목사, 대부분의 교사, 무엇보다도 특히 그 지역의 대지주였고, 휘그당을 지지한 사람들은 대체로 비국교회 목사(실제로는 별로 없었지만), 우체국장, 대장장이, 재봉사, 밧줄 제조업자, 수공업자였습니다. 그들은 사람들과 수다를 많이 떨었기 때문에 정치적인 영향력을 행사할 수 있었습니다. 도시에서 이 두 정당의 지지자들은 경제적이거나 종교적인 이유, 또는 단지 정당과 관련해 가문이 대대로 선호해온 입장에 따라 나뉘었지만, 도시에서도 언제나 정치 조직을 주도한 것은 명망가였습니다.

그 위에는 의회와 정당, 내각과 리더라 불린 지도자가 있었는데, 리더는 내각의 수반이거나 야당의 당수였습니다. 이 리더는 정당 조

---

59 이것은 선거법 개정과 관련 있다. 1832년에 이루어진 제1차 선거법 개정에서는 도시 중산층에게만 새롭게 선거권을 부여했지만, 1867년에 이루어진 제2차 선거법 개정을 통해서는 도시의 소시민과 도시 노동자까지 선거권을 부여했다. 1918년에 이루어진 제4차 선거법 개정에서는 남자는 21세, 여자는 30세가 되면 선거권을 행사할 수 있었고, 1928년에는 남녀 모두 21세가 되면 선거권을 획득하는 제5차 선거법 개정을 이루었다.

60 청교도혁명(1642~1651) 후 왕정복고 시기에는 이미 1534년의 수장령에 따라 영국국교회가 자리를 잡고 있었기 때문에, 1660년에 로마가톨릭 신자인 제임스를 국왕으로 삼는 문제를 놓고 국론이 나뉘었다. 찬성파는 "불량배, 도적"이라는 뜻의 "토리당"으로, 반대파는 "모반자, 말 도둑"이라는 뜻의 "휘그당"이라고 불렀다. 보수당의 전신인 "토리당"은 지주 계층을 정권의 지지 기반으로 삼고 지주 계층의 이권을 보호하는 정책을 취했고, 자유당의 전신인 "휘그당"은 자본주의의 발달을 촉진시키기 위해 부르주아를 우대하고 자유무역을 촉진하며 자유무역의 장벽을 철폐하는 정책을 취했다.

직에서 가장 중요한 직업 정치가인 '채찍질하는 자'라 불린 원내총무를 옆에 두었습니다. 원내총무의 수중에는 관직 임명권이 있었기 때문에, 관직 사냥꾼은 원내총무를 접촉해야 했고, 원내총무는 관직 임명과 관련된 구체적인 사안을 놓고 각 지역구 의원과 의논했습니다.

각 지역구에서는 서서히 직업 정치가 계층이 발전하기 시작했는데, 그 시작은 의원이 자신의 지역구에 세워놓은 대리인이었습니다. 이 대리인은 처음에는 무보수였고, 그들의 지위는 우리 독일에서 정당 정치와 관련된 조직의 대표와 거의 동일했습니다. 그러나 그들 외에도 각 선거구에는 자본주의적 기업가 유형의 선거 대리인이 생겨났습니다. 선거 대리인 제도는 공명선거를 보장하고자 한 영국의 근대 법제에서는 필수적이었습니다. 이 법제에서는 금권 선거가 되지 않도록 선거 비용을 제한하고 후보들에게는 선거 비용을 신고하는 의무를 부과했습니다. 영국에서는 후보들이 성대만 혹사시킨 것이 아니라, 돈주머니도 기꺼이 풀어야 했기 때문입니다. 이러한 금권 선거는 이전에 우리 독일에서 그랬던 것보다 훨씬 더 심했습니다. 후보는 선거를 치르기 위한 비용 전체를 일괄적으로 선거 대리인에게 맡겼고, 선거 대리인은 이 비용으로 선거를 치른 후에 보통 상당한 이윤을 남겼습니다.

영국에서는 예전부터 의회와 지역에서 정당의 리더와 정당에 속한 명망가들 간의 권력 배분에서 리더가 중요한 위치를 차지했습니다. 중요한 정책들을 안정적으로 펼쳐나가기 위해서는 어쩔 수 없었습니다. 하지만 의원과 명망가의 영향력도 여전히 상당했습니다.

영국에서 이전의 정당 조직은 대략 이런 모습이었습니다. 즉, 절반은 명망가들이 꾸려나가는 조직이었고, 절반은 이미 유급 직원들을 두고 기업가가 운영하는 조직이었습니다. 그러나 1868년 이후에는 코커스 시스템[61]이 버밍엄의 지방선거에서 처음으로 시작된 후 전국적으로 퍼져 나갔습니다. 이 제도를 창안한 사람은 한 비국교회파 목사와 조지프 체임벌린이라는 사람이었습니다. 그 계기는 참정권의 민주화였습니다. 대중의 지지를 얻기 위해서는 민주주의의 외관을 갖춘 조직들로 이루어진 엄청난 규모의 기구를 창설하고, 도시의 지역구마다 선거 사무소를 설치해 이 조직을 끊임없이 가동하고, 모든 것을 엄격하게 관료주의화할 필요성이 생겼습니다.

정당 조직들에 유급으로 고용된 관료들이 점차 증가했고, 얼마 되지 않아 지역 선거위원회는 전체 유권자의 약 10퍼센트를 조직화하고 당협위원장들을 선출했습니다. 상호 선출권을 지닌 이 당협위원장들은 당 정책을 담당하게 되었습니다. 이 조직을 추진한 세력은 특히 어디에서나 물질적인 이권을 챙길 수 있는 풍부한 기회의 원천인 지방자치단체의 시책에 관심이 있던 지역 인사들이었고, 재정적인 비용도 그들이 조달했습니다.

새롭게 출현한 이 조직은 더 이상 의회의 지도를 받지 않는 기구였기 때문에, 그 즉시 이제까지 정당의 권력을 쥐고 있던 계층, 그중

---

61 미국의 "기계"와 비슷한 정당 관련 조직인 영국의 "코커스 시스템"(Caucus System)은 19세기 말에 자유당 내에 존재하는 고도로 조직화된 관리 체제를 가리키는 명칭이었다. 이 체제는 1868년의 총선에서 버밍엄에서 지구당 간사였던 건축가이자 작가 윌리엄 해리스가 처음으로 고안해 사용했다. 나중에 그는 "코커스의 아버지"라 불렸고, 1877년부터 1882년까지 자유당 전국 동맹의 초대 의장을 지냈다. 자유당 전국 동맹은 1877년에 버밍엄을 기반으로 한 정치가인 "조지프 체임벌린"(1836~1914)이 주도해 결성했다.

에서도 특히 원내총무와 싸움을 벌이게 되었지만, 지역 이해관계자들의 지지를 토대로 싸움에서 승리를 거두었습니다. 이제 원내총무는 굴복하고 이 기구와 타협해야 했습니다. 그 결과 정당의 모든 권력이 소수의 수중에, 궁극적으로는 정당의 정점에 있는 한 사람의 수중에 집중되었습니다. 자유당에서 이 제도 전체가 글래드스턴[62]의 권력 장악 과정과 더불어 출현했기 때문입니다. 글래드스턴이 지닌 탁월하고 매력적인 대중 선동술, 정책의 윤리성과 특히 윤리적인 인품에 대한 대중의 확고한 믿음이 이 기구가 명망가들과의 싸움에서 그토록 신속하게 승리하게 된 요인이었기 때문입니다.

국민투표에 따라 독재를 자행하는 인물, 즉 선거라는 전쟁터를 호령하는 독재자가 정치판에 어른거리기 시작했고, 이것은 곧 현실이 되었습니다. 코커스 시스템은 1877년에 처음으로 전국적인 선거에 적용되어 눈부신 성공을 거두었고, 그 결과 대단한 성공 가도를 달리고 있던 디즈레일리[63]가 몰락했습니다. 1886년 이 기구는 이미 완전히 글래드스턴이라는 인물의 카리스마에만 의존하게 되었습니다. 그래서 아일랜드 자치 문제[64]가 부상하자, 이 기구 전체는 위에서부터 아래까

---

62 "글래드스턴"(1809~1898)은 수상을 네 차례나 역임한 영국의 정치가로 자유당 당수를 지냈고, 윈스턴 처칠과 더불어 영국의 역대 수상 가운데 위대한 인물로 꼽힌다.

63 "디즈레일리"(1804~1881)는 영국의 보수주의 정치가로 수상을 두 번 역임했다. 빅토리아 여왕이 통치하던 시대(1837~1901)에 보수당을 이끌며 빅토리아시대의 번영기를 이끌었다. 국제 문제에서 영향력 있는 목소리를 낸 것, 자유당 지도자였던 "글래드스턴"과의 정치 투쟁으로도 유명하다. 하지만 1880년 총선에서 코커스 시스템을 활용한 자유당에 패해 정권을 내주었다.

64 자유당의 지도자 "글래드스턴"은 세 번째로 수상직을 맡고 있던 1886년과 네 번째로 수상직을 맡고 있던 1893년에 아일랜드 자치 법안을 상정했지만, 두 번 모두 실패하고 만다.

지 "우리의 입장은 실제로 글래드스턴의 입장과 같은가"라는 질문을 제기하지도 않은 채, 단지 글래드스턴의 말 한마디에 기존의 입장을 버렸으며 "그가 하는 모든 일에서 우리는 그를 따른다"라고 말하고, 이 기구의 창설자인 체임벌린을 버렸습니다.

이러한 기구를 운영하자면 상당수의 인원이 필요합니다. 영국에서는 정당 정치를 직접적인 생계수단으로 살아가는 사람이 대략 2,000명 정도 됩니다. 물론 순전히 관직 사냥꾼이나 이해관계자로 정치, 특히 지방자치단체의 정치에 관여하는 사람은 훨씬 더 많습니다. 유능한 코커스 정치가에게는 경제적인 기회뿐만 아니라 허영심을 충족시킬 수 있는 기회가 열려 있습니다. 치안판사,[65] 더 나아가서는 하원 의원이 되는 것은 당연히 (정상적인) 공명심을 지닌 사람의 가장 높은 목표이고, 훌륭한 가정교육을 받고 자란 신사는 이 목표를 이룹니다. 정당의 재정 중에서 대략 50퍼센트는 익명 기부자의 기부에 의존하는데, 특히 큰 금액을 후원하는 자는 귀족 작위를 가장 큰 보상으로 여겼습니다.

그렇다면 이러한 제도 전체가 어떤 결과를 초래했겠습니까? 그 결과는 오늘날 영국에서 몇몇 내각 각료(그리고 약간의 고집 센 하원 의원들)를 제외한 하원 의원들이 통상적으로 잘 훈련된 거수기라는 것입

1886년에는 100여 명의 자유당 의원들이 이 문제로 탈당해 영국자유통일당을 결성하고 코커스 시스템의 창설자 조지프 체임벌린을 지도자로 추대했으며, 글래드스턴이 제안한 이 법안에 맞서 아일랜드의 정치적 독립을 반대했다.

65 "치안판사"(Justic of the Peace)는 영국에서 오래전부터 지방의 명망가가 해당 지역의 치안 유지와 형사 재판을 맡아오던 관행에서 생겨난 하급 재판관으로 주로 영미법계 국가들에 존재한다.

니다. 우리 제국 의회에서 의원들은 자신들이 국가의 안녕을 위해 일하고 있다는 인상을 주기 위해서 적어도 국회에 있는 자신의 책상 앞에 앉아 자신들에게 개인적으로 온 민원을 처리하는 모습을 보이곤 했습니다. 하지만 영국에서는 그런 시늉을 할 필요도 없습니다. 하원 의원들은 단지 당이 결정한 대로 투표해 당을 배신하지 않으면 됩니다. 하원 의원들은 원내총무가 호출하면 국회에 나와서 내각이나 야당 당수가 지시하는 대로 하면 됩니다. 게다가 지도자가 강력한 경우, 지역의 코커스 기구는 자신들의 독자적인 견해를 거의 갖고 있지 않고 완전히 지도자의 수중에 있습니다. 이런 식으로 국민투표를 기반으로 한 사실상의 독재자는 의회 위에 군림하고 코커스 기구라는 기계를 통해 대중을 거느립니다. 하원 의원들은 이 독재자를 추종하고 보좌하는 대가로 녹봉을 받는 자들에 불과할 뿐입니다.

　이러한 지도자는 어떤 과정을 통해 선발할까요? 먼저 지도자가 되기 위해서는 어떤 능력이 있어야 할까요? 우선 세계 어디에서나 지도자의 가장 중요한 자질로 여기는 의지력이 있어야 하는 것은 두말할 필요가 없기 때문에, 이것을 제외한다면 무엇보다도 결정적인 자질은 대중 선동가로서 대중 연설을 통해 대중을 끌어들이는 힘입니다.

　대중 연설 기법은 시대에 따라 변화해왔습니다. 코브던[66] 때는 지

---

[66] "코브던"(1804~1865)은 영국의 실업가이자 자유주의적인 정치가로, 자유무역과 평화를 추구하는 평화주의자로서 하원 의원을 지낼 때 곡물법 폐지와 자유무역을 주장했다. 그는 철저한 자유방임주의를 제창한 정치가, 실업가, 경제 평론가 등의 집단인 맨체스터학파(19세기 전반 영국의 맨체스터를 근거지로 활동한 자유무역 운동의 실천가 그룹)의 공인된 지도자이기도 했다.

성에 호소했고, 글래드스턴 때는 사실이 스스로 말하게 하는 냉철해 보이는 기법을 사용했으며, 오늘날에는 구세군[67]이 사용하는 것 같이 순전히 감정에 호소하는 수단을 활용해 대중을 움직이려고 합니다. 우리는 현재 상황을 대중의 정서를 착취하는 일에 기초한 독재라고 부르는 것이 적절합니다. 하지만 이를 가능하게 하는 것은 영국 의회에서 대단히 발달된 위원회 활동 제도입니다. 이 제도는 정당 지도부에 참여할 생각이 있는 모든 정치가에게 위원회로 들어와 함께 일할 것을 강요합니다. 지난 수십 년 동안 모든 중요한 각료는 위원회 활동을 통해 매우 현실적이고 효과적인 실무 훈련을 거쳤습니다. 그리고 현안들을 보고하고 공개적으로 비판하는 관행 덕분에 위원회는 대중 선동가에 불과한 자는 배제하고 진정한 지도자를 효과적으로 길러내고 선발하는 학교가 되었습니다.

(2) 미국의 사례: 보스 시스템과 엽관제

이상이 영국의 사례입니다. 그러나 영국의 코커스 시스템과 미국의 정당 조직을 비교해보면, 전자는 후자의 약화된 형태에 불과합니다. 미국의 정당 조직에는 국민투표의 원칙이 초기부터 아주 순수한 형태로 각인되어 있었기 때문입니다. 조지 워싱턴[68]은 미국이 신사들이 운

---

67 "구세군"은 1865년 런던에서 감리교 목사였던 윌리엄 부스와 그의 부인 캐서린 부스가 창설한 단체로, 기독교 교리의 기반 위에서 선교와 교육, 빈민 구제, 자선 사업을 통해 전인적 구원을 이루는 것을 목적으로 한다. 최초의 명칭은 기독교 전도회(Christian Mission)였지만, 군대식 조직을 갖추고 1878년에 "구세군"으로 명칭을 바꾸었다.

영하는 공동체가 되어야 한다고 생각했습니다. 당시에는 미국에서도 신사는 지주이거나 대학 교육을 받은 사람이었습니다. 초기에는 그랬습니다.

정당이 생겨나면서 처음에 하원 의원들은 명망가들이 지배했던 시기의 영국처럼 국정을 주도하는 자들이 되고자 했습니다. 정당 조직은 대단히 느슨했습니다. 이런 상황은 1824년까지 계속되었습니다. 물론 미국에서도 근대적 발전의 시발점이 된 많은 지방자치단체에서는 1820년대 이전에 이미 당-기계가 출현하고 있기는 했습니다. 하지만 서부 지역의 농민층을 대변하는 후보 앤드루 잭슨[69]이 대통령(1829~1837)으로 당선되면서 처음으로 옛 전통이 무너지기 시작했습니다. 그러다가 칼훈[70]이나 웹스터 같은 명망 있는 하원 의원들이 의회가 지역의 정당 기구들에 대한 통제권을 거의 상실했다는 이유로 정계에서 은퇴하면서, 1840년 이후 지도적인 하원 의원들의 정당 운

---

68 "조지 워싱턴"(1732~1799)은 부유한 지주의 아들로 태어나 미국의 독립전쟁을 성공적으로 이끈 후 1789년에 미국의 초대 대통령을 지낸 인물이다.

69 "앤드루 잭슨"(1767~1845)은 1828년에 미국의 제7대 대통령에 당선해 구습을 타파하는 정책을 폈다. 서부 출신 최초의 대통령으로서, 서부의 농민, 동부와 북부의 노동자, 남부의 농업 경영자로부터 광범위한 지지를 얻어 1832년 재선했다. '관직순환제'를 도입해 오래 근무한 공무원을 해임하고 그 자리를 개방해 재산과 학력이 없는 평민도 공무원이 될 수 있도록 해 관리의 부패를 방지했고, '브레인트러스트'라는 고문단을 통해 여론을 중시하는 등 대중 중심의 정치를 추진했다. 또한 참정권의 확대, 소수의 간부가 아닌 일반 당원이 대선 후보를 뽑는 전당대회 제도의 개선, 교육의 보급 등으로 일반 대중의 정치 참여 기회를 증대시켰다. 그가 정치적으로 확립한 새로운 민주주의의 개념을 '잭슨 민주주의'라고 부른다.

70 "칼훈"(1782~1850)은 1811~1817년에 연방 하원 의원을, 1825~1832년에는 부통령을 지냈지만 1832년에 부통령직을 사임했다. 그의 저서 『미국 헌법과 정부론』, 『정부론』은 미국만이 아니라 독일에도 큰 영향을 미쳤다.

영은 공식적으로 끝났습니다.

　미국에서 국민투표의 성격을 지닌 정당 기구가 이토록 일찍부터 발전하게 된 이유는 미국에서는, 그리고 오직 미국에서만 행정부의 수반이자 관직 임명권을 쥔 수장—중요한 것은 이것이었습니다—이 국민투표로 선출된 대통령이었고, 삼권분립의 결과 대통령은 의회로부터 거의 독립해 있었기 때문입니다. 대통령 선거 승리는 녹봉이 따르는 관직들을 전리품으로 보상받는 것과 직결되어 있었습니다. 덕분에 앤드루 잭슨은 엽관제[71]를 완전히 제도화해 하나의 원칙으로 끌어올릴 수 있었습니다.

　모든 연방 관직을 대통령 선거에서 승리한 후보의 추종자들에게 배분하는 이 엽관제는 오늘날 미국의 정당과 관련해 어떤 의미가 있을까요? 정당들이 이념 때문에 서로 대립하는 것이 전혀 아니라는 사실을 의미합니다. 정당들은 전적으로 관직 사냥꾼들의 조직이 되었고, 선거를 치를 때마다 득표 가능성을 저울질해 공약을 바꿉니다. 물론 다른 국가들에서도 공약을 어느 정도 바꾸기는 하지만, 이런 유사성에도 불구하고 미국처럼 심한 경우는 찾아볼 수 없습니다.

　미국의 정당들은 전적으로 관직 임명권과 관련해 가장 중요한 선거전인 연방 대통령 선거와 각 주의 주지사 선거에 맞춰 편성되어 있

---

71 "엽관제"(spoils system)는 선거를 통해 정권을 잡은 사람이나 정당이 관직을 지배하는 정치적 관행을 가리킨다. 여기서 spoils는 전리품, 약탈물을 뜻한다. 미국에서 발달한 엽관제는 초대 대통령인 조지 워싱턴 때부터 시작해 1820년에는 공직자들의 임기를 대통령의 임기와 일치시키는 임기법의 제정을 통해 법적 제도로 안착했다. 1829년에 미국 대통령에 당선된 "앤드루 잭슨"이 의회에 보낸 교서를 통해 엽관제를 국가의 정식 인사 정책으로 채택하겠다고 선언한 데서 그를 엽관제의 시조로 본다.

습니다. 공약과 후보자는 전당대회에서 의원들의 개입 없이 결정됩니다. 전당대회는 대단히 민주적인 방식으로 대의원 대회에서 선출된 대표들로 구성되고, 대의원들은 정당 소속의 각 지역 당원들의 대회인 예비선거에서 선출됩니다. 하지만 이미 예비선거 단계에서 대의원들은 자기가 어느 대통령 후보를 지지하는지를 밝히고, 그 토대 위에서 대의원으로 선출됩니다. 그럼으로써 각 정당 내에서는 대통령 후보 지명을 놓고 광란에 가까운 치열한 싸움이 벌어집니다. 대략 30만~40만 개나 되는 관직에 대한 임명권이 대통령의 수중에 있고, 대통령은 이 관직을 임명할 때 오직 각 주의 상원 의원과 협의하면 되기 때문입니다. 따라서 상원 의원도 힘 있는 정치가입니다. 반면에 하원은 상원에 비해 상대적으로 정치권력을 별로 갖고 있지 않습니다. 하원은 관직 임명권이 없으며, 각료들은 하원의 신임이나 불신임으로부터 독립되어 직무를 수행하기 때문입니다. 이들은 의회를 포함한 그 누구의 의사와도 상관없이 대중으로부터 권력을 위임받은 대통령을 보좌할 뿐입니다. 이 모든 것은 삼권분립의 결과입니다.

이러한 토대 위에서 엽관제가 미국에서 기술적으로 가능했던 이유는 미국 문화가 젊어서 순수하게 아마추어적으로 국가를 운영하는 것을 감내할 수 있었기 때문입니다. 자신이 속한 정당을 위해 열심히 봉사했다는 사실 외에는 어떤 자격 요건도 제시할 필요가 없는 정당인들이 30만~40만 개에 달하는 관직을 꿰차는 상황이 전례 없는 부패와 낭비라는, 엄청난 폐단을 수반했으리라는 것은 너무나 자명합니다. 이러한 상황은 아직도 경제적으로 무한한 가능성을 지닌 국가만이 감내할 수 있었습니다.

국민투표제적인 성격을 지닌 당-기계 제도와 함께 무대에 등장한 인물이 바로 보스입니다. 보스는 어떤 존재일까요? 보스는 자기 책임 아래에서 스스로 위험 부담을 안고 유권자의 표를 모으는 정계의 자본주의적 기업가입니다. 보스는 처음에는 변호사나 주점 주인 또는 유사한 업체의 사장이나 대금업자로서 유권자들과 관계를 맺습니다. 그런 다음에는 연줄을 확대해 일정한 수의 표를 통제할 수 있게 됩니다. 이 단계에 이른 보스는 이웃 보스들과 어울리면서, 자신의 열정과 수완, 무엇보다도 특히 비밀을 엄수하고 신중하게 움직이는 모습을 보여줌으로써, 이 방면에서 이미 자기보다 앞선 자들의 주목을 받게 되고, 이제 출세 가도를 달립니다. 보스는 정당의 조직을 위해 필수적이기 때문에, 정당의 조직은 보스가 장악하게 됩니다.

보스는 정당 운영을 위해 필요한 대부분의 자금을 조달합니다. 보스는 이 자금을 어떤 식으로 조달할까요? 물론 이 자금의 일부는 당원들이 내는 당비를 통해 조달하고, 무엇보다도 특히 보스와 보스가 속한 정당을 통해 관직을 얻게 된 자들로부터 거둔 분담금을 통해 조달합니다. 다음으로는 뇌물과 사례금을 통해 조달합니다. 많은 법 중 어느 하나를 어기고도 처벌받지 않기 위해서는 보스의 묵인이 필요한데, 그러려면 대가를 지불해야 하기 때문입니다. 대가를 지불하지 않았을 때는 온갖 성가신 일을 겪어야 합니다. 하지만 이런 방법들만으로는 정당 운영을 위해 필요한 모든 자금을 조달할 수 없습니다.

보스는 재계의 거물이 내는 기부금을 직접 수령하는 자로서 반드시 필요한 인물입니다. 재계의 거물은 유급의 정당 관료나 정당의 어느 공식적인 회계 담당자에게 선거 자금을 건네려고 하지 않기 때문입니다. 따라서 금전 문제에서 비밀을 엄수하고 신중하게 움직이는 보스야말로 선거 자금을 내는 자본가 계층에게 안성맞춤인 인물이라는 사실은 자명합니다.

전형적인 보스는 지독할 정도로 냉철한 사람입니다. 보스는 사회적인 명예를 추구하지 않습니다. 직업 정치꾼인 보스는 상류사회에서 경멸을 받습니다. 보스는 오로지 권력만 추구합니다. 재원을 마련하는 수단으로서 권력만 추구하는 것이 아니라, 권력 그 자체도 추구합니다. 보스는 영국의 리더와는 반대로 어둠 속에서 일합니다. 사람들은 보스 자신이 공개적으로 연설하는 것을 들을 수 없습니다. 보스는 실제로 연설하는 자들에게 목적을 달성하기 위해서는 어떻게 연설해야 하는지 알려줄 뿐이고 자신은 침묵합니다.

보스는 일반적으로 연방 상원의 의원직 외에는 어떤 관직도 맡지 않습니다. 상원 의원들은 헌법에 따라 관직 임명에 관여하기 때문에, 지도적인 보스는 흔히 직접 상원 의원직을 맡습니다. 관직 배분은 일차적으로는 당에 대한 공헌도에 따라 이루어집니다. 하지만 경매에 붙여 최고가에 낙찰된 경우도 빈번했습니다. 관직마다 표준적인 가격이 정해져 있었습니다. 이것은 17~18세기에 교회 국가들을 포함해 군주 국가들이 빈번하게 사용했던 매관매직 제도입니다.

보스에게는 확고한 정치적 원칙이 없습니다. 정치적 소신을 전혀 갖고 있지 않은 보스는 오직 이것만을 묻습니다. 표를 얻기 위해서는 어떻게 해야 하는가? 교육을 제대로 받지 못한 사람이 보스가 되는 경우도 꽤 있습니다. 하지만 사생활에서는 흠잡을 데 하나 없이 바른 편입니다. 정치 윤리에서는 당연히 정치 활동에 관한 기존의 평균적인 수준의 윤리를 따릅니다. 보스의 이러한 윤리 수준은 우리 중 상당수가 매점의 시기에 경제 윤리 영역에서 행했을 법한 수준입니다.

보스는 자신이 사회적으로 직업적인 정치꾼으로 경멸받는 것을 개의치 않습니다. 보스가 연방의 중요한 관직을 맡지도 않고 맡으려 하지도 않는 것의 장점은 다음과 같습니다. 즉, 보스는 선거에서 어떤 인물이 득표력이 있다고 판단하기만 하면 그 인물이 정당과 무관한 지식인이거나 유명 인사라도 후보로 영입할 수 있고, 실제로 그런 일이 종종 벌어집니다. 선거 때마다 언제나 정당의 기존 명망가들이 후보로 나오는 독일의 경우와 다릅니다. 정치적 소신이 없는 정당, 그리고 사회적으로 경멸받는 권력자들이 정당을 주도하는 미국의 정치 구조가 바로 우리 독일에서는 결코 출세할 수 없었을 유능한 인물들이 미국에서는 대통령이 될 수 있는 기반을 마련해주었습니다. 물론 보스는 자신의 자금과 권력의 원천을 위태롭게 만들 수 있는 아웃사이더에 대해서는 대립각을 세웁니다. 하지만 보스는 유권자들의 지지를 확보하기 위해 경쟁하고 싸워야 하기 때문에, 부패척결론자로 평가받는 인물들을 받아들여 후보로 세울 수밖에 없는 경우도 종종 있습니다.

이렇게 미국에는 위에서부터 아래까지 아주 철저하게 조직된, 자본주의 색채가 짙은 정당 조직이 존재하고, 이 정당 조직은 태머니 홀같이 수도회처럼 조직된 극도로 견고한 협회를 기반으로 하고 있습니다. 이 협회의 유일한 목적은 무엇보다도 지방자치단체의 행정관청에 대한 정치적 지배를 통해 이익을 창출하는 데 있습니다. 미국에서도 이러한 관청은 착취를 위한 가장 중요한 수단입니다.

미국의 정당 구조는 신생국가인 미합중국의 고도의 민주주의 덕분에 가능했습니다. 하지만 앞에서 말한 여러 가지 사정이 복합적으로 작용해 이러한 체제는 서서히 사멸해가고 있습니다. 미국에서도 이제 더 이상 아마추어들의 국가 통치는 불가능해져가고 있기 때문입니다.

15년 전인 1904년만 해도 미국 노동자들에게 왜 그들 자신이 공공연하게 경멸하는 정치가들이 국가를 통치하게 하느냐 하는 질문을 하면, "우리는 당신들처럼 우리에게 침 뱉는 관료 계급을 갖느니, 차라리 우리가 침을 뱉는 자들을 관료로 갖겠다"라고 대답했습니다. 당시에도 이미 사회주의자들의 생각은 완전히 달랐지만, 어쨌든 이것이 이전의 미국식 민주주의의 관점이었습니다.

하지만 그런 상태는 이제 더 이상 용인되지 않습니다. 아마추어 행정으로는 더 이상 국정을 운영해나갈 수 없기 때문입니다. 공무원 제도 개혁을 통해 연금이 보장된 종신 관료직이 계속해서 늘어나고 있고, 그 결과 대학 교육을 받은, 우리 독일의 관료처럼 청렴하고 유능한 관료가 관직으로 들어오고 있습니다. 선거에서 이긴 정당이 교대로 차지하는 전리품이었던 관직 중에서 이미 10만여 개에 달하는 관직이 이제는 일정한 자격을 갖춘 사람만이 지원할 수 있는, 연금이 보장된 자리가 되었습니다. 따라서 엽관제는 서서히 쇠퇴하고 정당을 운영하는 방식도 변화할 것입니다. 우리는 단지 어떤 식으로 변화할지 모를 뿐입니다.

(3) 독일의 사례: 관료의 지배

지금까지 독일의 정치 활동은 기본적으로 다음의 것들이 결정했습니다. 첫 번째는 **의회의 무기력**입니다. 그 결과 지도자의 자질을 가진 어떤 사람도 계속해서 의회에 있지 않게 되었습니다. 어떤 사람이 국회의원이 되어 의회에 들어갔다고 합시다. 그 사람이 무엇을 할 수 있을까요? 어느 관청의 사무원 자리가 공석이 된 경우에, 그는 해당 관청의 수장에게 "내 지역구에는 그 자리에 적합한 아주 유능한 사람이 있으니 그 사람을 채용해주시오"라고 말할 수 있을 것이고, 그런 부탁은 흔쾌히 받아들여질 수 있습니다. 하지만 이 정도가 독일의 국회의원이 자신의 권력 본능을 충족시키기 위해 할 수 있는 일의 전부이고, 실제로 대부분의 국회의원은 권력 본능이라는 것 자체가 없습니다.

두 번째는 **잘 훈련된 전문 관료층의 중요성이 커졌다**는 점입니다. 그리고 이러한 전문 관료층의 중요성은 의회를 무기력하게 만든 결정적인 요인이었습니다. 우리 독일은 전문 관료층의 우수성이라는 면에서 세계에서 으뜸이었습니다. 이렇게 전문 관료층이 중요했기 때문에, 전문 관료는 단지 전문 관료직만이 아니라 각료직까지 요구했습니다. 작년에 바이에른주 의회에서 의원내각제로의 전환이 논의되었을 때, 각료직이 국회의원에게 주어진다면 재능 있는 사람은 이제 더 이상 관료가 되려 하지 않을 것이라는 발언이 있었습니다. 게다가, 예컨대 영국의 위원회에서 전문 관료를 불러서 국정을 놓고 토론을 벌임으로써 관료 행정을 통제했지만, 독일 관료의 행정은 제도적으로 그런 종류의 통제를 받지 않아도 되었기 때문에, 몇 가지 예외를 제외한다면 의회에서 진정으로 유능한 행정 수반을 길러내는 능력을 갖출 수 없었습니다.

세 번째는 **미국과 대조적으로 정치적 이념을 추구하는 정당이 있었다**는 것입니다. 이러한 이념 정당은 소속 당원들이 특정한 세계관을 신봉하고 있다고 적어도 주관적으로는 진실하게 믿었습니다. 이러한 정당들 가운데 가장 중요한 두 정당인 가톨릭중앙당과 사회민주당은 태생적으로 소수 정당이었고,[72] 의도적으로 소수 정당을 지향해왔습니다. 제국 의회에서 가톨릭중앙당의 중진들은 의원내각제가 되면 자신들 같은 의회의 소수 정당이 이제까지 해왔던 것처럼 정부에 압력을 넣어 관직 사냥꾼을 관직으로 들여보내기가 어려워질 것이 염려되기 때문에 의원내각제를 반대한다고 굳이 속내를 숨기지 않았습니다. 사회민주당은 기존의 부르주아적인 정치 질서에 물드는 것을 원하지 않는다는 원칙하에 소수당이 되는 쪽을 고수했고 의원내각제를 방해했습니다. 우리 독일에서 의회 중심적인 체제의 도입이 불가능하게 된 것은 바로 이 두 정당이 그런 체제에 등을 돌렸기 때문입니다.

이러한 상황 속에서 독일의 직업 정치가들은 어떻게 되었을까요? 그들은 권력도 책임도 없었기 때문에 아주 하찮은 명망가 역할밖에 할 수 없었습니다. 그 결과 최근에는 직업 정치가들이 파벌 싸움에 빠

---

72 독일제국(1871~1918)에서는 여전히 연방제를 유지했기 때문에, 주 대표들로 구성된 연방참의회가 제국의 최고 기관이었고, 제국 의회는 실질적인 권한이 없었다. 1870년 프로이센 정부가 로마가톨릭을 탄압하자 가톨릭의 이익을 지키기 위해 창설된 "가톨릭중앙당"과 1875년 좌파 정당으로 등장해 1890년에야 합법화된 "사회민주당"은 제국 의회에서 어느 정도 역할을 하기는 했지만, 우파 정권에 비해 "태생적으로 소수 정당"일 수밖에 없었다.

져 있습니다. 이런 파벌 싸움은 동업조합 같은 모든 폐쇄적인 집단에서 볼 수 있는 전형적인 행태입니다. 자신들에게 주어진 하찮은 직책 속에서 삶의 보람을 느끼고 살아가는 이런 명망가들 틈새에서 그들과 다른 뛰어난 인물이 출세하는 것은 불가능합니다. 그래서 우리 독일의 모든 정당에서는 수많은 사람이 정치 지도자의 자질을 가졌음에도 불구하고, 바로 이 자질 때문에 정당의 명망가들에게 배척을 받아 결국 자신의 정치 인생을 비극적으로 마칠 수밖에 없습니다. 나는 그 사람들이 누구였는지 그들의 이름을 모두 제시할 수 있습니다. 물론 사회민주당이라고 해서 예외가 될 수 없습니다. 이런 식으로 우리의 모든 정당은 명망가들의 동업조합이 되는 길을 갔습니다.

예컨대, 베벨[73]은 지성이라는 측면에서는 형편없긴 했지만, 그의 기질과 순수한 인격으로 보았을 때는 여전히 정치 지도자감이었습니다. 그는 순교자적인 인물이었고, 대중의 신뢰를 (그들이 보기에는) 단 한 번도 배신하지 않았습니다. 그 결과 대중의 절대적인 신뢰를 받았고 사회민주당 내에서는 그에게 진정으로 대항할 만한 세력이 전혀 없었습니다. 하지만 그가 죽고 난 뒤에는 지도자가 정당을 이끄는 시

---

73 "베벨"(1840~1913)은 독일의 사회주의자로 사회민주당 창립자 중 한 사람이다. 어릴 때부터 가난했던 그는 목수 일을 하는 등 일자리를 구하기 위해 여러 곳을 전전하면서 당시 노동자들의 어려움을 직접 체험했다. 1861년에는 직공교육협회 의장을 지냈다. 마르크스주의의 뛰어난 이론가이자 선전가였던 그는 사회민주당 창립자 중 한 사람인 리프크네히트(1826~1900)를 만나 마르크스주의 이론을 배우고, 1867년에는 독일노동조합 집행 위원장에 선출되었다. 1875년 사회민주당의 지도부로 들어가 활동했으며, 그가 쓴 『여성과 사회주의』(1879)는 유물사관에 기초해 여성 문제를 다룬 최초의 저서로 높은 평가를 받는다.

기는 끝났고, 정당 관료들에 의한 정당 지배가 시작되었습니다. 노동조합 관료, 당 서기, 언론인이 높은 자리에 올랐고, 관료 본능이 정당을 지배했습니다. 물론, 그들은 대단히 존경할 만한 관료들이었습니다. 다른 국가들의 실태, 특히 뇌물로 매수하기 쉬운 미국의 부패한 노동조합 관료를 생각하면 희귀하다고 해야 할 정도로 존경할 만했습니다. 하지만 언급한 관료 지배로 인한 폐해들이 독일의 정당들에서도 그대로 나타난 것이 문제였습니다.

1880년 이후 부르주아 정당들은 완전히 명망가의 동업조합이 되었습니다. 물론 정당은 당을 선전하기 위한 목적으로 "우리에게도 이러저러한 인물들이 있다"라고 말하기 위해 외부 인사인 지식인들을 영입해야 했습니다. 하지만 그렇게 영입한 인사들을 선거에 참여시키는 것은 가급적 피했고, 영입한 인사들이 자신들도 선거에 참여하겠다고 고집을 부리는 경우에만 어쩔 수 없이 참여시켰습니다.

의회에서도 동일한 정신이 지배했습니다. 우리 독일 국회의 정당들은 동업조합이었고 지금도 그렇습니다. 제국 의회의 본회의에서 행해지는 모든 발언은 당이 철저하게 사전에 검열합니다. 의원들이 행하는 발언이 이루 말할 수 없이 지루한 것을 보면 알 수 있습니다. 당이 발언자로 지명한 의원들만이 본회의에서 발언할 수 있습니다. 이것은 영국이나 프랑스의 관행—서로 정반대의 이유에서 그렇게 하는 것이지만—과 극명한 대비를 이룹니다.

이제 사람들이 혁명이라고 부르는 붕괴의 결과로서 아마도 변화의 길로 접어든 것 같습니다. 하지만 '아마도' 변화가 시작된 것이 아닌가 추측할 뿐이고, 확실하게 변화가 시작된 것은 아닙니다. 일단 새롭게 등장하게 될 정당 조직에 대한 단초들이 나타났습니다.

그 단초들 중 첫 번째는 **아마추어 조직**입니다. 특히 여러 대학의 대학생들이 지도자의 자질을 갖추었다고 여겨지는 한 사람을 찾아가서, "우리는 꼭 필요한 과업을 당신에게 맡기고자 하니 이 과업을 이루어주시오"라고 흔히 말합니다.

두 번째는 **사업가적인 조직**입니다. 지도자의 자질을 갖추었다고 여겨지는 사람들을 찾아가서, 유권자들의 표 하나에 얼마씩 정해진 금액을 받는 조건으로 득표 활동을 대신 해주겠다고 하는 것인데, 이런 활동은 이미 실제로 있었습니다.

여러분이 이 두 조직 중에서 어느 쪽이 순전히 기술적이고 정치적인 관점에서 더 신뢰할 만하다고 보는지 진심으로 묻는다면, 나는 아마도 후자라고 말할 것 같습니다. 하지만 이 조직 형태들은 둘 다 마치 거품처럼 빠르게 부풀어 올랐다가 다시 신속하게 꺼져버렸습니다. 기존의 정당 조직들이 일부 재구성되었지만 계속해서 작동했기 때문입니다. 이 두 가지 현상은 정치 지도자들이 다시 출현한다면 아마도 이러한 새로운 조직들이 등장할 것이라는 징후에 지나지 않았습니다. 그러나 비례대표제가 지닌 고유한 기술적 특성 때문에 이러한 정치 지도자가 출현할 가능성은 이미 봉쇄되었습니다. 단지 두세 명 정도 거리의 독재자가 등장했다가 사라져버렸을 뿐입니다. 그리고 오직 거리의 독재자를 추종하는 자들만이 확고한 규율 아래 조직되어 있고, 그러한 조직에서 이 소멸되어가는 소수파의 힘이 나옵니다.

상황이 달라져서 정치 지도자가 출현한다면 무슨 일이 벌어질까요? 앞에서 이미 말했지만, 여기서 다시 한번 분명히 해둘 필요가 있는데, 국민투표로 선출한 지도자가 정당을 이끌게 되면 그를 추종하는 자들은 영혼을 박탈당하게 될 수밖에 없다는 것, 즉 그의 추종자들의 정신적인 프롤레타리아화가 이루어질 수밖에 없다는 사실입니다. 지도자에게 유용한 조직이 되려면 추종자들은 맹목적으로 복종해야 합니다. 명망가적인 허영심이나 독자적인 견해를 갖는 주제넘는 짓에 휘둘리지 않고 일사불란하게 움직이는, 미국적인 의미의 기계 같은 조직이 되어야 합니다. 링컨은 정당 조직이 그러한 성격을 지니고 있었기 때문에 대통령에 당선될 수 있었고, 앞에서 이미 언급했듯이 글래드스턴의 경우에도 코커스에서 같은 일이 벌어졌습니다. 이것은 지도자 중심으로 정당이 운영될 때 치를 수밖에 없는 대가입니다.

하지만 우리 앞에 놓여 있는 선택지는 기계 같은 조직을 토대로 지도자가 영도하는 민주주의냐, 아니면 지도자가 없는 민주주의냐 두 가지뿐입니다. 지도자 없는 민주주의는 소명 없는 직업 정치가들, 즉 지도자가 되기 위해 반드시 갖추어야 하는 내적이고 카리스마적 자질이 없는 직업 정치가들의 지배를 의미합니다. 정당 내에서 비주류들이 입버릇처럼 파벌의 지배라고 지칭하는 바로 그것입니다. 최근의 독일에는 이러한 파벌의 지배만이 존재합니다. 그리고 다음과 같은 요인으로 인해 적어도 제국 차원에서 이러한 상태는 미래에도 분명히 지속될 것입니다.

첫 번째 요인은 연방 상원이 부활하리라는 것입니다. 이렇게 되면 제국 의회의 권력이 제한되고, 그 결과 지도자를 선발하는 기관으로서의 제국 의회의 중요성도 감소할 것입니다. 두 번째 요인은 지도자 없는 민주주의의 전형적인 현상인, 현재 시행되고 있는 형태의 비례대표제입니다. 이 비례대표제는 명망가들로 하여금 의석 배정을 놓고 벌이는 추악한 거래를 조장할 뿐만 아니라, 차후에 이익 단체에 자신들이 미는 관료들이 비례대표 후보자 명단에 이름을 올릴 수 있도록 압력을 가할 수 있는 길을 열어놓을 것입니다. 제국 의회는 진정한 정치 지도자가 설 자리가 없는, 비정치적인 의회가 될 것입니다. 이렇게 제국 의회에서 정치 지도자가 나올 수 없는 상황에서 지도자에 대한 욕구가 분출될 수 있는 유일한 출구는 국민투표로 선출하는 제국 대통령이 될 가능성이 큽니다.

업무 수행 능력이 검증된 지도자가 출현할 수 있고 선발될 수 있는 길은 무엇보다도 특히 큰 지방자치단체에서 국민투표로 선출되어 자신의 행정부를 독자적으로 구성할 수 있는 권한을 지닌 도시의 독재자가 무대에 등장할 때일 것입니다. 실제로 미국에서는 시민들이 부패를 진정으로 척결하고자 하는 곳에서는 어디에서나 그런 지도자가 출현했습니다. 하지만 그렇게 되려면 이러한 선거에 맞게 편성된 정당 조직이 존재해야 합니다. 그러나 심지어 사회민주당을 포함한 독일의 모든 정당이 갖고 있는, 정치 지도자에 대한 철저히 소시민적인 반감은 앞으로 정당들이 이러한 선거에 맞는 조직을 갖추게 될 가능성을 포함해 정치 지도자가 출현할 수 있게 해줄, 앞에서 말한 모든 가능성을 완전히 불투명하게 만들고 있습니다.

따라서 앞으로 직업으로서의 정치 활동이 외적으로 어떤 형태를 띠게 될지 지금으로서는 전혀 가늠할 수 없습니다. 따라서 정치적 재능을 가진 사람들이 만족할 만한 정치적 과제를 맡아 수행할 수 있는 기회가 앞으로 어떤 식으로 열리게 될지는 더더욱 전혀 짐작할 수 없습니다. 재력을 갖추고 있지 않아서 정치에 의존해 살아갈 수밖에 없는 사람 앞에는 아마도 두 가지 대안이 놓여 있는 것 같습니다. 그중 하나는 전형적이고 직접적인 길인 언론인이나 정당 관료가 되는 것이고, 다른 하나는 이익 단체 중 하나에 몸담는 것입니다. 그런 이익 단체로는 노동조합, 상공회의소, 농업회의소, 수공업자회의소, 노동자회의소, 사용자협회 등이 있고, 지방자치 내의 적절한 자리도 고려해볼 수 있겠습니다.

직업 정치가의 외적 측면에 대해서 마지막으로 한 가지 더 말한다면, 정당 관료와 언론인은 사회적으로 멸시받는 계층이라는 오명을 짊어져야 한다는 것입니다. 사람들이 공공연하게 정당 관료를 말을 팔아 먹고사는 자라고 말하고, 언론인을 글을 팔아 먹고사는 자라고 말하지는 않겠지만, 정당 관료와 언론인은 사람들이 유감스럽게도 그렇게 수군대는 소리를 항상 듣게 될 것입니다. 사람들의 이런 멸시에 대해 내적으로 무방비 상태이거나 당당하게 대답할 수 없는 사람은 이 길로 가지 않아야 합니다. 정당 관료와 언론인의 길을 가게 되면 강력한 유혹을 수시로 받는 것은 물론이고 지속적으로 좌절을 겪게 되기 때문입니다.

5

직업 정치가의 내적 조건

1) 직업 정치가의 자질: 열정, 책임감, 안목

그렇다면 직업 정치가라는 길은 내적으로 어떤 즐거움을 줄 수 있고, 이 길을 가고자 하는 사람은 어떤 자격 요건을 갖추고 있어야 할까요?

　직업 정치가의 길을 걷는 사람은 우선 자신이 권력을 지니고 있다는 느낌을 갖습니다. 직업 정치가는 자기가 사람들에게 영향력을 행사하고 사람들을 지배하는 권력에 참여하고 있다고 의식하는 데다가, 특히 역사적으로 중요한 사건들의 신경 줄을 자기 손에 쥐고 있다고 느낍니다. 아무리 하찮은 지위에 있는 직업 정치가일지라도 자기가 모든 일상을 뛰어넘는 높은 곳에 있다고 느낍니다. 그래서 직업 정치가와 관련해 우리가 물어야 할 질문은 이것입니다. 직업 정치가가 이러한 권력(사실 구체적으로 들여다보면 이 권력은 아주 제한적인 것일지라도)과 그 권력에 수반되는 책임을 제대로 짊어지려면 어떤 자질들을 갖추고 있어야 하는가? 이 질문을 하는 순간 우리는 윤리적인 영역으로 들어가게 됩니다. 역사의 수레바퀴를 자기 손으로 돌릴 수 있는 자격을 갖춘 사람은 어떤 사람인가 하는 질문은 윤리적인 질문이기 때문입니다.

정치가에게 무엇보다도 결정적으로 중요한 자질은 열정, 책임감, 안목[74] 이렇게 세 가지라고 할 수 있습니다. 정치가의 열정은 대의 자체와 이 대의를 명령한 신에 대한 열정적인 헌신이라는 객관적 태도를 의미합니다. 이 열정은 이미 고인이 된 나의 친구 게오르크 짐멜[75]이 "불임의 흥분 상태"라 지칭하곤 했던, 저 주관적 태도를 의미하지 않습니다. 이런 주관적 태도는 무엇보다도 특정한 유형의 러시아 지식인들(아마도 그들 모두는 아니겠지만)이 보여주는 특징이지만, 지금 혁명이라는 의기양양한 이름으로 치장되고 있는 저 광란의 축제를 통해 우리의 지식인들 사이에서도 아주 큰 역할을 하고 있습니다. 지적인 호기심을 지닌 자들이 추구하는 낭만주의[76]일 뿐인 이러한 태도는 결국 허공 속으로 사라져버리고 아무것도 남지 않을 뿐만 아니라, 객관적인 책임감을 전혀 지니고 있지 않습니다.

---

74 "열정, 책임감, 안목"은 독일어로 각각 Leidenschaft, Verantwortungsgefühl, Augenmaß이다.
75 "게오르크 짐멜"(1858~1918)은 독일의 철학자이자 사회학자로, 철학적으로는 신칸트 학파의 영향을 받아 상대주의적 철학인 "생의철학"을 주창했고, 사회학적으로는 "형식사회학"을 주창했다. 독일을 중심으로 19세기 말에서 20세기 초에 걸쳐 태동한 "형식사회학"은 초기 사회학의 백과전서적 경향에 반대해, 사회학의 대상은 현실 사회 그 자체가 아니라 거기로부터 추상된 투쟁, 경쟁, 친화, 모방 등 사회화의 형식이라고 보았다. "불임의 흥분 상태"는 독일어로 sterile Aufgeregtheit다.
76 "지적인 호기심을 지닌 자들이 추구하는 낭만주의"는 독일어로 Romantik des intellektuell Interessanten이다.

아무리 진정한 열정이라 하더라도 단지 열정만으로는 아무것도 할 수 없습니다. 정치가가 되려면 하나의 대의를 위해 봉사하고 헌신하는 열정만으로는 충분하지 않고, 이 대의에 대한 책임감이 그의 모든 행동을 결정하고 주도해야 합니다. 그럼으로써 정치가에게 결정적으로 중요한 심리학적 자질인 안목이 필요합니다. 안목이라는 것은 평정심을 유지하는 가운데 냉정하고 침착하게 현실을 직시하는 능력인데, 이것은 사물과 사람에 대해 거리를 두는 능력이기도 합니다. 거리두기를 못하는 것은 그 자체로 모든 정치가가 저지를 수 있는 대죄[77] 중 하나입니다. 우리가 미래의 지식인들에게 사물과 사람에 대해 거리를 두는 이 자질을 길러주지 않는다면, 그들은 정치적인 무능력자가 되는 길로 갈 수밖에 없습니다. 사물과 사람에 대해 거리를 두지 못할 경우, 동일한 사람의 정신 속에 열정과 냉철한 안목은 공존할 수 없기 때문입니다.

정치는 신체의 다른 기관이나 정신으로 하는 것이 아니라 머리로 하는 것입니다. 그럼에도 불구하고 정치가 경박한 지적 유희가 아니라 진정으로 인간적인 활동이어야 한다면, 정치에 대한 헌신은 오직 열정으로부터만 태어날 수 있고 열정으로부터만 자양분을 얻을 수 있습니다. 그러나 열정적인 정치가에게서 두드러지게 나타나는 정신력에 의한 저 강력한 자기통제는 오직 모든 점에서 거리를 두는 것이 몸에 배어 있을 때만 가능합니다. 그리고 바로 이 강력한 자기통제야

---

77 "대죄"로 번역한 Todsünde는 직역하면 "죽을죄"다. 가톨릭에서는 모든 죄를 용서받을 수 있는 죄와 용서받을 수 없어 영원한 죽음을 초래하는 죄로 구분하는데, 후자를 "대죄"(라틴어로는 peccatum mortale, 영어로는 mortal sin)라 지칭한다.

말로 진정한 정치가가 불임의 흥분 상태 속에서 움직이는 아마추어 정치가들과 다른 점입니다. 강력한 정치적 성향을 지닌 인물이라는 것은 무엇보다도 먼저 이 세 가지 자질을 갖추고 있다는 점을 의미합니다.

2) 대의에 대한 헌신

따라서 정치가는 전적으로 통속적이고 지극히 인간적인 적, 인간이라면 누구나 갖고 있는 허영심이라는 적과 날마다 시시각각 싸워 이겨야 합니다. 허영심은 모든 객관적 헌신과 모든 거리 두기—이 경우에는 자기 자신에 대해 거리를 두는 것—를 불가능하게 만드는 원흉입니다.

허영심은 매우 널리 퍼져 있는 속성이고, 그로부터 완전히 자유로운 사람은 아무도 없습니다. 그리고 대학과 학계에서 허영심은 일종의 직업병입니다. 학자들의 경우에는 허영심이 아무리 역겨운 모습으로 나타난다고 할지라도 일반적으로 학문 활동을 교란하지 않는다는 점에서 상대적으로 덜 해롭습니다. 하지만 정치가의 경우에는 완전히 다릅니다. 정치가는 자신의 허영심을 충족시키기 위한 수단으로 권력을 추구하기 때문입니다. 그래서 사람들이 보통 권력 본능이라고 부르는 것은 사실 정치가의 정상적인 자질에 속합니다.

그러나 이 권력 추구가 대의에 대한 전적인 헌신이 아니라, 순전히 개인적인 자아도취의 수단이 됨으로써 객관성을 상실하게 되었을 때, 정치가라는 직업의 신성한 정신을 저버리는 죄악이 시작됩니다. 정치라는 영역에서는 궁극적으로 오직 두 종류의 대죄만 존재하기 때문입니다. 그중 하나는 객관성의 결여이고 다른 하나는 무책임인데, 언제나 그런 것은 아니지만 흔히 객관성의 결여는 곧 무책임입니다. 그런데 정치가로 하여금 이 두 가지 대죄 중 하나 또는 둘 모두를 저지르도록 가장 강력하게 유혹하는 것이 바로 자기 자신을 전면에 내세워 최대한 눈에 띄게 하고자 하는 욕구인 허영심입니다.

특히 효과를 노리고 행동해야 한다는 압박감 가운데 살아가는 대중 선동가는 이런 유혹을 한층 더 강하게 받습니다. 따라서 대중 선동가는 한편으로는 배우처럼 행동하게 될 위험성에 처해 있고, 다른 한편으로는 자신의 행동이 초래할 결과에 대한 책임은 경시한 채 오직 자신의 행동이 사람들에게 줄 인상만 고려해 행동하게 될 위험성에 늘 처해 있습니다. 그에게는 객관성이 결여되어 있기 때문에 진정한 권력이 아니라 권력의 화려한 외양을 추구하고, 그에게는 책임감이 없기 때문에 권력의 내용과 목적에는 관심이 없고 오직 권력 그 자체만을 즐깁니다. 권력은 수단일 뿐이기는 하지만 반드시 필요한 것이기 때문에, 권력 추구는 모든 정치 행위의 동력입니다. 그래서 벼락출세해 자신의 권력을 과시하며 허세를 부리고, 권력에 취해 공허한 자아도취에 빠져 살아가는 것 같이, 순전히 권력 그 자체를 숭배하는 온갖 행태를 보이는 것이야말로 정치권력을 가장 파멸적으로 왜곡시킵니다.

우리 독일에서도 권력만 지향하는 정치가를 숭배하는 제의가 한창 진행되고 있지만, 그런 정치가는 대단한 영향력을 발휘하는 것 같아도, 사실은 공허하고 무의미합니다. 그런 점에서 권력 지향적인 정치를 비판하는 사람들은 전적으로 옳습니다. 우리는 전형적으로 권력 지향적인 정치를 추구하던 정치가들이 어느 날 갑자기 내면적으로 붕괴하는 것을 보면서, 그들의 화려한 몸짓은 내적인 허약함과 무력함을 숨기기 위한 지극히 공허한 몸짓이라는 사실을 알게 되었습니다. 권력 지향적인 정치는 인간의 행위가 지닌 의미에 관한 극히 빈약하고 피상적이고 오만한 태도가 낳은 산물이며, 이러한 태도는 인간의 모든 행위, 그중에서도 특히 정치적 행위에 얽혀 있는 비극성을 전혀 알지 못하기 때문에 생겨납니다.

어떤 정치적인 행위의 최종 결과가 원래의 의도와 전혀 부합하지 않거나, 종종 완전히 정반대되는 일은 흔합니다. 아니 도리어 일반적인 일이며, 이는 인류의 모든 역사가 보여주는 기본적인 사실입니다. 여기서는 이것을 자세하게 증명하지는 않겠습니다. 그렇다고 원래의 의도, 즉 하나의 대의에 대한 헌신이 결여되어서는 안 됩니다. 이 헌신이 결여될 때 인간 행위의 내적 준거가 없어지기 때문입니다.

정치가는 대의에 헌신하기 위해 권력을 추구하고 사용하고자 하는데, 이 대의가 어떤 내용이어야 하는가는 신념의 문제입니다. 정치가가 헌신하고자 하는 목표는 민족이나 인류와 관련된 것일 수도 있고, 사회적이고 윤리적인 것일 수도 있으며, 문화적이고 현세적이거나 종교적인 것일 수도 있습니다. 정치가는 어떤 의미의 진보와 상관없이 진보에 관한 강력한 신념을 지니고 있을 수도 있고, 그런 종류의 신념을 냉정하게 거부할 수도 있고, 자기가 하나의 이념에 헌신하고 있다고 주장할 수도 있고, 이념에 헌신하라는 요구를 원칙적으로 거부하는 가운데 일상생활의 외적인 목표에 헌신하고자 할 수도 있습니다. 그러나 어쨌든 모종의 신념이 존재해야 합니다. 그렇지 않았을 때는 겉으로는 정치적으로 엄청난 성공을 거두었다고 할지라도, 피조물이 지닌 공허함[78]이라는 저주가 그 성공을 무겁게 짓누르고 있습니다. 이것은 엄연한 사실입니다.

78　"피조물이 지닌 공허함"은 피조물이 유한한 존재, 언젠가는 사멸해야 할 존재라는 사실에서 생겨나는 공허함과 허무감이다. 정치적인 성공은 어느 시점에서는 끝나기 마련인 반면에 신념은 지속되기 때문에, 신념을 지니고 있으면 공허함을 상쇄시킬 수 있다.

6

정치와 윤리

1) 정치의 본령으로서의 윤리

우리가 방금 한 말은 오늘 밤 논의에서 살펴보아야 할 마지막 문제가 무엇인지 보여주는데, 바로 정치의 본령[79]인 대의입니다. 정치의 구체적인 목표와는 전혀 상관없이, 정치 자체는 인간의 삶이 수행하는 도덕적 경륜 전체 속에서 어떤 소명을 담당할까요? 다시 말하자면, 정치의 윤리적 고향은 어디입니까? 물론 이 문제와 관련해서는 궁극적인 세계관들이 서로 충돌하기 때문에, 우리는 결국 그중 하나를 선택할 수밖에 없습니다. 최근에 내가 보기에는 아주 잘못된 방식으로 다시

---

79 여기서는 Ethos를 "본령"으로 번역했다. "본령"은 근본이 되는 강령이나 특질을 뜻한다. 베버는 Ethos를 인간에게서 일정한 행동 양식을 이끌어내는 내면의 실천적 추진력인, 체화된 윤리라고 규정한다. 즉, 여기서 베버는 인간으로 하여금 정치를 하게 만드는 동력을 "대의"라고 말하고 있다.

제기된 이 문제에 대해 과감하게 다가가봅시다.

먼저 우리는 이 문제와 관련해 극히 일상적인 왜곡을 벗어나, 윤리가 도덕적으로 대단히 치명적인 역할을 할 수 있다는 것을 인정할 필요가 있습니다. 몇 가지 예를 들어봅시다. 한 남자의 사랑이 한 여자에게서 다른 여자에게로 옮겨 갔을 때, 십중팔구 이 남자는 자신의 이러한 행동을 정당화하고자 하는 욕구를 느낍니다. 그녀는 나의 사랑을 받을 가치가 없다거나, 그녀가 나를 실망시켰다거나, 그 밖의 다른 비슷한 이유들을 말합니다. 사실 이 문제는 간단해서, 이 남자는 그녀를 이제 더 이상 사랑하지 않게 되었고 그녀는 이 운명을 받아들여야 한다는 것입니다. 그런데 남자는 이 간단한 사실에 대단히 무례한 방식으로 합리화를 더함으로써, 이 합리화에 근거해 자신에게는 그녀를 떠날 권리를 부여하고, 그녀에게는 헤어지는 불운에 불의라는 오명까지 뒤집어씌우는 무례를 범합니다. 애정 문제에서 서로 경쟁하다가 이긴 사람도 방금 든 예와 완전히 똑같이 행동합니다. 즉, 그는 자신의 연적이 틀림없이 자기보다 못한 자라고 말하고, 그렇지 않다면 자기에게 지지 않았을 것이라고 정당화합니다.

전쟁에서 승리한 사람이 품위 없이 독선적인 태도로 "내가 옳았기 때문에 승리한 것이다"라고 말한다면, 이것도 위에서 말한 사례들과 전혀 다르지 않습니다.[80] 또는 전쟁에 대한 공포 때문에 정신적으

---

80 여기서부터 베버는 독일이 패배한 제1차세계대전에 대한 사람들의 평가와 태도를 간접적으로 비판한다. 이 전쟁은 국가들 간의 이해관계 때문에 일어났으므로 특정한 국가나 사람에게 윤리적 책임을 지우고 모욕하는 것은 부당하고, 승전국이든 패전국이든 품위와 자긍심을 가지고 이후의 대책을 논의해야 한다고 주장한다.

로 무너진 어떤 사람이 "전쟁은 나로서는 감당하기가 정말 어려웠어"라고 솔직하게 말하는 대신, 전쟁에 대한 자신의 피로감을 합리화하고 싶은 마음에 자신의 감정은 숨긴 채, "내가 이 전쟁을 감당할 수 없었던 것은 도덕적으로 옳지 못한 명분을 위해 싸워야 했기 때문이다"라고 말한다면 역시 위에서 말한 사례들과 전혀 다를 바 없습니다. 이렇게 우리는 전쟁에서 패배한 자들도 전쟁에서 승리한 자들과 마찬가지로 자신을 정당화하는 것을 봅니다.

전쟁의 원인은 사회구조에 있는데도 불구하고 전쟁이 끝나고 나면 나이 든 여자들은 전쟁 책임자를 찾아내려고 합니다. 하지만 당당하면서도 냉철한 태도를 지닌 사람이라면 적에게 이렇게 말할 것입니다. "전쟁에서 우리가 졌고 당신들이 이겼다. 이제 전쟁의 승패는 결정되었다. 그러니 지금부터는 전쟁의 원인이 된 서로 간의 이해관계와 관련해서, 그리고 무엇보다도 특히 전쟁의 승자가 짊어지게 된 미래에 대한 책임과 관련해서 어떤 결론을 내려야 할지 이야기해보자."

이와 다른 모든 말은 품위가 없으며 후환이 뒤따릅니다. 하나의 민족이나 국가는 누군가가 자신의 이해관계를 훼손하는 것은 용서하지만 자신의 명예를 훼손하는 것은 용서하지 않고, 적어도 상대방이 자기만 옳다고 주장하는 독선적인 태도 때문에 자신의 명예가 훼손될 경우 결코 용서하지 않습니다.

전쟁이 끝난 후 몇십 년이 지나 새로운 문서가 공개될 때마다 또다시 품위 없는 고함과 증오와 분노가 촉발됩니다. 하지만 전쟁은 끝남과 동시에 적어도 도덕적인 논란도 종식되어야 합니다. 이를 가능하게 하는 것은 윤리 문제가 아니라, 오직 냉철한 현실 인식과 고결한 기사 정신, 그중에서도 특히 품위를 지키고자 하는 태도입니다. 사실 윤리 문제의 제기는 쌍방 모두에게 품위의 상실을 의미합니다. 그럴 경우 정치가는 미래와 미래에 대한 책임이라는 자기 본연의 임무에 집중하지 못하고, 대신에 정치적으로 해결할 수 없는 과거의 죄과에 관한 문제를 둘러싼 소모적인 정쟁에만 몰두하게 될 뿐입니다.

정치적 죄과라는 것이 존재한다면, 그렇게 소모적인 정쟁에만 몰두하는 것이야말로 정치적 죄과입니다. 게다가 그러한 정쟁 과정에서 이 문제 전체가 지극히 실리적인 이해관계로 말미암아 왜곡될 수밖에 없다는 사실도 간과됩니다. 여기에 작용하는 이해관계는 승자는 최대한의 이득, 즉 도덕적인 이득과 물질적인 이득을 얻고자 하고, 패자는 전쟁에 대한 죄과를 인정하는 대가로 이득을 볼 수 있기를 희망하는 것입니다. 야비한 것이 있다고 한다면, 이렇게 하는 것이 바로 야비한 것입니다. 그리고 이러한 야비함은 앞에서 말한 것처럼 윤리를 자기만이 옳다고 주장하는 독선의 수단으로 이용한 결과입니다.

2) 정치와 절대 윤리

그렇다면 윤리와 정치의 진정한 관계는 어떤 것일까요? 사람들이 흔히 말하듯이 이 둘은 서로 전혀 상관이 없을까요? 아니면, 정반대로 다른 모든 행위와 마찬가지로 정치적 행위에도 동일한 윤리를 적용하는 것이 옳을까요? 사람들은 종종 이 두 가지 주장은 서로 완전히 배타적인 것이어서 둘 중 어느 하나만 옳다고 생각합니다.

하지만 애정 관계, 사업 관계, 가족 관계, 공적 관계, 아내와의 관계, 야채 가게 아주머니와의 관계, 아들과의 관계, 경쟁자와의 관계, 친구와의 관계, 피고인과의 관계 등 이 모든 관계에 내용상으로 동일한 것을 명령하는 윤리가 정말 세상에 있을까요? 또한 정치는 강제력을 수반한 권력이라는 아주 특수한 수단을 갖고서 움직인다는 사실이 정치에 대한 윤리적 요구와 정말 아무 관련이 없는 것일까요?

볼셰비키파와 스파르타쿠스파의 이념가들은 이러한 강제력을 정치적 수단으로 사용하고 있기 때문에, 결과적으로 여느 군사 독재자와 다를 바가 하나도 없다는 것을 우리는 보고 있지 않습니까? 노동자 평의회 및 군사 평의회의 지배와 구체제 아래에서 전횡을 일삼던 권력자의 지배는 권력자가 바뀌었다는 것과 이들이 아마추어라는 사실을 제외하면 무슨 차이가 있습니까? 자칭 새로운 윤리를 대변한다고 하는 대부분의 사람이 정적들을 비판하면서 내세우는 논리가 여느 대중 선동가의 논리와 무슨 차이가 있습니까? 그들은 자신들의 의도가 고결하다는 점이 차이라고 말합니다. 좋습니다. 그러나 여기서 우리가 문제 삼고 있는 것은 수단이고, 그들의 정적도 스스로 궁극적인 의도는 고결하다고 주장합니다. 그리고 이런 주장은 정적 편에서는 전혀 거짓이 아닙니다. "칼을 잡는 자는 바로 그 칼 때문에 죽을 것이다"라는 말이 있듯이, 투쟁은 어디까지나 투쟁일 뿐입니다.

또한 산상수훈[81]의 윤리는 어떻습니까? 복음서의 절대 윤리를 보

81 "산상수훈"은 『신약성경』 「마태복음」 5~7장에 나오는 예수의 산상설교로, 기독교의 대헌장 또는 기독교 윤리의 근본이다. "복음서"는 신약성경에서 예수의 행적과 말씀을 기록한 4종의 「마태복음」, 「마가복음」, 「누가복음」, 「요한복음」을 가리킨다.

여주는 산상수훈은 오늘날 이 계명을 인용하기를 즐기는 사람들이 생각하는 것보다 더 진지한 의미를 담고 있습니다. 산상수훈으로 장난을 쳐서는 안 됩니다. 흔히 과학의 인과법칙은 우리가 마음대로 타고 내리기 위해 멈춰 세울 수 있는 영업용 마차가 아니라고 말하는데, 이 말은 산상수훈에도 그대로 적용됩니다. 우리가 산상수훈을 통속적인 것으로 전락시키려고 하지만 않는다면, 산상수훈은 우리에게 이 계명을 받아들이려면 전부 아니면 전무, 둘 중 하나를 택하라고 명령합니다.

예컨대, 복음서에서는 한 부자 청년에 대해 "이 말을 들은 그는 재산이 많았기 때문에 근심하며 떠났다"라고 말합니다. 복음서의 명령은 무조건적이고 명확합니다. 네가 가진 모든 것을 남김없이 주어라. 이 명령에 대해 정치가는 과세, 강제 징수, 몰수 등 한마디로 강제적인 수단을 통해 이 명령을 모든 사람에게 적용해 관철하지 않는 한, 이 명령은 사회적으로 무의미하고 부당한 요구라고 말할 것입니다. 그러나 윤리적인 계명은 그런 문제 제기를 일축해버립니다. 이것이 윤리적인 계명이 지닌 본질이기 때문입니다.

또한 복음서에서는 "누가 너의 한쪽 뺨을 때리면 너의 다른 쪽 뺨도 내주어라"라고 명령합니다. 이 명령도 그 사람이 당신의 뺨을 때릴 권한이 있는지 여부를 묻지 않습니다. 이것은 자긍심을 포기하는 윤리입니다. 하지만 성자에게는 그렇지 않습니다. 사람들이 모든 점에서 예수와 그의 사도들, 성 프란체스코[82] 같은 사람들처럼 살려고 할

---

82 "성 프란체스코"(1182~1226)는 가톨릭의 성인으로 13세기 유럽의 사상과 문화에 절대적인 영향을 미친 인물이다. 부유한 상인의 아들이었던 그는 20세에 회심해 프란체스코 수도회의 전신인 "작은형제회"를 조직해 모든 재산을 버리고 평생을 청빈하게 살며

때만, 아니면 적어도 마음속으로 그렇게 살고 싶어 할 때만 이 윤리는 의미가 있고 자긍심의 표현이 됩니다. 그러나 다른 경우에는 그렇지 않습니다. 무우주론적 사랑의 윤리에서는 "악에 대해 폭력으로 저항하지 말라"라고 말하지만, 반대로 정치가에게는 "악이 만연하게 되면 그것은 너의 책임이 될 것이기 때문에 너는 강제력을 사용해 악에 대항해야 한다"라는 명제가 타당하게 적용되기 때문입니다.

복음서의 윤리에 따라 행동하려고 하는 사람은 파업은 강요라는 점에서 해서는 안 되기 때문에 황색노동조합[83]에 가입하는 편이 좋습니다. 그는 특히 혁명이라는 말을 입에 담아서는 안 됩니다. 복음서의 윤리가 내란이야말로 유일하게 정당한 전쟁이라고 가르치지 않는다는 것은 분명하기 때문입니다.

복음서에 따라 행동하는 평화주의자는 무기를 거부하거나 던져 버리는 일이 모든 전쟁을 종식시키기 위한 윤리적 의무라고 생각할 것이고, 실제로 독일에서 그들은 이렇게 권고했습니다. 하지만 정치가라면 가까운 장래에 한동안 전쟁을 불신하게 할 수 있는 유일하게 확실한 수단은 현 상태를 유지하기로 평화협정을 맺는 일이라고 말할 것입니다. 그러면 이 전쟁에 참가한 모든 국가의 국민들은 "이렇게 허망하게 끝날 전쟁을 도대체 왜 한 것이냐"라고 반문할 것입니다. 하지만 지금 와서 그렇게 말할 수는 없습니다. 전승국들, 적어도 그중 일부에게 이 전쟁은 정치적으로 이득이 되었기 때문입니다. 그리고 일

이웃 사랑에 헌신했다.
83 "황색노동조합"은 자본가가 시키는 대로 하는 어용 노동조합이나 자본가에게 협조하는 성향이 강한 노동조합을 경멸해 부르는 말이다.

이 이렇게 된 책임은 우리로 하여금 아무런 저항도 할 수 없게 만든, 앞에서 말한 전승국들의 태도에 있습니다. 이제 이 피로하고 지친 시기가 지나가고 나면 전쟁이 아니라 평화를 불신하게 될 것입니다. 그리고 이것은 절대 윤리가 초래한 결과입니다.

끝으로 진실에 대한 의무라는 문제가 있습니다. 이 의무는 절대 윤리에서는 무조건적인 의무입니다. 그래서 사람들은 모든 문서, 그중에서도 특히 조국에 불이익을 초래할 문서를 모두 공개하고, 문서들의 공개를 토대로 결과를 고려하지 않고 전쟁의 책임을 무조건 인정해야 한다는 결론을 내렸습니다. 하지만 정치가는 그렇게 할 경우, 모든 것이 악용되고 분노가 폭발함으로써 그 결과 진실이 밝혀지기는커녕 오히려 은폐되고 말 것이 확실하다는 사실을 압니다. 그리고 공정한 사람들에 의한 전방위적이고 체계적인 사실 규명을 통해서만 진실은 밝혀질 수 있고, 이와 다른 방식으로 진실을 밝히고자 한다면 이 나라에 수십 년간 돌이킬 수 없는 결과를 초래할 수 있다는 사실도 압니다. 그런데도 절대 윤리는 결과에 관심도 없고 묻지도 않습니다. 이것이 결정적으로 중요합니다. 따라서 우리는 이 문제를 분명히 해두어야 합니다.

3) 신념 윤리와 책임 윤리

윤리를 지향하는 모든 행위는 두 가지 서로 다른, 근본적으로 양립할 수 없는 원칙 중 하나를 따르게 되어 있습니다. 즉, 모든 행위는 신

넘 윤리를 지향할 수도 있고 책임 윤리를 지향할 수도 있습니다. 물론 그렇다고 해서 신념 윤리에는 책임이, 책임 윤리에는 신념이 결여되어 있다는 말은 아닙니다. 그러나 사람이 신념 윤리에 속한 원칙을 따라 행동하는 것—종교적으로 표현하자면 "기독교인은 옳은 것을 행하고, 결과는 하나님에게 맡긴다"—과 책임 윤리에 속한 원칙을 따라 행동하는 것—자신의 행동으로 인한 (예견 가능한) 결과에 대해서는 책임을 져야 한다는 것—은 완전히 다르고 엄청난 차이가 있습니다.

신념 윤리에 따라 행동하는 확고한 생디칼리스트[84]에게 여러분이 그의 행동은 반동 세력을 강화시키고 그가 속한 계급에 대한 억압을 강화시켜 그 계급의 상승을 저해할 것이라고 확신을 갖고 설명했다고 합시다. 하지만 여러분의 이러한 설명은 그에게 아무런 영향도 미치지 못할 것입니다. 어떤 사람이 순전히 신념에 따라 어떤 행위를 했는데 나쁜 결과를 야기했다면, 신념 윤리에서는 그 결과에 대한 책임이 그에게 있지 않고, 세상이나 다른 어리석은 사람들, 또는 사람들을 어리석게 창조한 신의 뜻에 있습니다.

반면에 책임 윤리에 따라 행동하는 사람은 평균적인 인간이 지닌 이러한 결함을 고려해 행동합니다. 피히테[85]가 바르게 말했듯이, 그

---

84 "생디칼리스트"(Syndikalist)는 좌파의 혁명적 노동조합 운동인 생디칼리즘을 추구하는 사람을 가리킨다. 생디칼리즘은 산업별로 노동자를 조직해 파업을 통해 요구를 관철하고 궁극적으로는 생산수단과 경제 전반을 노동자가 통제하는 것을 목표로 하는 이념 운동으로, 19세기 말 프랑스에서 출현해 제2차세계대전 이전까지 전 세계적으로 큰 영향을 미쳤다.

85 "피히테"(1762~1814)는 헤겔, 셸링과 더불어 독일 관념론 철학의 대표적인 인물이다. 칸트의 비판철학, 특히 실천이성비판을 계승하고 발전시켜서 이 세계의 전개를 자아의

는 인간이 선하고 완전하다고 전제할 수 있는 권리가 자기에게 없다고 생각하고, 자신의 행동에 따른 결과에 대해서는 예견할 수 있는 한도 내에서 다른 사람에게 책임을 전가할 수 없다고 생각합니다. 그래서 그는 "내 행동으로 인한 이런 결과는 내 책임이다"라고 말합니다.

그러나 신념 윤리를 따라 행동하는 사람은, 예컨대 불의한 사회질서에 대한 저항의 불꽃 같은 신념이 꺼지지 않도록 하는 일에 대해서만 책임이 있다고 생각합니다. 그 불꽃을 항상 새롭게 되살리는 것이 그의 행동의 목적인데, 성공 가능성이라는 관점에서 보았을 때 완전히 비합리적입니다. 그의 행동은 단지 본보기라는 가치만을 지닐 수 있고, 실제로 그런 가치만을 지닐 수밖에 없습니다.

4) 목적과 수단의 관계

하지만 문제는 여기서 끝나지 않습니다. 이 세계의 어떤 윤리도 선한 목적을 이루기 위해 도덕적으로 의심스럽거나 적어도 위험한 수단을 사용할 수밖에 없는 경우가 많고, 좋지 않은 부작용이 있을 가능성이나 개연성도 함께 감수할 수밖에 없습니다. 또한 이 세계에서는 윤리적으로 선한 목적이라면, 윤리적으로 위험한 수단을 사용하고 부작용을 감수하는 것이 언제, 어느 정도 정당한지 말해줄 수 있는 윤리도

활동 그 자체의 움직임으로 보았다. 주체적 자아를 철학 체계의 기초로 삼아 모든 것을 이 자아의 자기운동으로부터 도출하고자 했기 때문에, 그의 윤리는 책임 윤리일 수밖에 없었다.

없습니다.

정치에서 결정적으로 중요한 수단은 강제력입니다. 그리고 윤리적인 관점에서 보았을 때, 수단과 목적 간의 긴장 관계가 지닌 영향력이 얼마나 큰지는 여러분이 아래의 사례에서 가늠할 수 있습니다.

누구나 알고 있듯이, (치머발트[86] 노선을 따르는) 혁명적 사회주의자들은 전쟁 기간 동안 다음과 같이 요약할 수 있는 하나의 원칙을 이미 천명했습니다. "앞으로 몇 년 더 전쟁을 계속해서 혁명이 일어나게 하는 것, 아니면 지금 평화협정을 맺어 혁명이 일어나지 않게 하는 것, 이렇게 두 가지 선택지가 우리 앞에 놓여 있다면 우리는 앞으로 몇 년 더 전쟁을 계속하는 쪽을 선택할 것이다!"

또한 우리가 "이 혁명은 무엇을 가져다줄 수 있는가"라고 계속 물으면, 학문적으로 훈련받은 사회주의자라면 누구나 이렇게 대답할 것입니다. "진정한 의미에서 사회주의라고 부를 수 있는 경제체제로의 이행은 일어나지 않을 것이다. 단지 봉건적인 요소와 왕조적인 잔재에서 벗어난 부르주아적인 경제체제가 또다시 세워질 것이다."

그러니까 그들은 이런 보잘것없는 결과물을 얻기 위해 앞으로 몇 년 더 전쟁을 계속하자고 하는 것입니다! 감히 단언컨대, 아주 확고한 사회주의적인 신념을 지닌 자도 그와 같은 수단을 요구하는 목적이라

---

86 "치머발트 회의"는 1915년 9월 5~8일에 각국의 반전 사회주의 정당 대표들이 소집한 회의로, 레닌과 트로츠키가 참석한 가운데 스위스의 치머발트에서 열렸다. 이 회의는 강경파인 "혁명적 사회주의자들"이 주도했는데, 트로츠키의 제안으로 온건파인 개혁적 사회주의자들을 일단 포용하긴 했지만, 치머발트 선언서로 알려진 "치머발트 노선"으로 강경파와 온건파의 균열을 가져왔다.

면 거부할 것이 분명합니다.

이것이 볼셰비즘과 스파르타쿠스주의, 그리고 온갖 종류의 혁명적 사회주의가 지금 처해 있는 바로 그 상황입니다. 따라서 사회주의자들이 구체제가 강제적으로 달성하고자 한 목표를 거부하는 것은 전적으로 정당하지만, 그들 자신도 구체제의 폭력 정치가들과 동일한 수단을 사용하면서 구체제의 정치가들을 비난하는 것은 전적으로 지극히 가소로운 일입니다.

목적에 의한 수단의 정당화라는 바로 이 문제에서 모든 신념 윤리도 좌초될 수밖에 없는 듯합니다. 사실 논리적으로 생각했을 때 신념 윤리 앞에는 도덕적으로 위험한 수단을 사용해야 하는 모든 행동을 배격하는 것, 오직 이 한 가지 가능성만이 놓여 있습니다. 논리적으로 그렇다는 것입니다.

하지만 현실 세계에서 우리는 신념 윤리를 따르던 사람들이 느닷없이 천년왕국[87]을 설파하는 예언자들로 변신하는 모습을 늘 새롭게 경험합니다. 예컨대, 그들은 폭력 대신에 사랑을 설교하다가 눈 깜짝할 사이에 폭력 사용을 촉구합니다. 물론 그들은 이 폭력은 모든 폭력이 종식된 상태를 만들기 위한 최후의 폭력이라고 말합니다. 마치 우

---

[87] "천년왕국"은 기독교에서 예수가 최후의 심판 이전에 지상에 재림해 직접 통치하는 1,000년의 기간을 말한다. 이 기간 동안 죽음에서 부활한 기독교인들과 끝까지 믿음을 지킨 기독교인들이 재림한 예수와 함께 1,000년 동안 죽지 않고 지상에서 왕처럼 살아가는 지상낙원이 생기는데, 이 천년왕국이 끝나면 최후의 심판이 있고, 이날에 천년왕국에 살고 있던 모든 기독교인은 천국으로 들어간다는 것이다. 여기서 베버는 혁명주의자들이 자신들의 신념 윤리를 따라 지상낙원("천년왕국")을 외치다가 갑자기 폭력을 선동하는 것을 비판한다.

리의 군대 장교들이 공격 작전을 개시할 때마다 병사들에게 이 공격은 우리에게 승리와 평화를 가져다줄 최후의 공격이라고 말한 것과 같습니다.

신념 윤리를 따라 행동하는 사람은 이 세계의 윤리적 비합리성을 참을 수 없어 합니다. 그는 현세 윤리와 관련해 합리주의자입니다. 여러분 중에서 도스토옙스키[88]를 아는 사람이라면 대심문관[89]이 등장하는 장면을 기억할 것입니다. 거기에 이 문제가 잘 묘사되어 있습니다. 신념 윤리와 책임 윤리를 동시에 따르는 것은 불가능하고, 한 걸음 양보해 목적이 수단을 정당화할 수 있다는 원칙을 어느 정도 받아들인다고 하더라도, 어떤 목적이 어떤 수단을 정당화하는지 윤리적으로

---

88 "도스토옙스키"(1821~1881)는 톨스토이와 함께 19세기 러시아 문학을 대표하는 세계적인 소설가이자 사상가다. 구질서가 무너지고 자본주의가 들어서는 과도기 러시아의 시대적 모순 속에서 정치적이고 사회적으로 복잡하게 얽힌 인간의 내면 심리를 "넋의 리얼리즘"이라는 독자적인 방법으로 그려냈다. 대표작으로는 『죄와 벌』(1866), 『백치』(1868), 『악령』(1871~1872), 『카라마조프가의 형제들』(1879~1880) 등이 있다.

89 『카라마조프가의 형제들』은 신, 자유의지, 도덕의 문제를 깊이 파고든 강력한 철학소설이다. 또한 부친 살해라는 소재를 중심으로 근대화를 겪는 러시아의 상황 속에서 신앙, 의심, 이성이라는 문제를 다룬 신학적인 드라마이기도 하다. 소설 속 형제 중 한 사람인 "이반 카라마조프"는 서구적인 합리주의와 이성주의의 러시아적 화신이다. 그는 "신을 받아들이지 않겠다는 것이 아니라 신이 만든 세계를 받아들이지 않겠다"라고 말한다. 삼차원적 논리에 매인 이성으로는 이 지상 세계를 온갖 부조리와 불의, 추악한 죄악의 소굴로 만든 조물주 신의 너무도 오묘한 섭리를 도저히 이해하지 못하겠다는 것이다. 이반에게 전일적인 화합과 조화로 충만한 진정한 유토피아의 도래는 평행선의 두 끝이 서로 만나는 것 못지않게 불가능한 일이다. 이렇게 이반은 신의 죽음 혹은 최소한 신을 향한 반역과 반항을 선언한다. 이반의 구술 속에 등장하는 "대심문관"은 이반의 지적 사유가 낳은 시적이고 상징적인 결과물이다. 로마가톨릭의 부패가 극에 달하고 연일 종교 재판이 열렸던 16세기의 스페인에서 재림한 그리스도와 아흔 살의 대심문관의 숙명적인 대면이 이루어진다. 대심문관은 광야에서 예수 그리스도와 같이 힘겨운 수행에 몰두하던 중 "무덤 뒤에는 어둠밖에 없다"는 사실을 깨닫고 신 대신 악마와 결탁한다.

결정하는 것은 불가능합니다.

　나의 동료 교수인 푀르스터[90]는 의심할 여지 없이 순수한 신념을 지니고 있어서, 개인적으로는 그를 존경하지만 정치가로서는 무조건 거부합니다. 그는 자신의 책에서 다음과 같은 단순한 명제를 통해 이 난제를 피할 수 있다고 생각합니다. 선한 것에서는 오직 선한 것만이 나올 수 있고, 악한 것에서는 오직 악한 것만 나올 수 있다는 명제입니다. 만약 이 명제가 사실이라면, 지금까지 우리가 말한 모든 문제는 처음부터 아예 존재하지도 않았을 것입니다. 하지만 더 놀라운 것은 우파니샤드가 세상에 나온 지 2,500년이 지난 오늘날에도 이러한 명제가 여전히 이 세상에 살아 있어 빛을 보고 있다는 사실입니다. 군이 세계사가 전개되어온 과정 전체를 분석해볼 필요도 없이, 단지 일상적인 경험을 면밀하게 관찰만 해보아도 이 명제의 정반대가 사실이라고 말해주기 때문입니다. 또한 지구상 모든 종교의 발생도 그 정반대가 사실이라는 데 기인하고 있습니다.

　신정론[91]과 관련된 아주 오래된 문제는 바로 이런 질문입니다. 전능하고 자비로운 것으로 여겨지는 어떤 힘이 어떻게 해서 부당한 고

---

90 "푀르스터"(1869~1966)는 독일의 학자이자 평화주의자로, 주로 교육, 성, 정치, 국제법을 통한 윤리의 발전을 다룬 글을 썼다. 1898년부터 1912년까지 취리히 대학에서 강의했다. 1914년부터는 뮌헨 대학에서 강의하면서, 제1차세계대전 동안 독일의 대외 정책, 특히 독일 지배층의 군국주의적인 태도를 강하게 반대하다가 교수직에서 물러났다. 1917년에 다시 뮌헨 대학으로 돌아와서도 제1차세계대전의 책임이 독일 지배층에 있다는 자신의 소신을 굽히지 않았다.

91 "신정론"(Theodizee)은 이 세계를 창조한 전능하고 지극히 선한 신에 대한 신앙과 현실에 존재하는 악 사이의 양립할 수 없는 모순을 설명하고자 하는 철학적이고 종교적인 견해를 가리킨다.

통, 처벌받지 않는 불의, 고칠 수 없는 어리석음으로 가득한 이와 같은 비합리적인 세계를 창조할 수 있었는가? 따라서 이 힘은 전능하지 않은 힘이거나 자비롭지 않은 힘일 수도 있고, 또는 인간의 삶을 지배하는 것은 전혀 다른 보상과 응보의 원칙일지도 모릅니다. 이 원칙은 우리가 형이상학적으로 해석할 수도 있고, 우리로서는 영원히 해석하지 못할 수도 있습니다.

세계의 비합리성에 대한 경험이라는 이 문제가 바로 모든 종교를 발생시킨 동력이었습니다. 인도의 업보설, 페르시아의 이원론, 원죄설, 예정설, 숨어 있는 신 같은 이 모든 종교적 교설은 세계의 비합리성에 대한 경험으로부터 발전했습니다.[92] 옛 기독교인들도 악령이 이 세계를 지배하고 있고, 권력과 폭력을 수단으로 사용하는 정치에 뛰어드는 자는 악마적인 세력과 계약을 맺은 것이며, 정치가의 행위와 관련해서는 선한 것에서는 선한 것만 나오고 악한 것에서는 악한 것만 나오는 것이 아니라, 도리어 그 반대가 진실인 경우가 흔하다는 사실을 아주 정확히 알고 있었습니다. 이것을 알지 못하는 사람은 사실 정치적으로는 어린아이입니다.

---

92 "업"으로 번역한 karma('카르마')는 행위를 뜻한다. "인도의 업보설"(Karmanlehre)은 힌두교에서 전생의 일들로 말미암아 현세에서 받는 응보를 가리킨다. "페르시아의 이원론"(Dualismus)은 영국의 동양학자 하이드(1636~1703)가 『고대 페르시아 종교사』(1700)에서 선의 원리와 악의 원리가 영원히 대립하는 페르시아의 종교 체계를 지칭할 때 사용한 표현이다. "원죄"(Erbsünde)는 인류의 시조인 아담이 죄를 지음으로써 인류 전체가 죄 가운데 있게 되었다는 기독교의 교설이다. "예정"(Prädestination)은 구원이 인간 개개인의 의지에 달려 있는 것이 아니라, 신이 이미 정해놓았다는 기독교의 교설이다. "숨어 있는 신"(Deus absconditus)은 유한한 인간이 무한한 신의 본질을 아는 것은 근본적으로 불가능하다고 말하는 기독교적 개념이다.

5) 정치와 종교 윤리

우리가 서로 다른 다양한 삶의 질서가 얽히고설킨 곳에서 살아가고 있다는 사실에 대해 종교 윤리는 다양한 방식으로 대응해왔습니다. 그리스의 다신교에서는 신들이 서로 자주 다툰다는 것을 알고, 헤라[93] 만이 아니라 아프로디테에게도, 아폴론만이 아니라 디오니소스에게 도 제물을 바쳤습니다.

힌두교적인 삶의 질서에서는 직업마다 고유한 윤리 법칙인 다르 마[94]가 있다고 보았기 때문에, 신분제도를 만들어 각각의 직업을 영원 히 분리시켰고 이러한 고정된 위계적 신분제도를 따라 삶의 질서를 조직했습니다. 그리고 사람들이 이 세상에 태어나자마자 어떤 신분 에 속하게 했고, 그렇게 한번 특정한 신분에 속한 뒤에는 다음 생애에 서 다른 신분으로 다시 태어나는 것 외에는 그 신분에서 벗어날 수 없 게 함으로써, 최고의 종교적 구원에 도달할 가능성이 직업마다 크게 차이가 있게 했습니다. 이렇게 해서 힌두교에서는 고행자와 브라만[95]

---

93 그리스신화에 나오는 각각의 신들은 서로 관장하는 분야와 개성과 성질이 달랐기 때문에, 어떤 의미에서는 "서로 다른 다양한 삶의 질서들"을 대표했다. "헤라"는 제우스의 정실부인으로 결혼 생활의 수호신인 반면에, "아프로디테"는 여성의 성적 아름다움과 사랑의 욕망을 관장한 여신이다. "아폴론"은 이성과 예언, 의술, 시와 음악을 관장한 신으로, 고대 그리스인들이 최고의 덕목으로 여겼던 "합리적 이성"의 수호신이다. 아폴론은 감정이나 주관에 흔들리지 않고, 오로지 명확함과 냉정함과 지성으로 객관성과 균형, 조화의 아름다움을 추구하는 신이다. 반면에, "디오니소스"는 포도와 포도주, 다산과 풍요를 관장한 신으로, 환희와 광란과 황홀경의 신이다.
94 "법칙"이라는 뜻을 지닌 "다르마"(Dharma)는 힌두교에서 생명과 우주를 주관하는 세계질서인 '리타'에 부합하는 행동을 가리키는 것으로, 의무, 권리, 법, 행위, 덕목, "올바른 삶의 방식"을 포함한다. 불교에서 "다르마"는 "우주의 법칙과 질서"를 의미한다.

에서 시작해 도둑과 창녀에 이르기까지 모든 신분의 다르마를 각각의 직업에 내재된 고유한 법칙에 따라 구축할 수 있었습니다.

이러한 직업 중에는 전쟁과 정치도 포함되어 있었습니다. 힌두교에서 전쟁이 어떤 식으로 삶의 질서 속에 편입되는지는 크리슈나와 아르주나의 대화록인 『바가바드기타』[96]에 잘 나타나 있습니다. 거기에서는 "해야 할 일을 하라"라고 말합니다. 즉, 전사 계급의 다르마와 그 법칙이 의무로 정한 "일", 전쟁의 목적에 따라 객관적으로 해야 하는 "일"을 하라는 것입니다.

힌두교 신앙에 따르면, 전사 계급의 일은 종교적 구원에 해를 끼치는 것이 아니라 도움이 됩니다. 전쟁에서 장렬하게 싸우다가 죽은 인도의 전사에게는 언제나 인드라[97]의 극락으로 가는 길이 확실하게 보장되어 있었습니다. 전쟁에서 장렬하게 싸우다가 죽은 게르만의 전사에게 언제나 발할[98]로 가는 길이 확실하게 보장된 것과 같습니다.

---

95 "브라만"은 4계급으로 구성된 인도의 카스트(신분)제도에서 가장 높은 성직자 계급을 가리킨다. 원래 "브라만"은 우주의 근본원리를 가리키는 말이었다. 한자어로는 '범'(梵) 이라고 한다

96 "크리슈나"는 힌두교에서 브라만, 시바와 함께 3대 주신 중 하나인 태양신 비슈누의 여 덟 번째 화신으로 숭배하는 신이다. 기원전 5~2세기에 생겨난 것으로 추정되는 『바가 바드기타』는 스승인 "크리슈나"와 판다바족의 왕자 "아르주나" 사이의 대화를 담고 있 다. 전쟁터에서 형제 및 친척과 싸워야 하는 도덕적 딜레마에 빠진 아르주나에게 크리 슈나는 스승으로서 "다르마"(의무)의 개념을 설명해주고, 신에게 이르는 여러 길을 제 시하며, 절대신이자 최고신으로서 자신의 우주적 정체성을 밝힌다.

97 "인드라"(Indra)는 고대 인도신화에 나오는 하늘의 신이자 전쟁의 신이다. 인도에 침입 해 원주민들을 정복한 아리아인의 수호신으로서, 천둥과 번개를 지휘하고 비를 관장한 다. 『리그베다』에 등장하는 신 중에서 가장 신성한 신이자 신들의 제왕으로 숭배한다. 나중에는 힌두교의 3대 주신인 비슈누, 브라만, 시바를 중시하면서 그 중요성이 바래 졌다.

하지만 인도의 전사는 열반[99]에 들어가는 것을 경멸해 거부했는데 게르만의 전사가 천사들의 합창이 울려 퍼지는 기독교의 낙원에 들어가는 것을 경멸해 거부한 것과 같습니다.

인도에서 이렇게 윤리를 직업별로 세분해 정함으로써, 제왕의 예술인 정치를 한 치의 왜곡도 없이 오로지 정치에 고유한 법칙들에 따라 다룰 수 있었으며, 나아가 정치를 철저하게 강화시킬 수 있었습니다. 대중적인 의미에서 마키아벨리즘의 극단적인 형태는 기독교가 탄생하기 훨씬 이전인 찬드라굽타 시대의 문헌으로 추정되는 인도 문헌인 카우틸랴의 『아르타샤스트라』[100]에 전형적으로 나타나 있습니다. 이 문헌에 비하면 마키아벨리의 『군주론』은 천진난만한 수준입니다.

푀르스터 교수가 주장하는 윤리와 가장 가까운 가톨릭 윤리에서

---

98 "발할"(Walhall)은 북유럽과 서유럽의 신화에 나오는 궁전으로, "전사자들의 큰 집" 또는 "기쁨의 집"이라는 뜻이다. 아스 신족의 나라인 아스가르드에서 가장 아름다운 궁전으로 540개의 문이 있는데, 800명의 전사가 나란히 한꺼번에 들어갈 수 있을 만큼 넓다. 끝없이 높은 천장은 금빛으로 빛나는 방패로, 대들보는 무수히 많은 창으로 지어졌다. 이곳에서는 매일 잔치가 벌어지고 산해진미와 명주가 나온다. "발할"은 북유럽인들이 생각해낸 일종의 이상향이다.

99 "열반"(Nirvâna, '니르바나')은 불교에서 수행을 통해 진리를 체득해 미혹과 집착을 끊고 일체의 속박에서 해탈한 최고의 경지를 가리킨다. 열반의 본뜻은 "불어서 끄는 것," "불어서 꺼진 상태"이고, 마치 타고 있는 불을 바람이 불어와 꺼버리듯이, 타오르는 번뇌의 불꽃을 지혜로 꺼서 일체의 번뇌가 소멸한 상태를 가리킨다.

100 "찬드라굽타"(기원전 약 349~298)는 인도 최초의 통일 제국인 마우리아왕조의 건설자이자 초대 왕이고, "카우틸랴"(Kautilya)는 찬드라굽타의 재상으로, 그의 사상은 『카우틸랴의 실리론』을 통해 전해진다. 『실리론』으로 번역되는 『아르타샤스트라』(Arthashâstra)는 정치, 외교, 군사에 관한 지도서로, 공리주의에 입각해 군주의 입장에서 어떻게 영토를 확장해야 군주의 이익을 극대화할 수 있는지를 주요 주제로 다룬다. 그의 정치사상은 무단정치에 근거한 전제국가의 건설이었다.

복음적 권고[101]는, 여러분도 잘 알다시피 거룩한 삶을 살 수 있는 은사를 받은 사람들을 위한 특별 윤리입니다. 가톨릭 윤리에서 수도사 계층은 피를 흘려서도 안 되고 영리 행위를 해서도 안 되지만, 경건한 기사 계층은 피를 흘려도 되고 영리 행위를 해도 됩니다. 이렇게 가톨릭 윤리에서는 윤리를 여러 등급으로 나누어 구원론 체계와 접목시키고 있기는 하지만 인도의 윤리에 비하면 논리적으로 덜 철저한데, 이것은 기독교 신앙의 전제들에 비추어 보았을 때 불가피하면서도 당연했습니다. 이 세상은 원죄로 말미암아 타락해 있다는 기독교적 신앙의 전제는 죄악을, 그리고 영혼을 위험에 빠뜨리는 이단자들을 징벌하는 수단으로서의 강제력을 윤리에 접목시키는 것을 상대적으로 쉽게 해주었습니다.

전적으로 신념 윤리에 속한 산상수훈의 초현세적인 요구와 거기에 기초한 절대적 요구인 종교적 자연법에는 혁명을 일으킬 수 있는 힘이 있었고, 사회적 격동기마다 언제나 기본적인 동력으로 등장했습니다. 특히 산상수훈과 종교적 자연법의 이러한 요구는 극단적인 평화주의를 내건 종파들을 만들어냈습니다. 그중 한 종파인 퀘이커교[102]

---

101 "복음적 권고"(라틴어로 consilia evangelica, '콘실리아 에반젤리카')는 가톨릭에서 예수가 복음서에서 완전한 삶을 살고자 하는 사람들에게 권고했다고 하는 세 가지 덕목인 청빈, 순결, 순종을 가리킨다. "복음적 권고"는 구원을 얻는 데 필수가 아니기 때문에 수도사에게는 의무이지만, 경건한 귀족이나 시민에게는 의무가 아니다.
102 "퀘이커교"는 1647년에 영국의 조지 폭스(1624~1691)가 창설한 개신교의 한 교파로, 주로 영국과 미국에서 활동한 급진적인 청교도 운동의 한 부류다. 그들은 "내면의 빛"을 믿었고, 인디언과의 우호적인 관계, 흑인 노예무역과 노예제도의 반대, 전쟁 반대, 양심적 병역 거부, 십일조 반대 등 일반적인 개신교도들과는 다른 태도를 취했다. 우리나라의 대표적인 퀘이커교도는 함석헌이다.

는 펜실베이니아에서 대외적으로 폭력을 사용하지 않는 국가를 만드는 실험을 했습니다. 하지만 이 실험의 결과는 비극적이었습니다. 퀘이커교도들은 독립 전쟁이 발발했을 때 이 전쟁이 대변한 자신들의 이상을 지키기 위해 무기를 들지 않을 수 없었기 때문입니다.

반면에 일반적인 개신교에서는 국가와 강제력이라는 수단은 신이 정한 것이기 때문에 전적으로 정당하다고 말하고, 특히 정당하게 세워진 권위주의 국가의 정당성을 인정합니다. 루터는 전쟁과 관련한 윤리적 책임을 정부에 귀속시키고, 신앙 문제 외의 다른 일들에서 정부에 복종하는 것은 전혀 죄가 되지 않는다고 말함으로써, 전쟁과 관련한 모든 책임에서 개인을 해방시켰습니다. 칼뱅파도 신앙을 수호하기 위한 수단으로서의 폭력을 원칙적으로 인정했고 종교전쟁도 인정했습니다. 그리고 이슬람교에서 종교전쟁은 처음부터 삶의 기본 요소였습니다.

여기서 우리는 르네상스 시기의 영웅 숭배[103]에서 탄생한 근대적인 불신앙이 정치 윤리라는 문제를 야기시킨 것이 결코 아니라는 사실을 알 수 있습니다. 모든 종교가 이 문제를 두고 고심해왔고, 그렇게 해서 얻어낸 결과는 아주 다양했으며, 지금까지 우리가 살펴본 것에 비추어 보았을 때 그 결과가 아주 다양할 수밖에 없었습니다. 인간이

---

103 14~16세기 유럽에서 일어난 문화운동인 "르네상스"는 신 중심의 사상과 봉건제도로 개인의 창조성을 억압하던 중세에서 벗어나, 문화의 절정기였던 고대 그리스로 돌아가 인간 중심의 세계를 건설하자는 인문주의 또는 인본주의 운동이다. 고대 그리스에서는 다신교를 기반으로 한 신화가 발달했지만, 사실 그 내면을 들여다보면 호메로스의 『일리아스』와 『오디세이아』에서 볼 수 있듯이 신과 인간 사이에서 태어난 "영웅들"에 대한 "숭배"라고 할 수 있는데, 이 영웅들은 바로 신이 아니라 인간이다.

만든 조직의 수중에 있는 정당한 폭력이라는 특별한 수단 그 자체가 정치와 관련된 모든 윤리 문제에 독특한 성격을 부여하고 있습니다.

6) 정치의 폭력성과 윤리

목적이 무엇이든 정당한 폭력이라는 수단과 계약을 맺은 자는 사실상 여기에 포함됩니다. 이 수단의 결과들과 맞닥뜨리게 됩니다. 종교적인 투사든 혁명가든 자신의 신념을 위해 싸우는 자들의 경우에는 더욱 그렇습니다. 한번 오늘날의 예를 들어봅시다.

폭력을 통해 이 지구상에 절대적인 정의를 세우고자 하는 자는 그 목적을 이루기 위해 인적 기구인 추종자들을 필요로 합니다. 그리고 내세적인 것이든 현세적인 것이든, 내적 보상과 외적 보상을 얻을 수 있다는 희망을 자신의 추종자들에게 주어야 합니다. 그렇게 하지 않으면 이 기구는 작동하지 않습니다. 근대적인 계급 투쟁이라는 상황 속에서 내적 보상은 증오심과 복수심의 충족, 그중에서도 특히 적개심의 충족, 사이비 윤리에 기초해 자신들의 생각이 항상 옳다고 확신하려는 욕구의 충족, 즉 자신들의 적을 비방하고 이단으로 단죄하려는 욕구의 충족일 것입니다. 그리고 외적 보상은 모험, 승리, 전리품, 권력, 녹봉일 것입니다.

지도자의 성공 여부는 전적으로 자신이 이끄는 이 인적 기구가 잘 작동하느냐에 달려 있습니다. 지도자의 성공 여부를 결정짓는 것은 지도자 자신의 동기가 아니라, 전적으로 이 인적 기구의 동기에 달려 있습니다. 따라서 지도자가 성공하기 위해서는 홍위병, 밀정, 선동가 등 그가 필요로 하는 추종자들에게 앞에서 말한 모든 보상을 지속적으로 공급할 수 있어야 합니다. 그러므로 지도자가 이러한 조건에서 활동해 실제로 무엇을 달성하느냐 하는 것은 그에게 달려 있지 않고 추종자들의 행위 근저에 있는, 대개 윤리적으로 저급한 동기들이 결정합니다. 이러한 동기들을 통제할 수 있는 경우는 지도자의 인격과 대의에 대한 진정한 믿음이 적어도 추종자 집단의 일부에 — 대다수인 경우는 결코 없기 때문에 — 존재하는 경우에만 가능합니다.

하지만 지도자와 그의 대의에 대한 이러한 믿음이 주관적으로는 진정성이 있다고 하더라도, 사실은 복수심, 권력욕, 전리품과 녹봉에 대한 욕구를 윤리적으로 정당화한 것에 지나지 않습니다. 누군가가 그렇지 않다고 그럴듯하게 말을 해도, 우리는 그 말을 믿어서는 안 됩니다. 유물론적 역사 해석은 사람들이 마음대로 타고 내릴 수 있는 영업용 마차가 아니며, 혁명의 주체들이라고 해서 그 앞에서 멈추는 것도 아니기 때문입니다!

또한 무엇보다도 혁명의 열기가 식은 후 구태의연한 일상이 찾아오면, 그들이 믿던 영웅과, 특히 신념 자체는 사라지거나 속물 정치가와 정치 기술자가 사용하는 상투어 중 일부가 된다는 사실이 중요합니다. 실제로는 전자보다 후자의 경우가 더 자주 일어납니다. 이러한 발전 과정은 신념을 위한 투쟁에서 특히 신속하게 이루어집니다. 이러한 투쟁을 이끌거나 촉진하는 것은 진정한 지도자, 즉 혁명의 예언자인 경우가 일반적이고, 지도자 중심의 모든 기구와 마찬가지로 신념을 위한 투쟁도 추종자들이 마음을 비우고 규율과 관련된 이해관계에서 정신적 프롤레타리아가 되어 자신들의 주관을 내세우지 않는 것이 혁명을 성공으로 이끌기 위한 조건 중 하나이기 때문입니다. 따라서 신념을 위한 투쟁에 앞장선 지도자를 추종했던 자들은 지배층이 된 후에는 일반적으로 지극히 평범한 녹봉 생활자로 전락하기 쉽습니다.

7

결론:
신념 윤리와 책임 윤리의 상호 보완성

정치를 하고자 하는 사람, 특히 궁극적으로 정치를 직업으로 삼고자 하는 사람은 앞에서 말한 윤리적인 역설들을 알고 있어야 하고, 이 역설들의 부담감에 짓눌려 변질된다면 전적으로 자신에게 책임이 있다는 사실을 알아야 합니다. 다시 한번 말해두지만, 그는 모든 폭력에 잠복해 있는 악마적인 힘에 관여하고 있습니다.

초현세적인 인류애와 자비를 따라 살아간 위대한 인물들은 그가 나사렛 출신이든, 아시시 출신이든, 인도의 왕궁 출신이든[104] 폭력이라는 정치적 수단을 가지고 활동하지 않았습니다. 그들의 왕국은 이 세

---

104 "나사렛 출신"은 예수를 가리킨다. "나사렛"은 이스라엘 북부 갈릴리 지방에 있다. "아시시 출신"은 가톨릭의 성인인 성 프란체스코를 가리킨다. "아시시"는 이탈리아 중부에 있다. "인도의 왕궁 출신"은 석가모니라 불리는 고타마 싯다르타(기원전 약 563~483)를 가리킨다. 싯다르타는 지금의 네팔 남부와 인도의 국경에 있던 샤키야족 왕국의 왕자였다.

계에 속한 것이 아니었지만, 그럼에도 불구하고 이 세계에 영향을 미쳤고 지금도 미치고 있습니다. 플라톤 카라타예프[105]나 도스토옙스키의 소설에 나오는 인물들은 그런 성자들을 가장 가깝게 형상화했다고 할 수 있습니다. 자신의 영혼이나 다른 사람의 영혼을 구제하고자 하는 사람은 정치라는 방법으로 자신의 목적을 이루려고 해서는 안 됩니다. 정치에는 전혀 다른 과제들이 있고, 오직 폭력을 통해서만 그 과제들을 해결할 수 있기 때문입니다.

정치의 신과 사랑의 신, 즉 교회를 통해 표현되는 기독교의 신은 서로 내적인 긴장 관계 가운데서 공존하고, 이 긴장 관계는 언제든지 해결할 수 없는 갈등으로 분출될 수 있습니다. 교회가 지배하던 시대에 살았던 사람들도 이 사실을 알고 있었습니다. 당시에 성무금지령[106]

---

105 "플라톤 카라타예프"는 톨스토이(1828~1910)의 소설 『전쟁과 평화』(1864~1869)에 나오는 농민 병사다. 톨스토이는 "칼의 영웅" 나폴레옹을 전면적으로 부정하는 반면에, "플라톤 카라타예프"라는 한낱 농부를 "정신적 영웅"으로 찬양한다. 그는 악의 축인 나폴레옹과 선의 축인 카라타예프를 양극으로 하고 그 사이에 수백 명의 등장인물을 배치해, 러시아가 나폴레옹 군대를 격파한 1812년의 역사적 사건을 자세하게 묘사함과 동시에 "어떻게 살 것인가"라는 사상적 문제를 다룬다. 그에 따르면 눈에 띄지 않는 민중이야말로 러시아 정신의 체현자이자 역사를 움직이는 주인공이다.

106 "성무금지령"(Interdikt)은 교황이 특정한 사람이나 국가, 교구에 내리는 징벌 중 하나로, 예배와 미사 같은 "성무"를 행할 수 없게 한다. 70년에 걸친 아비뇽유수를 끝내고 교황청의 로마 이전을 추진하던 교황 그레고리우스 11세(재위 1370~1378)는 그 과정에서 피렌체를 중심으로 한 이탈리아 도시들과 갈등을 빚으면서 8성인 전쟁(1375~1378)이 발발했다. 피렌체의 지배층이 임명한 여덟 명으로 이루어진 위원회가 이 전쟁을 주도했기 때문에 이런 명칭이 붙었다. 그러자 그레고리우스 11세는 1376년 3월 31일에 피렌체 정부의 인사들을 파문하고, 피렌체 전역에 성무금지령을 내렸으며, 피렌체인들을 체포해 노예로 삼는 것과 재산을 몰수하는 것을 합법화했다. 하지만 피렌체는 엄청난 압박과 곤경 속에서도 굴복하지 않아 그레고리우스 11세가 죽는 날까지 전쟁이 끝나지 않았다. 피렌체 출신인 마키아벨리(1469~1527)는 피렌체에서 고위

은 영혼 구원과 관련된 것이어서 피히테가 말한 칸트적인 윤리 판단이 지닌 냉정한 동의보다 훨씬 더 큰 힘을 지니고 있었습니다. 하지만 피렌체 시민들은 그들에 대한 징벌로 성무금지령이 반복해서 내려졌는데도, 계속 교황청에 맞서 싸웠습니다. 그리고 내 기억이 틀리지 않는다면, 마키아벨리는 이 일을 생각하면서 자신이 쓴 피렌체 역사에 관한 글에 나오는 어느 아름다운 대목에서 글의 주인공 중 한 명의 입을 빌려, 자신의 영혼 구원보다 자신이 태어난 도시의 위대함을 더 소중히 여겼던 피렌체 시민들을 칭송했습니다.

오늘날 모든 사람이 공유하는 가치는 아니겠습니다만, 자신이 태어난 도시 또는 조국이라는 말을 사회주의의 미래 또는 국제적 평화의 미래라는 말로 대체한다면, 여러분도 당시에 피렌체 시민들과 똑같은 문제에 직면할 것입니다. 사회주의의 미래나 국제적 평화의 미래를 추구하려면 정치적 행위를 통해 추구해야 하고, 정치적 행위를 추구하려면 책임 윤리 아래에서 폭력이라는 수단을 사용해야 하는 까닭에, 결국 이는 영혼의 구원을 위태롭게 하기 때문입니다.

만일 여러분이 이러한 목적을 달성하기 위한 정치적 행위를 신앙 투쟁을 할 때처럼 순전히 신념 윤리 아래에서 추구한다면, 목적 달성에 해악을 끼치고, 사람들로 하여금 여러 세대 동안 이러한 목적을 불신하게 만들 수 있습니다. 신념 윤리에는 결과에 대한 책임 의식이 결여되어 있기 때문입니다. 신념 윤리를 따라 행동하는 자들은 모든 정치적 행위에는 악마적인 힘들이 작용하고 있다는 것을 알지 못하고

공직자로 활동했고 『피렌체 역사』를 집필했다.

자기 자신을 무력하게 내맡기게 됩니다. 이 악마적인 힘들은 그의 행위뿐만 아니라 그의 내면에 대해서도 무자비하고 가차없는 결과물들을 만들어냅니다.

"악마, 그는 나이가 많으니, 너희도 나이가 들어야 그를 이해하게 될 것이다"라는 말이 있습니다. 여기서 "나이"는 살아온 햇수를 의미하지 않습니다. 출생증명서에 나와 있는 나이가 토론에서 이기는 것을 보장해주지는 않습니다. 나 역시 토론에서 나이 때문에 이기거나 진 적이 없습니다. 물론 토론 상대자가 20세이고 나는 50세가 넘었다는 사실만으로, 마치 나이가 젊다는 것을 그 자체로 하나의 업적으로 여겨서 내가 그 젊음을 두려워해 전의를 상실해야 한다고 생각하지도 않습니다. 중요한 것은 나이가 아니라 삶의 현실을 냉철하게 직시할 줄 아는 훈련된 시각과 그 현실을 견뎌내고 내적으로 맞설 수 있는 능력입니다.

정치는 머리로 하는 것이 사실이지만, 결코 머리로만 하는 일은 아닙니다. 이 점에서는 신념 윤리 지지자들이 전적으로 옳습니다. 사람이 늘 신념 윤리 아래에서 행동해야 하는지, 아니면 책임 윤리 아래에서 행동해야 하는지, 또는 어떤 때 신념 윤리 아래에서 행동하고 어떤 때 책임 윤리 아래에서 행동해야 하는지 정답을 제시할 수 있는 사람은 아무도 없습니다.

하지만 이것 하나만은 말할 수 있습니다. 여러분은 격앙된 시기인 오늘날을 창조적인 격앙의 시기라고 믿지만—그러나 분명히 격앙이 언제나 진정한 열정은 아닙니다—느닷없이 다음과 같은 구호를 외치는 신념에 찬 정치가들이 떼 지어 출현했습니다. "세상이 어리석고 비열하지 내가 그런 게 아니다. 모든 결과에 대한 책임은 내가 아니라 내가 섬기는 다른 사람들에게 있다. 나는 그자들의 어리석음과 비열함을 뿌리 뽑을 것이다." 이런 말을 들었을 때 솔직히 이러한 신념 윤리를 밑받침하고 있는 그들 내면의 무게가 어느 정도인지 가장 먼저 묻고 싶습니다. 내가 받은 인상은 그런 사람 중 열에 아홉은 자신이 진정으로 느껴서 그런 말을 하는 것이 아니라, 낭만적인 감정에 도취되어 그런 식으로 말하는 허풍선이라는 것입니다. 인간적으로 나는 그런 사람들에게 별로 관심이 없고, 그런 사람들은 나를 전혀 감동시키지 못합니다.

반면에 어느 성숙한 사람이 자신의 행동에 대한 진정한 책임감을 온 마음으로 느끼며 책임 윤리에 따라 행동하다가 어느 시점에 "이것이 나의 신념이기 때문에 나는 이렇게 할 수밖에 없다"라고 말한다면 이루 헤아릴 수 없이 감동적입니다. 이것은 진정으로 인간적이며 감동을 줍니다. 우리가 내면적으로 죽어 있지 않다면, 당연히 우리 중 누구라도 언젠가는 그런 처지에 처할 수 있기 때문입니다.

이런 점에서 신념 윤리와 책임 윤리는 절대적으로 대립 관계가 아니라 오히려 상호 보완적인 관계이며, 이 둘이 서로 결합할 때 비로소 정치에 대한 소명을 가질 수 있는 진정한 인간을 만들어냅니다.

존경하는 참석자 여러분, 10년이 지난 후에 이 문제에 대해 다시 한번 이야기해봅시다. 유감스럽게도 나는 지금 벌어지고 있는 온갖 일에 비추어 보았을 때, 그때는 우리가 이미 반동의 시대에 접어들었을 것이라는 우려를 갖지 않을 수 없습니다. 그리고 그때 여러분 중

다수가, 솔직히 말하자면 나 자신도 바라고 희망했던 것 중에 실제로 이루어진 일은 별로 없을 것입니다. 적어도 겉보기에는 거의 이루어지지 않았을 가능성이 아주 큽니다. 그렇다고 해서 내가 좌절하지는 않겠지만, 그런 사실을 아는 것은 당연히 내적으로 부담스럽습니다. 여러분 중에는 지금 자신을 진정한 신념 정치가라고 느끼고, 이 혁명이라는 열광과 흥분에 참여하고 있는 사람들이 있을 것입니다. 그런 사람들이 10년 후에 내적으로 어떤 사람이 되어 있을지 정말 보고 싶습니다. 지금의 상황이 셰익스피어의 소네트 102번[107]과 들어맞는 상황이라면 얼마나 좋겠습니까.

때는 봄이었고, 우리의 사랑은 푸르렀다.
나는 날마다 나의 노래로 그 사랑을 맞이했지.
꾀꼬리는 여름의 문턱에서 노래하다가
계절이 무르익자 노래를 멈추더라.

하지만 지금의 상황은 그렇지 않습니다. 표면적으로 어느 진영이 승리하든 우리를 기다리고 있는 것은 꽃이 만개한 여름이 아니라, 일단은 얼음장처럼 차가운 암흑과 혹독한 고난으로 뒤덮인 극지의 밤입니다. 아무것도 없는 곳에서는 황제만이 아니라 프롤레타리아도 자신의 권리를 상실하기 때문입니다. 이 밤이 서서히 물러났을 때, 지금

---

107 영국 출신의 세계 최고의 극작가인 "셰익스피어"(1564~1616)는 38편의 희곡과 여러 권의 시집과 소네트집을 집필했다. 베버가 인용한 것은 소네트 102번의 두 번째 연이다.

그토록 봄을 만끽하고 있는 것처럼 보이는 사람 중에서 과연 누가 여전히 살아 있겠습니까? 그리고 그때 여러분은 모두 내적으로 어떻게 되어 있겠습니까? 비분강개하고 있거나, 속물이 다 되어 세상과 직업을 아무 생각 없이 덤덤하게 받아들여 살아가거나, 그리 드문 일도 아니겠습니다만 신비주의자가 되어 현실을 도피하거나, 한심하게도 흔히 일어나는 일이지만 시류를 따라 신비주의자인 척하며 현실을 도피하고 있지 않겠습니까?

이 모든 경우에 대해 나는 다음과 같은 결론을 내립니다. 그런 사람들은 자신의 행동을 감당할 수 없던 자들이었고, 현실의 세상을 감당할 수 없던 자들이었으며, 이 세상의 일상을 감당할 수 없던 자들이었습니다. 그들은 정치에 대한 소명이 그들 자신에게 있다고 믿었지만, 사실 객관적으로나 진정한 의미에서 그들에게는 정치에 대한 소명이라는 것이 주어져 있지 않았습니다. 그들은 사람들 사이에서 소박한 형제애를 행하는 데 마음을 쓰고, 그 밖의 일상적인 일들을 성실하게 해나갔더라면 더 좋았을 것입니다.

정치는 열정과 안목을 동시에 갖고서 단단한 널판지에 끈질기고 강력하게 서서히 구멍을 내는 일입니다. 이 세계에서 불가능성에 끊임없이 도전하는 사람들이 없었다면, 인류는 인류에게 가능한 것들조차도 해내지 못했을 것이라는 말은 전적으로 옳고 모든 역사적 경험이 이를 증명해줍니다. 하지만 단지 지도자일 뿐만 아니라 아주 소박한 의미에서 영웅이기도 한 사람만이 그렇게 할 수 있습니다. 그리고 지금은 지도자나 영웅이 아닌 사람들도 모든 희망의 좌절을 감당해낼 수 있는 단단한 심장으로 무장해야 합니다. 그러지 않으면 오늘 우리에게 가능한 것조차도 이루어낼 수 없을 것입니다. 자신은 이 세계에 대단한 것을 주고자 하는데 그의 눈에 이 세계는 너무나 어리석고 형편없이 보일지라도 좌절하지 않을 자신이 있고, 이 모든 상황에 맞서 "그럼에도 불구하고"라고 말할 수 있는 사람, 오직 그런 사람만이 정치에 대한 소명을 갖고 있습니다.

2부

직업으로서의 학문

1

직업으로서의 학문의 외적 조건

1) 독일의 강사와 미국의 조교

여러분의 요청에 따라 직업으로서의 학문에 대해 말하고자 합니다. 그런데 우리 국가경제학자들[1]은 조금 소심해서 특정한 주제를 다룰

---

1 1920년대 초반까지 애덤 스미스를 비롯한 고전파 경제학자들은 오늘날의 경제학을 정치경제학(political economy) 또는 "국가경제학"(Nationalökonomie)이라고 불렀다. 당시에는 대부분의 경제활동을 국가가 주도하거나 국가의 관여 아래 수행했기 때문에 국가정책과 경제를 따로 분리할 수 없었다. 오늘날에는 마르크스주의 또는 신마르크스주의의 관점에서 자본주의 및 그 이전의 모든 경제활동을 비판적으로 분석하는 경제학을 정치경제학이라고 부른다. 여기서 베버가 자신을 "국가경제학자"라고 말한 것이 이상하게 들릴지 모른다. 베버는 하이델베르크 대학에서 법학을 전공했고, 1891년에는 베를린 대학에서 「국가 공법 및 사법의 의미에서 본 로마 농업사」라는 논문으로 "하빌리타치온" 과정을 마치고 교수 자격을 취득한 후에, 1892년 베를린 대학에서 상법과 로마법을 가르치는 강사로 활동했다. 하지만 베버는 1893년에는 프라이부르크 대학의 경제학 교수가 되었고, 1896년부터 1903년 교수직을 사임할 때까지 하이델베르크 대학의 경제학 교수로 지냈다. 무엇보다도 베버는 자신을 사회학자로 보지 않았다.

때 언제나 외적인 조건에서 시작하는데, 나도 그렇게 하려고 합니다. 우리가 이 주제와 관련해 먼저 살펴볼 질문은 이런 것입니다. 학문을 직업으로 선택한 사람은 외적으로 어떤 상황에 처하는가? 이 질문은 오늘날 현실적으로는 대개 이런 질문을 의미합니다. 학부를 마친 대학생이 대학에 남아 학문을 직업으로 삼겠다고 결심했을 때 그가 처한 상황은 어떠한가?

이 문제와 관련해 우리 독일의 특수한 상황을 생생하게 이해하려면 외국의 사례, 그중에서도 특히 우리와 가장 뚜렷한 대조를 보이는 미국의 사례와 비교해 살펴보는 것이 유용합니다.

누구나 알고 있듯이 우리 독일에서 학문을 직업으로 삼아 헌신하고자 하는 젊은 사람은 보통 강사로 자신의 이력을 시작합니다. 그는 특정 대학에서 자신의 전공 분야를 담당하는 지도 교수와 협의해 승인을 받은 후 교수 자격 취득을 위한 논문 저작인 '하빌리타치온'²을 쓰고, 교수진 앞에서 대체로 형식적인 시험을 거쳐 교수 자격을 취득한 후 강의를 할 수 있습니다. 하지만 강의를 한다고 해도 대학으로부터 보수를 받지는 않습니다. 대학생들이 내는 수강료가 그의 유일한 수입원이며, 강의 교과목은 자신이 교수 자격 취득을 위해 제출한 논

---

2 "하빌리타치온"(Habilitation)은 서유럽과 동유럽의 여러 국가에서 개설한 대학의 최고 과정이자 시험이다. "하빌리타치온"이라는 논문 저작을 쓰고 시험을 거쳐 이 과정을 졸업하면, 자신의 전공 분야를 가르칠 수 있는 자격을 취득한다. 박사 과정을 졸업한 사람이 이수할 수 있는 이 과정은 최종적으로 시험을 통해 졸업을 인정받을 수 있다. 따라서 "하빌리타치온"은 일반적으로 시험을 지칭하지만, 실제로는 여러 부분으로 이루어진 일련의 과정을 가리키는데, 그중에서 핵심은 긴 시간을 들여 쓰는 "하빌리타치온"이라는 논문 저작이다. 이 과정을 마친 사람을 "강사"(Privatdozent)라고 부른다.

문 저서의 범위 내에서 스스로 정할 수 있습니다.

미국에서는 우리 독일과는 완전히 다르게 일반적으로 조교로 경력을 시작합니다. 이것은 독일 대학의 자연과학부와 의학부의 큰 연구소에서 시행하는 방식과 대략 비슷합니다. 이런 연구소에서 일하는 조교들은 오직 일부만이 대학 강사가 되려고 교수 자격 취득을 위한 하빌리타치온 과정을 밟는데, 그것도 흔히 조교를 시작한 지 한참 후에 뒤늦게 준비합니다.

독일과 미국의 이러한 대비는 우리 독일의 경우 한 사람이 학문을 직업으로 삼기 위해 이력을 쌓는 것이 전적으로 금권주의적인[3] 전제에 기초하고 있음을 의미합니다. 재력이 없는 젊은 학자가 대학교수가 되려고 여러 조건을 충족시켜나가는 것은 엄청난 위험을 무릅쓰는 모험이기 때문입니다. 그는 나중에 생계를 꾸리기에 충분한 자리를 잡을 수 있을지 여부도 모른 채 최소한 몇 년 동안 견뎌낼 수 있어야 합니다.

반면에 미국에서는 관료주의적인 체제가 정착되어 있어 젊은 학자도 처음부터 보수를 받습니다. 물론 보수가 많지는 않아서 대체로 숙련공도 아니고 미숙련공도 아닌 노동자가 받는 수준입니다. 어쨌든 그는 고정된 보수를 받는다는 점에서 겉보기에는 안정된 위치에서 시작합니다. 하지만 미국의 조교는 독일의 조교처럼 해고될 수 있습니다. 기대에 미치지 못할 때는 가차 없이 해고당하는 것이 비일비재하기 때문에 이를 각오해야 합니다. 여기서 기대에 미치지 못한다는 것

---

3 "금권주의"(Plutokratie)는 재력가들이 지배하는 정치 또는 체제를 가리킨다.

은 강의실을 학생들로 가득 채우지 못한다는 의미입니다.

이런 일은 독일의 대학 강사에게는 일어날 수 없습니다. 한 번 대학 강사가 되면 해고되지 않습니다. 물론 그에게 어떤 권리가 있는 것은 아닙니다. 하지만 여러 해 동안 대학 강사로 활동했다면, 사람들이 자신을 고려해줄 것이라고 기대하며 이에 대해 일종의 도의적인 권리가 있다고 생각합니다. 충분히 납득할 만한 생각입니다. 또한 다른 사람들에게 교수 자격을 부여해 대학 강사로 채용할 때도, 그러한 도의적 권리가 고려되어야 한다고 생각합니다. 사실 이 문제는 중요한 경우가 많습니다. 능력이 증명된 모든 학자에게 원칙적으로 교수 자격을 부여해야 하는가, 아니면 강의 수요를 고려해 기존의 대학 강사들에게 강의의 독점권을 주어야 하는가 하는 골치 아픈 딜레마입니다. 그런데 이 문제는 이제 곧 언급할 대학교수라는 직업의 이중적 성격과 관련되어 있습니다.

대체로 사람들은 두 번째 대안, 즉 기존의 대학 강사들에게 강의 독점권을 주는 쪽으로 결정합니다. 그러나 문제는 해당 학과의 정교수가 개인적으로는 양심적이라고 할지라도 자신의 제자를 우대하기 쉽다는 점입니다. 나의 경우에 대해 말하자면, 개인적으로는 나의 지도로 박사 학위를 취득한 학자는 다른 대학에 속한, 다른 교수 아래에서 하빌리타치온 과정을 이수하고 교수 자격을 획득해야 한다는 원칙을 따라왔습니다. 하지만 그 결과 나의 가장 유능한 제자 중 한 명이 다른 대학에 교수 자격 취득 과정을 지원했다가 거절당하는 일이 벌어졌습니다. 그가 다른 대학의 교수 자격 취득 과정에 지원한 것이 나의 원칙에 따른 결과임을 아무도 믿어주지 않았기 때문입니다.

미국과 다른 또 차이점은 독일에서는 일반적으로 대학 강사가 원하는 것보다 더 적은 수의 강의가 배정된다는 사실입니다. 물론 대학 강사에게는 자신이 소속된 학과의 모든 강의를 담당할 권리가 있습니다. 하지만 실제로 그러한 권리를 행사하는 것은 자기보다 더 오래된 기존의 대학 강사들을 배려하지 않는 무례한 행동으로 여겨집니다. 통상적으로 중요한 강의는 전임 교수가 담당하고, 대학 강사는 부차적인 강의를 맡는 것에 만족합니다. 이 경우의 장점은 비록 타의에 따른 것이기는 하지만, 학자의 길로 들어선 사람들이 젊은 시절에 마음껏 학문 연구를 할 수 있다는 것입니다.

미국의 대학 강사 제도는 근본적으로 다릅니다. 미국에서는 대학 강사가 보수를 받기 때문에 젊은 시절에 강의 부담이 엄청납니다. 예컨대, 미국 대학의 독문학과에서 전임 교수는 주당 세 시간짜리 괴테에 대한 강의 하나만 담당하는 것으로 충분하지만, 젊은 조교는 주입식 독일어 강의만이 아니라 울란트[4]가 다룬 시인들에 관한 강의를 포함해 주당 열두 시간 강의를 해야 합니다. 대학 강사는 이마저도 다행으로 여기고 기뻐합니다. 강의 계획은 공식적인 학과 조직에서 결정하고, 미국 대학의 조교는 우리 독일의 연구소 조교와 마찬가지로 이에 따를 수밖에 없기 때문입니다.

그런데 우리 대학 조직도 아주 최근에는 많은 학문 분야에서 미국식 제도를 따라가고 있는 것을 똑똑히 볼 수 있습니다. 의학이나 자

---

4 "울란트"(1787~1862)는 독일의 시인이자 문학사가다. 여기서 "울란트가 다룬 시인들"은 그가 죽은 후에 홀란트, 켈러, 파이퍼가 엮어서 출간한 『시와 민담의 역사 전집』(1865~1872)에 나오는 중요한 시인들을 가리킨다.

연과학의 큰 연구소는 국가 자본이 경영하는 기업입니다. 이러한 연구소는 큰 규모의 경영 자금 없이는 운영될 수 없습니다. 그래서 자본주의적 경영이 도입된 모든 곳에서는 노동자와 생산수단의 분리가 일어나는데, 똑같은 상황이 독일에서도 일어납니다. 즉, 노동자인 조교는 국가가 제공하는 노동수단에 종속되어 있습니다. 그 결과 조교는 공장의 노동자처럼 연구소장에게 의존하게 됩니다. 연구소장은 당연히 연구소를 자신의 연구소라고 생각하고 운영하기 때문입니다. 따라서 조교의 지위는 준프롤레타리아나 미국 대학 조교의 처지와 비슷하게 불안정합니다.

우리의 생활 전반과 마찬가지로 독일의 대학 생활도 매우 중요한 측면에서 미국화되고 있습니다. 과거에 산업계에서 수공업자가 생산수단을 직접 소유했듯이, 학계의 수공업자인 학자가 여전히 노동수단(학계에서는 기본적으로 장서)을 직접 소유하고 있는 학과들이 지금도 있습니다. 내가 속한 학과도 여전히 그렇게 하고 있습니다. 하지만 그런 학과들조차도 점차 미국화될 것이라고 나는 확신합니다. 실제로 이 과정이 급속하게 진행되고 있습니다.

자본주의적이고 관료화된 모든 기업에서 볼 수 있듯이, 이렇게 미국식으로 되어가는 것이 기술적으로 여러 가지 이점이 있다는 사실은 전혀 의심의 여지가 없습니다. 하지만 대학 조직이 미국식으로 바뀌면, 오랜 세월 동안 독일 대학을 지배해왔던 분위기는 사라집니다. 거대한 자본주의적 대학 기업을 경영하는 수장과 옛 스타일을 고수하는 일반 전임 교수 간에는 외적으로나 내적으로나 큰 차이가 있습니다. 이 차이는 내적인 태도에서도 드러나지만, 여기서는 자세하게 설명하지 않을 것입니다. 예전의 대학 조직과 풍토는 오늘날에 와서 외적으로나 내적으로나 빈 껍데기가 되어버렸습니다.

2) 대학교수 임용 방식의 문제점

하지만 대학교수 이력과 관련된 고유한 문제, 즉 조교는 말할 것도 없고 대학 강사가 전임 교수나 연구소장의 자리를 차지하는 일은 순전히 우연에 속하게 되었습니다. 더구나 이러한 경향은 더 심해지고 있습니다. 물론 이 일에 우연만이 작용하지는 않지만, 우연이 이 일을 결정하는 정도가 엄청나게 높습니다. 우연이 이 정도로 엄청난 역할을 하는 다른 직업이 또 있을지 모르겠습니다.

이렇게까지 말할 수 있는 것은 내가 교수로 초빙될 당시에 개인적으로 겪은 경험 때문입니다. 당시에 분명히 나보다 더 연구 업적이 뛰어난 동년배들이 있었음에도 불구하고, 내가 아주 젊은 나이에 이 분야의 전임 교수로 초빙된 것은 전적으로 몇 가지 우연 덕분이었습니다. 물론 이 경험을 통해 나는 많은 사람이 부당한 운명을 겪고 있는 모습을 볼 수 있는 날카로운 눈을 갖게 되었다고 생각합니다. 그들에게는 우연이 나의 경우와는 정반대로 작용했고, 이 우연은 지금도 여전히 그렇게 정반대로 작용하고 있습니다. 그들에게는 능력이 있음에도 불구하고, 이러한 선발 방식으로 말미암아 자신에게 마땅히 돌아가야 할 자리를 얻지 못합니다.

다른 모든 선발 과정이 그렇듯이 대학교수를 선발하는 과정에서도 인간의 불완전성이 당연히 작용합니다. 하지만 대학교수를 선발하는 과정에서 능력이 아니라 우연이 이렇게 큰 역할을 하는 것은 단지 인간의 불완전성 때문만도 아니고, 또 그것이 가장 큰 요인도 아닙니다. 대학에서 주도적인 역할을 하는 사람 중 대다수가 평범한 사람들이라는 사실은 의심의 여지가 없습니다. 그렇다고 앞에서 말한 상황이 벌어지게 된 원인이 대학교수진이나 교육 당국자들의 인격적인 결함 때문이라고 말하는 것은 옳지 않습니다. 오히려 그 원인은 사람들의 협업, 특히 여러 집단 간의 협업, 이 경우에는 교수 후보를 추천하는 교수진과 교수를 선발하는 교육 당국자들의 협업과 관련된 법칙 그 자체에 있습니다.

우리는 수백 년 동안 이루어진 교황 선출 과정[5]에서 교수 선발 과정과 비슷한 선례를 찾아볼 수 있는데, 그 과정은 교수 선발 과정을 검증해보는 데 가장 중요한 사례입니다. 가장 유력한 후보로 거론되는 추기경이 실제로 교황으로 선출되는 경우는 극히 드물고, 오히려 두 번째나 세 번째로 거론되는 추기경이 교황으로 선출되는 경우가

---

5 가톨릭의 교황을 선출하는 선거 시스템의 중심에는 선거권을 가진 추기경단의 선거회인 "콘클라베"가 있다. 초기의 교황 선거에서는 로마 황제와 귀족, 독일의 왕이 강력한 영향력을 행사했지만, 1059년 교황 니콜라우스 2세는 오직 추기경들에게만 교황을 선출할 선거권을 부여하는 교황선거법을 제정했다. 오늘날의 "콘클라베"는 1274년 교황 그레고리우스 10세가 제도화했다. "콘클라베"는 추기경들이 어느 한 장소에 유폐되어 외부 세계와의 접촉이 차단된 가운데 진행한다. 투표는 오전과 오후에 비밀투표로 진행하며 3분의 2 이상의 득표수가 나올 때까지 계속한다. 모든 투표는 무기명으로 하며 3일째가 되어도 결정이 나지 않을 때는 최다 득표를 얻은 후보자 두 명의 결선 투표로 진행하기도 한다. 투표가 끝난 뒤에는 투표용지를 태워 나오는 연기로 외부에 결과를 알리는데, 검은 연기는 미결, 흰 연기는 새 교황의 선출을 뜻한다.

보통입니다.

　미국의 대통령 선거에서도 마찬가지입니다. 미국의 전당대회에서도 가장 탁월한 인물, 그러니까 가장 두드러진 인물이 대통령 후보로 지명되는 경우는 예외적이고, 대체로 두 번째나 세 번째로 거론되는 인물이 대통령 후보로 지명되어 나중에 선거에 나섭니다. 미국인들은 이러한 범주를 가리키는 사회학적인 전문용어를 이미 만들어냈습니다. 이러한 예들을 연구해 집단적인 의사 형성을 통한 선발과 관련된 법칙들을 연구한다면 정말 흥미로울 것입니다. 하지만 오늘 여기에서는 그런 일은 하지 않겠습니다.

　그런데 이 법칙들은 대학교수진을 선발할 때도 그대로 적용됩니다. 놀라운 것은 실수가 일어나는 일은 드물고 적임자가 임용되는 경우가 어쨌든 많다는 사실입니다. 몇몇 국가에서는 의회가, 과거 독일에서는 군주가(이 두 경우에 결과는 완전히 동일합니다), 현재는 혁명[6]으로 권력을 장악한 자가 이런저런 정치적인 이유로 대학교수 임용에 개입하는 곳에서는, 오직 태만하고 평범한 인물이나 야심가만이 대학교수가 될 기회가 있다는 것은 확실합니다.

　대학교수 중에서 자신이 어떤 논의를 거쳐 교수로 임용되었는지 회상하기 좋아하는 사람은 아무도 없습니다. 그 과정이 기분 좋았던 경우는 드물기 때문입니다. 하지만 내가 알고 있는 많은 임용 사례에서는 예외 없이 순전히 객관적인 근거를 기준으로 선의에 의해 교수

6　여기서 "혁명"은 1918년 11월 7일에 일어난 독일혁명 또는 11월혁명을 가리킨다. 이 혁명으로 11월 9일에 빌헬름 2세가 네덜란드로 망명하면서 독일제국이 무너지고 바이마르공화국이 탄생했다.

임용이 결정되었다고 나는 말할 수 있습니다.

3) 학자로서의 자질과 교사로서의 자질

여기서 우리는 학자로서의 운명이 그토록 광범위하게 우연에 의해 결정되는 이유가 단지 집단적인 의사 형성을 통한 선발 방식의 결함만은 아니라는 것을 분명히 해두어야 합니다. 학자의 길이 자신의 소명이라고 느끼는 젊은이라면 누구나 그를 기다리는 과제가 이중적인 측면을 지니고 있다는 것, 즉 학자로서뿐 아니라 아니라 교사로서의 자질도 갖추어야 한다는 것을 명확히 인식해야 합니다.

그런데 이 두 자질이 완전히 일치하는 것은 아닙니다. 어떤 사람은 학자로서는 대단히 탁월한데, 교사로서는 정말 끔찍할 정도로 형편없을 수 있습니다. 헬름홀츠나 랑케[7] 같은 사람들이 교사로서 어떻게 활동했는지 한번 떠올려보십시오. 그리고 그런 사람들은 소수의 드문 예외가 아닙니다.

독일의 대학들, 그중에서도 특히 작은 대학들은 학생을 끌어모으기 위해 너무나 어처구니없는 방식으로 서로 경쟁하고 있는 것이 오늘의 현실입니다. 대학 도시의 하숙집 주인들은 1,000명째 학생이 들어오면 축제를 열어 축하하고, 2,000명째 학생이 들어오면 아주 기꺼

---

7 "헬름홀츠"(1821~1894)는 독일의 생리학자이자 물리학자로, 쾨니히스베르크 대학과 베를린 대학에서 물리학 교수를 지냈다. "근대 역사학의 아버지"로 불리는 "랑케"(1795~1886)는 독일의 역사학자로, 1825년에 베를린 대학의 교수가 되었다.

이 횃불 행진을 벌이곤 합니다.

대학의 한 학과의 수입은 가장 인접한 학과들에 인기 있는 교수가 있느냐 없느냐에 따라 영향을 받습니다. 우리는 이것을 솔직하게 인정해야 합니다만, 어쨌든 오늘날에는 수강생의 숫자가 교수의 자질을 증명합니다. 반면에 그러한 숫자는 학자로서의 자질을 말해주지 않으며, 또한 대담한 혁신을 꾀하는 학자일수록 흔히 (아주 자연스럽게) 학자로서의 자질을 의심받습니다.

이렇게 대학의 거의 모든 것은 수강생이 많은 것이 엄청난 은총이자 가치라는, 이러한 암시 아래 놓여 있습니다. 어느 대학 강사가 수강생들로부터 형편없는 교사라는 평을 듣는다면, 설령 그가 세계 최고의 학자라고 할지라도 대학에서는 사형선고를 받은 것과 마찬가지입니다. 그리고 어느 대학 강사가 좋은 교사인지 아니면 형편없는 교사인지 여부는 학생 여러분들께서 그에게 경의를 표하는 의미로 그의 강의에 얼마나 자주 출석해주느냐에 따라 결정됩니다. 하지만 학생들이 어느 교수의 강의에 몰려드는 이유는 대부분 해당 교수의 기질이나 목소리의 억양 같은 학문 외적인 요인들입니다. 이런 요인들은 우리가 상상할 수 없을 정도로 엄청난 영향을 미칩니다. 대학에서 불가피하게 대형 강의를 합니다만, 어쨌든 나는 꽤 풍부한 경험과 냉정한 고찰을 통해 대형 강의들에 깊은 불신을 갖게 되었습니다.

민주주의는 그것이 적절한 곳에서만 적용해야 합니다. 그런데 우리가 독일 대학의 전통에 따라 대학에서 실시해야 하는 학문적인 훈련은 정신적인 귀족을 길러내는 일이고, 우리는 이 사실을 은폐해서는 안 됩니다. 아직 훈련되지는 않았지만 수용 능력이 있는 학생들에게 학문적인 주제들을 설명해 이해시키고, 그 문제에 대해 스스로 사고할 수 있도록 해주는 것이 우리에게 가장 중요합니다. 이것이 교육의 모든 과제 중에서 가장 어려운 과제라는 사실은 두말할 필요가 없습니다. 그러나 이 과제의 성취와 수강생의 수는 아무 상관이 없습니다. 우리의 주제로 다시 돌아가서 말하자면, 많은 수강생을 끌어모으는 기술은 개인적인 재능일 뿐이고, 학자의 학문적 자질과는 전혀 상관이 없습니다. 프랑스에는 불사조들[8]이라 불리는 학술 연구 단체가 있지만 독일에는 그런 단체가 없기 때문에, 우리의 대학들은 전통에 따라 연구와 교육이라는 두 가지 요구에 부응해야 합니다. 한 사람이 이 두 가지 능력을 모두 갖추고 있느냐 하는 것은 전적으로 우연에 달려 있습니다.

또한 학자로서의 삶은 거친 모험이기도 합니다. 젊은 학자들이 교수 자격 취득을 위한 '하빌리타치온' 과정을 밟고자 조언을 구하러 왔을 때, 그들에게 그렇게 하라고 권유하는 것은 거의 무책임한 일입니다. 그가 유대인이라면, 우리는 당연히 그에게 "모든 희망을 버리라"(lasciate ogni speranza)라고 말합니다. 하지만 유대인이 아닌 다른 모든 사람에게도 우리는 그들의 양심에 대고 이렇게 물어볼 수밖에 없습니다. "당신은 해마다 평범한 사람들이 당신보다 먼저 승진하는 것을 보면서 내적으로 비통해하거나 망가지지 않고 꿋꿋이 견뎌낼 자신

---

8 프랑스의 학술원은 다섯 개의 기관으로 구성되어 있다. 그중에서 프랑스어를 표준화하고 다듬는 역할을 하는 기관인 "아카데미 프랑세즈"(Académie française) 소속 40명의 회원을 "불사조들"(Unsterbliche)이라 부른다. Unsterbliche는 직역하면 "죽지 않는 자들"이라는 뜻이다. 결원이 생긴 경우에는 회원 전체의 논의를 거쳐 다른 회원을 임명한다.

이 있다고 믿느냐?" 그러면 그때마다 우리는 다음과 같은 대답을 듣게 됩니다. "물론입니다. 나는 그저 나의 소명을 따라 살아갈 뿐입니다." 하지만 나는 적어도 그들 중에서 오직 극소수만이 내면의 상처없이 이 길을 견뎌낸다는 것을 경험으로 알고 있습니다.

학자라는 직업의 외적 조건들에 관한 이야기는 이 정도로 충분해 보입니다.

2

직업으로서의 학문의 내적 조건

나는 사실 여러분이 듣고 싶어 하는 것은 학자라는 직업이 지닌 또 다른 측면, 즉 학문에 대한 내적 소명일 것이라고 믿습니다. 오늘날 직업으로 학문을 하고자 하는 사람은 내적으로 어떤 처지에 놓이게 될까요?

1) 열정과 영감

무엇보다도 먼저 이 문제에 영향을 미치는 첫 번째 조건은 학문이 이전에는 상상할 수 없을 정도로 전문화되는 단계로 진입했고, 앞으로도 계속해서 진행될 것이라는 사실입니다. 오늘날 학자들이 특정한 학문 분야에서 외적으로나 내적으로나 진정으로 완성도 있는 성취를 이루었다고 확신할 수 있는 경우는 특정한 학문 분야 중에서 어느 한 부분을 더 좁고 깊게 파고들어 연구 성과를 만들어냄으로써 그 학문 분야를 더욱 전문화시켰을 때뿐입니다.

　우리는 때때로 인접 학문 분야에 걸치는 연구를 수행하는데 특히 사회학자들은 불가피하게 그런 연구를 자주 수행할 수밖에 없습니다. 그런데 우리가 수행하는 인접 학문 분야에 걸치는 온갖 연구는 기껏해야 그 분야를 전공한 사람에게 그의 전문적 관점에서 바라보았을 때 쉽게 떠오르지 않는 유용한 문제의식을 제공해줄 뿐이고, 우리 자신의 연구도 어쩔 수 없이 대단히 불안정한 상태에 머물러 있을 수밖에 없다고 체념하면서 받아들입니다. 사실 학자는 오직 자신의 전공 분야를 더 좁고 더 깊게 파고들어 전문적인 연구를 수행했을 때만, 일생에 단 한 번만이라도 "내가 이번에 이루어낸 연구 성과는 미래에도 계속해서 가치를 지니게 될 것"이라는 만족감을 느낄 수 있습니다.

　오늘날에는 언제나 전문화된 연구 성과만이 진정으로 최종적이고 유용합니다. 따라서 어느 고대 필사본의 한 구절을 올바르게 해독해내는 일에 자신의 목숨을 걸고 다른 모든 것에는 눈을 감은 채 오직 그 일에만 매달릴 자신이 없는 사람은 단연코 학문과는 거리가 멉니다. 그런 사람은 우리가 학문의 경험이라고 부르는 것을 결코 경험하지 못할 것입니다. 그 구절을 해독해내는 데 성공할 수 있을지의 여부를 알지 못한 채, '이 구절이 생명력을 얻게 될 때까지 수천 년이라는 세월이 흘러야 했고, 앞으로도 수천 년의 세월이 침묵하며 기다리고 있다'라고 생각하고서, 그 구절의 해독에 매달리는 저 열정, 전공자가 아닌 다른 모든 사람으로부터 비웃음을 당할 수밖에 없는 이 희귀한 도취가 없는 사람은 학문에 대한 소명이 없는 것이니 다른 일을 해야 합니다. 열정을 가지고 할 수 없는 일은 진정으로 인간이 해야 할 가치가 있는 일이 아니기 때문입니다.

그러나 열정이 아무리 크고 참되며 깊다고 할지라도, 열정만으로 결과물이 저절로 만들어지지는 않습니다. 물론 학문을 할 때 결정적인 요소인 영감을 얻기 위해서는 그러한 열정이 전제되어야 합니다. 오늘날 젊은 사람들 사이에서 학문은 영혼을 바치는 일이 아니라 마치 공장에서 물건을 만들어내는 것처럼, 오직 냉정한 이성으로 실험실에서 얻은 자료나 수집한 자료를 분석하고 계산해 만들어내는 것이라는 생각이 널리 퍼져 있습니다.

이에 대해 내가 무엇보다도 먼저 말해두고 싶은 것은 그렇게 생각하는 사람들은 대체로 공장이나 실험실에서 무슨 일이 벌어지고 있는지 명확하게 알지 못한다는 점입니다. 공장에서든 실험실에서든 사람이 어떤 가치 있는 일을 수행하려면 올바른 영감이 떠올라야 합니다. 그리고 이러한 영감은 억지로 만들어지지도 않고, 모종의 냉정한 계산과도 상관이 없습니다.

물론 냉정한 계산도 반드시 있어야 합니다. 예컨대, 사회학자는 나이가 들어서도 어쩌면 수개월에 걸쳐 아주 하찮은, 수만 번의 계산을 머릿속에서 해야 하고, 그렇게 하는 것을 시간이 아깝다고 생각해서도 안 됩니다. 그가 어떤 결과물을 얻고자 할 때 그런 계산을 기계적인 보조 수단들에 완전히 맡겨버리면 반드시 그 대가를 치르게 되고, 최종적으로 얻어낸 결과물도 극히 미미한 경우가 많습니다. 하지만 계산을 어떤 방향으로 할 것인지에 대해서, 그리고 계산하는 동안에 얻어지는 개별적인 결과물들의 의미에 대해서 어떤 영감이 떠오르지 않는다면, 그러한 극히 미미한 결과물조차도 얻을 수 없습니다.

보통 불굴의 의지로 연구 작업에 끈질기게 매달리는 경우에만 영감이 떠오릅니다. 물론 끈질기게 연구에 매달린다고 해서 언제나 영감이 떠오르지는 않습니다. 아마추어의 영감이 전공자의 영감과 학문적으로 대등하거나 더 큰 의미를 지닐 수도 있습니다. 우리 학계의 가장 훌륭한 문제 제기와 인식 중 다수는 바로 아마추어들 덕분입니다. 헬름홀츠가 로베르트 마이어[9]에 대해 말한 것처럼, 아마추어와 전공자의 유일한 차이는 아마추어는 정해진 확실한 연구 방법을 알지 못하기 때문에, 대체로 자신에게 떠오른 영감의 의미를 검증하고 평가해 연구 성과로 만들어낼 수 없다는 것뿐입니다.

영감은 연구를 대신하지 못합니다. 그리고 열정이 영감을 대신할 수 없고 강제로 영감을 이끌어낼 수 없는 것처럼, 연구도 영감을 대신할 수 없고 강제로 영감을 이끌어낼 수 없습니다. 열정과 연구가 합쳐졌을 때 비로소 영감이 떠오릅니다.

하지만 영감은 우리가 원할 때가 아니라 자신이 원할 때 나타납니다. 예링[10]은 소파에 앉아 담배를 피울 때 영감을 얻었다고 말하고,

---

9 "로베르트 마이어"(1814~1878)는 독일의 물리학자이자 의학자다. 그는 의학을 배운 후에 네덜란드령 동인도제도에 갔을 때 열대지방에서 정맥의 피가 더 붉은 빛을 띤다는 사실을 알아냈다. 그리고 선박의 전담의가 되어 자바를 항해했을 때는 체내의 물질대사가 외계의 기온과 관계 있다는 사실을 깨닫고, 1841년 귀국 후 이 문제를 연구해 작업량과 발생 열량이 밀접한 관계가 있음을 밝혀냈다.

10 "예링"(1818~1892)은 독일의 법학자로, 역사법학파의 최후 금자탑이라 불리는 『로마법의 정신』(1852~1865)을 집필했다. 이 저작에서 그는 한 소도시의 시민법에 불과했던 로마법이 로마의 영역 확대와 더불어 세계법과 만민법으로 발전해나간 과정을 사회적·경제적·정치적 배경에 비춰 생생하게 서술했다. 한편 『법과 목적』(1877~1883)에서는 모든 법의 창조자는 목적이고, 법의 목적은 개인의 이익이라고 주장하는 목적법학을 주창해 19세기 이후의 새로운 법학 방법론의 길을 열었다.

헬름홀츠는 엄밀한 자연과학자답게 완만한 오르막길을 산책할 때 영감을 얻었다고 말합니다. 이렇게 실제로 가장 좋은 영감은 책상 앞에 앉아서 해결책을 찾기 위해 골몰할 때가 아니라, 앞에서 말한 경우들이나 그 비슷한 경우처럼 영감을 전혀 기대하지 않고 있을 때 얻어지는 것이 사실입니다. 물론 책상 앞에 앉아서 해결책을 찾기 위해 골몰하지 않았다면, 당연히 그런 사람에게는 영감이 아예 주어지지 않았을 것입니다.

어쨌거나 학문을 하는 모든 사람은 학문적인 연구를 할 때마다 영감이 주어지느냐 주어지지 않느냐 하는 요행을 감수해야 합니다. 따라서 뛰어난 학자라고 해도 가치 있는 영감을 단 한 번도 얻어본 적이 없을 수 있습니다. 하지만 이것은 학문에만 해당하는 일이지, 예컨대 회사의 사무실은 실험실과 사정이 다르다고 생각한다면 그것은 심각한 오산입니다. 상인으로서의 상상력, 즉 영감이 없는 상인이나 기업가는 평생 점원이나 기술자로 살아갈 뿐이고, 조직에서 창의적인 것을 만들어낼 수는 없습니다.

학자들은 영감이 삶의 실제적인 문제들을 해결하는 데 근대적인 기업가의 활동 분야에서보다 학문 분야에서 더 큰 역할을 한다고 착각해 자부심을 갖지만 결코 그렇지 않습니다. 또한 영감이 학문 분야보다 예술 분야에서 더 큰 역할을 한다고 생각하지만 사실은 그것도 오해입니다.

수학자가 책상 앞에 앉아서 자를 비롯한 기계적인 도구나 계산기를 사용해 학문적으로 가치 있는 모종의 결과물을 얻어낸다고 생각한다면 그것은 순진한 생각입니다. 물론 바이어슈트라스[11] 같은 수학자의 수학적 상상력은 의미와 결과물이라는 측면에서 예술가들의 상상력과 완전히 다른 것을 지향하고 질적으로도 근본적으로 다릅니다. 그러나 심리적 과정이라는 측면에서는 다르지 않습니다. 둘 다 도취 (플라톤의 마니아[12]라는 의미에서)와 영감이기 때문입니다.

2) 개성과 체험

그런데 어떤 사람이 학문적인 영감을 얻을 수 있느냐 없느냐는 우리로서는 알 수 없는 운명에 달려 있지만, 또한 천부적인 재능에 달려 있기도 합니다. 특히 영감이 중요하다는 이 의심할 여지 없는 진실 때문에, 젊은이들 사이에서 우상 숭배가 유행하고 있는데 충분히 이해할 수 있는 일입니다. 오늘날 우상 숭배는 모든 길모퉁이와 모든 신문에 도배되어 있습니다. 이 우상이란 개성과 체험[13]입니다.

---

11 "바이어슈트라스"(1815~1897)는 독일의 수학자로서 항상 용의주도하게 준비한 강의로 유명했다. 복소 변수의 해석함수에 대한 접근 방식은 그의 성향을 보여준다. 바이어슈트라스는 수학의 엄밀한 해석적 표현을 중시한 반면에, 리만(1826~1866)은 기하학적이고 물리학적인 직관에 의존했다.

12 "플라톤의 마니아"(mania)는 플라톤 철학의 주요한 개념 중 하나로서 병적인 광기가 아닌 신의 선물로서의 신적 광기를 가리킨다. "마니아"는 유한하고 필멸하는 존재인 인간에게 일상성과 시간성의 한계를 벗어나게 해 영원한 것(이데아)과 접할 수 있는 초월적인 힘을 준다. 플라톤에 따르면 예언술, 점술, 문학과 시, 음악 등은 "마니아"에서 나온다.

13 베버가 우상이라고 규정한 "개성"(Persönlichkeit)과 "체험"(Erleben)은 19세기에서 20세기로의 이행기에 독일과 프랑스에서 출현한 생의철학(Philosophie Des Leben, 또는 Lebensphilosophie)과 연관이 있는 개념들이다. 니체(1844~1900), 딜타이(1833~1911), 짐멜(1858~1918) 등은 생의철학의 대표적 철학자들로서 "생"(또는 삶)을 세계의 모든

이 둘은 밀접하게 결합해 있어 체험이 개성을 만들어내고, 체험이 곧 개성이라는 생각이 만연해 있습니다. 젊은 사람들은 체험하기 위해 고생합니다. 체험이야말로 개성을 지닌 사람에게 걸맞은 삶의 방식이라고 생각하기 때문입니다. 그리고 성공적으로 체험하는 삶을 살지 못하는 사람들은 적어도 자신이 이 천부적인 재능을 가지고 있다는 듯이 행동합니다. 전에는 이 체험을 독일어로 감각 작용[14]이라고 불렀습니다. 개성이 무엇을 의미하는지에 관해서는 이전 사람들의 생각이 더 적절했다고 나는 믿습니다.

존경하는 참석자 여러분! 학문 분야에서 개성을 지닌 사람은 오로지 자기가 하는 일에만 몰두하는 사람입니다. 이것은 단지 학문 분야에서만 그런 것이 아닙니다. 위대한 예술가는 자신의 일을 하고 오직 자신의 일에만 몰두하기 때문에, 우리는 자기 일 외에 다른 일을 겸한 위대한 예술가를 알지 못합니다. 심지어 괴테같이 위대한 개성을 지닌 인물조차도 자신의 삶을 예술 작품으로 만들고자 했을 때, 그러한 시도는 적어도 그의 예술에는 해악을 끼쳤습니다. 어쨌든 괴테 정도는 되어야 감히 이런 자유를 시도해볼 수 있고, 수천 년에 한 명

사물에 우선하는 근본적인 것으로 여기고, 생을 파악하고 이해하는 데는 합리적인 지적 인식으로는 불가능하며, 합리적인 직관이나 심정적 "체험"에 의지할 수밖에 없다고 주장한다. 또한 생은 활동적이고 부단히 약동하는 다양한 모습으로 나타나며, 이러한 체험을 통해 구체적이고 전인적인 "개성"이 드러난다. 이러한 철학 사조에 대한 당시 젊은 이들의 호응은 제1차세계대전을 겪으면서 발전한 근대 합리주의에 대한 실망과 저항을 보여준다.

14 베버는 당시의 젊은이들이 말하는 "체험"은 단순한 "감각 작용"(Sensation)에 불과한 피상적이고 허망한 감정인 반면에, 진정한 체험은 면밀한 이성적 연구를 통해 진실이 드러날 때 얻을 수 있는 "학문적 체험"이라고 강조한다.

나올 괴테조차도 그런 시도에 대한 대가를 치러야 했다는 사실은 아무도 의심할 수 없을 것입니다. 정치의 경우도 마찬가지지만, 이에 대해서는 오늘 다루지 않겠습니다.

학분 분야에서는 자신이 모든 것을 다 바쳐 연구해야 하는 과제를 흥행시키기 위해 무대에 오르는 사람, 체험을 통해 자신을 정당화하고자 하는 사람, 어떻게 해야 내가 단순한 전문가와는 다른 존재라는 것을 증명할 수 있고, 어떻게 해야 내가 형식이나 내용에서 지금까지 다른 사람이 말하지 않은 방식으로 말할 수 있을지 궁리하는 사람은 개성을 지닌 사람이 아니라는 것이 너무나 확실합니다. 오늘날 이런 사람들이 대거 등장하고 있는데, 그런 행태는 천박한 인상을 주고 품위와 가치를 떨어뜨리고 있습니다. 반면에 오직 자신에게 주어진 과제에만 헌신하는 사람은 그가 헌신한 일의 정점에 오르게 되고, 그 일이 지닌 가치를 끌어올리게 됩니다. 예술가의 경우도 다르지 않습니다.

3) 학문과 예술의 차이

학문 연구는 이렇게 여러 가지 점에서 예술 활동과 공통되는 측면이 있지만, 근본적으로 예술 활동과는 다른 측면을 지닐 수밖에 없는 운명을 타고났습니다. 즉, 학문 연구는 진보의 과정에 동참하고 있다는 것입니다. 반면에 예술 분야에서 그런 의미의 진보는 없습니다. 원근법[15] 같은 새로운 기술적 수단을 발견해낸 시대에 만들어진 예술 작품이 원근법을 비롯한 새로운 기술적 수단 덕분에, 그런 수단을 알지 못했던 시대에 만들어진 예술 작품보다 순전히 예술적 관점에서 항상 더 뛰어나다고 말할 수 없다는 것입니다. 다만, 후자의 예술 작품이 새로운 기술적 수단을 전혀 사용하지 않고서도 전자보다 표현 대상을 더 적절하게 선택해 예술적으로 형상화한 경우에는 전자보다 더 뛰어나다고 말할 수 있습니다.

진정으로 최고의 완성도를 갖춘 예술 작품은 어떤 진보가 이루어진다고 해도 결코 능가할 수 없고 진부하고 낡아버리지도 않습니다. 최고의 완성도를 갖춘 예술 작품에 대한 개개인의 평가는 서로 다를 수 있지만, 예술적인 의미에서 진정으로 최고의 완성도를 갖춘 한 예술 작품이 최고의 완성도를 갖춘 다른 예술 작품을 넘어섰다고 말할 수는 없습니다.

반면에 학문에서는 어떤 사람이 연구해 발표한 것이 10년, 20년, 50년이 지난 경우에는 진부하고 낡은 것이 되어버린다는 사실을 누구나 알고 있습니다. 이것이 학문 연구의 운명이기도 하고 목표이기도 합니다. 다른 문화 요소들도 기본적으로 이러한 운명에 처해 있기는 하지만, 학문은 아주 특별한 의미에서 이러한 운명에 내던져지고 내맡겨져 있습니다. 모든 학문적인 성취는 새로운 질문을 의미하고, 결

---

15 "원근법"은 3차원의 물체를 2차원의 평면 위에 표현하는 회화 기법을 가리킨다. 원근법을 회화에 처음으로 도입한 인물은 피렌체의 화가 마사초(1401~1428)였다. 그는 산타 마리아 노벨라 성당에 그린 프레스코화인 「성삼위일체」에 처음으로 원근법을 도입했는데, 이 그림을 본 사람들은 벽을 뚫고 그린 그림 같아서 깜짝 놀랐다고 한다. 하지만 원근법을 완성한 사람은 역시 피렌체 출신의 화가 우첼로(1397~1475)였다. 그의 작품 「산 로마노 전투」 연작은 원근법을 정밀하게 도입한 그림으로 유명하다.

국 그 성취를 넘어서는 다른 성취에 의해 진부하고 낡은 것이 되기를 바랍니다. 학문에 헌신하고자 하는 사람이라면 누구든지 이 운명을 감수해야 합니다.

물론 학문적인 연구도 그것이 지닌 예술적인 가치 때문에 향유 수단이 되거나, 학문 연구를 훈련시키는 데 사용하는 도구가 된 경우에는 계속해서 중요성을 지닐 수 있습니다. 그러나 다시 한번 말해두지만, 이전의 학문적인 성취를 계속해서 넘어서야 하는 것은 학문을 하는 우리 모두의 운명일 뿐만 아니라 목적이기도 합니다. 다른 사람이 우리를 넘어서기를 바라지 않는다면, 우리는 연구하는 것을 그만두어야 합니다. 이러한 진보는 원칙적으로 무한합니다.

3

진보 과정으로서의 학문

이렇게 해서 우리는 학문의 의미라는 문제에 직면합니다. 무한한 진보라는 법칙에 종속되는 일이 본질적으로 정말 의미가 있는지 별로 자명하지 않기 때문입니다. 사람들이 실제로 최종적이지도 않고 최종적일 수도 없는 것을 하는 이유는 무엇일까요? 먼저 사람들은 순수하게 실용적인 목적, 넓은 의미에서 기술적인 목적을 위해 학문을 연구한다고 말합니다. 즉, 과학적 경험이 제공하는 예측에 따라 우리의 실무를 행할 수 있기 때문이라고 말합니다. 좋습니다. 하지만 그런 이유는 실무자에게만 중요할 뿐입니다.

그렇다면 학문 자체를 직업으로 삼고 있는 사람의 내적 입장은 어떤 것일까요? 그는 단지 다른 사람들이 사업적으로나 기술적으로 성과를 이루어내고, 더 잘 먹고 더 잘 입으며, 더 잘 이해하고 더 잘 통치할 수 있도록 학문을 하는 것이 아니라, 학문 자체를 위해 학문을 한다고 말합니다. 하지만 수많은 전문 분야로 나뉘어 아무리 애를 써서 연구 성과를 만들어내도 시간이 지나면 언제나 진부하고 낡은 것이 될 수밖에 없는 일을 무한히 반복하면서, 도대체 학자는 거기에서 어떤 의미를 찾을 수 있다고 믿는 것일까요? 이 질문에 대답하려면 몇 가지 일반적인 사실을 살펴보지 않으면 안 됩니다.

1) 지성화와 합리화

학문의 진보는 우리 인류가 수천 년 전부터 행해온 저 지성화 과정의 작은 부분이자 가장 중요한 부분인데, 오늘날에는 일반적으로 사람들이 이 지성화 과정에 대해 극히 부정적인 입장을 취하고 있습니다.

먼저 학문과 학문에 기반한 기술을 통한 지성적 합리화가 실천적으로 무엇을 의미하는지 분명히 해봅시다. 예컨대, 여기 강당에 앉아 있는 사람들 모두 인디언이나 호텐토트인[16]보다 자신이 살아가고 있는 생활 여건에 대해 더 많은 지식을 갖고 있다는 의미일까요? 그렇다고 말하기는 어렵습니다.

혹시 물리학자가 있다면 모를까, 전차를 타는 우리 중에서 전차가 어떤 원리로 움직이는지 아는 사람은 아무도 없고, 또한 알 필요도 없습니다. 전차의 안전한 운행을 신뢰할 수 있다면 그것으로 충분하고, 우리는 그러한 신뢰에 따라 행동합니다. 하지만 전차가 어떤 식으로 만들어져 어떻게 움직이는지는 아무것도 모릅니다.

---

16 "호텐토트인"은 남아프리카의 토착 유목 민족인 코이코이인과 코이산인 등을 가리킨다.

원시인은 자기가 사용하는 도구가 어떤 식으로 만들어져 어떤 식으로 작동하는지 우리와 비교할 수 없을 정도로 더 잘 알았습니다. 반면에 오늘날 어떤 물건을 살 때, 때로는 돈을 더 많이 지불하고 때로는 적게 지불하는지 그 이유를 대답해보라고 한다면, 우리는 물론이고 설령 이 강당에 국가경제학을 전공하는 동료 교수들이 있더라도 그 대답은 천차만별이라는 쪽에 나는 판돈을 걸겠습니다. 하지만 원시인은 매일의 식량을 확보하기 위해 어떻게 해야 하고, 어떤 시스템이 그렇게 하는 데 도움이 되는지 알고 있었습니다.

따라서 지성화와 합리화의 증대는 자신들이 살아가는 생활 여건에 대한 사람들의 지식이 전반적으로 증대한다는 의미가 아니라, 무엇인가 다른 것을 의미합니다. 즉, 지성화와 합리화의 증대는 사람들이 원하기만 한다면 언제라도 자신들이 살아가는 생활 여건에 대한 지식을 얻을 수 있다는 것, 사람들의 생활 속에서 작용하는 힘들 가운데 비밀스럽고 예측할 수 없는 힘은 원칙적으로 아무것도 없다는 것, 도리어 사람들은 원칙적으로 모든 것을 예측하고 지배할 수 있다는 것을 알고 있거나 믿는다는 의미입니다.

이것은 이 세계의 탈주술화를 의미합니다. 원시인들은 비밀스럽고 예측할 수 없는 힘들이 존재한다고 생각했기 때문에 정령을 지배하거나 정령에게 간청하기 위해 주술적인 수단을 사용해야 했지만, 이제는 더 이상 그렇게 하지 않아도 됩니다. 지금은 기술적인 수단과 계산에 의한 예측이 주술적인 수단을 대신합니다. 무엇보다도 이것이 지성화 그 자체를 뜻합니다.

2) 탈주술화 또는 진보의 의미

그렇다면 서구 문화에서 수천 년에 걸쳐 지속되어온 이 탈주술화 과정, 그러니까 좀 더 일반적인 표현을 사용하자면 진보―학문은 이 진보의 구성 부분이자 추진력입니다―는 이렇게 순전히 실용적이고 기술적인 의미 외에 어떤 의미가 있을까요?

레프 톨스토이[17]의 작품들은 이러한 문제를 가장 근본적으로 던지고 있습니다. 그는 독특한 길을 거쳐 그 문제에 도달했습니다. 그가 고민했던 모든 문제는 점점 더 다음과 같은 질문으로 향했습니다. 죽음은 의미 있는 일인가, 그렇지 않은가? 그의 대답은 죽음은 문화인에게는 의미 있는 일이 아니라는 것이었습니다.

그가 이렇게 대답한 이유는 무한대로 진행되는 진보 가운데 놓여 있는 문명화된 개개인의 삶은 죽음을 통해 진정한 의미에서 삶의 최종적인 종착지에 도달할 수 없기 때문입니다. 끝없는 진보 가운데 살아가는 사람 앞에서는 계속해서 진보가 이루어지고 있고, 이 진보의 정점은 무한 속에 놓여 있어 영원히 도달할 수 없는 까닭에, 아무도 죽음을 통해 진보의 정점에 도달할 수 없기 때문입니다.

아브라함[18]을 비롯해 옛적의 농부들은 나이 들어 살 만큼 살았다

---

17 "레프 톨스토이"(1828~1910)는 러시아의 작가이자 사상가다. 대표작으로는 나폴레옹의 모스크바 침입과 러시아의 사회상을 그린 『전쟁과 평화』(1864~1869), 사랑과 결혼 문제를 다룬 『안나 카레니나』(1873), 죽음을 소재로 한 『이반 일리치의 죽음』(1884) 등이 있다. 그는 작품들을 통해 종교와 인생, 육체와 정신, 죽음과 같은 문제들에 대한 해답을 독자들에게 제공하고자 했다.

18 "아브라함"은 이스라엘 민족의 조상으로, 『구약성경』 「창세기」에 행적이 기록되어 있다.

는 만족감 속에서 죽었습니다. 그들은 생명의 유기적 순환 가운데서 살았고, 생애 말기에는 인생이 자기에게 줄 수 있는 것을 이룸으로써 의미 있는 삶을 살았다고 생각했으며, 인생에서 풀고 싶은 수수께끼가 하나도 남아 있지 않다고 느낀 나머지 지난 세월로 충분하다고 생각했기 때문입니다.

반면에 사상과 지식과 문제 들이 계속해서 축적되고 문명이 지속적으로 진보하는 과정에 놓여 있는 오늘날의 문화인은 삶에 지칠 수는 있지만 삶에 대한 만족감을 가질 수는 없습니다. 이들은 인류의 정신생활이 언제나 새롭게 만들어내는 것 중에서 극히 일부만을, 그것도 언제나 최종적인 것이 아니라 단지 일시적인 것만을 얻을 수 있을 뿐이어서, 죽음은 이들에게 무의미한 사건에 지나지 않기 때문입니다. 그럼으로써 문화생활 자체도 무의미합니다. 죽음을 무의미한 것으로 낙인찍는 것은 바로 문화생활이 지닌 무의미한 진보성이기 때문입니다. 톨스토이의 후기 소설들 도처에서 발견되는 이러한 사상은 그의 예술 기조입니다.

톨스토이의 사상을 우리는 어떻게 받아들여야 할까요? 만약 진보 자체가 실용적이고 기술적인 것을 넘어서는 어떤 의미를 지니고 있다면, 진보에 대한 헌신은 의미 있는 소명이 될 것입니다. 따라서 우리는 그러한 질문을 제기하지 않으면 안 됩니다. 하지만 이것은 이제 더이상 단지 학문에 대한 소명의 문제가 아니라, 학문에 헌신하는 사람에게 소명으로서의 학문은 무엇을 의미하는가 하는 문제를 뛰어넘는 또 다른 문제, 즉 인류의 삶 전체에서 학문의 소명은 무엇이고 학문의 가치는 무엇인가 하는 문제입니다.

이 문제를 둘러싼 과거의 입장과 현재의 입장은 극명하게 대비됩니다. 플라톤의 『국가』[19] 제7권 처음에 나오는, 동굴에서 사슬에 묶여 있는 사람들에 관한 놀라운 비유를 기억해보십시오. 그들의 얼굴은 앞에 있는 암벽을 향해 있기 때문에 그들 뒤에 광원이 있지만 이 광원을 보지는 못합니다. 그래서 그들은 광원을 통해 암벽에 투사된 그림자 형상들만 상대하면서 그림자 형상들의 상호관계를 규명하려고 애씁니다. 그러다가 그들 중 한 명이 사슬을 끊는 데 성공해 몸을 돌려 태양을 보게 됩니다. 그는 눈이 부셔서 잘 보이지 않는 가운데 여기저기를 더듬거리며 나아가면서, 자기 눈으로 본 것들에 대해 중얼중얼 말합니다. 다른 사람들은 그가 미쳤다고 말하지만 그는 점차 빛 가운데서 보는 법을 알게 됩니다. 이제 그의 임무는 동굴에 있는 사람들에게 내려가서 그들을 빛으로 나오게 하는 것입니다. 이 비유에서 그는 철학자를 가리키고 태양은 학문의 진리를 가리키는데, 플라톤은 이 비유를 통해 오직 학문의 진리만이 허상이나 그림자가 아닌 진정으로 존재하는 것을 포착한다는 사실을 보여주고자 합니다.

하지만 오늘날 학문에 대해 이런 입장을 취하는 사람이 어디 있습니까? 오늘날 젊은 사람들은 학문에 대해 완전히 반대로 생각합니다. 그들은 학문적인 사유를 통해 얻어진 것은 인위적인 추상으로 이

---

19 『국가』는 플라톤의 대화편 중 하나로, 플라톤의 가장 위대한 저작일 뿐만 아니라 『법률』과 더불어 가장 방대한 저작이다. 『국가』에서 플라톤은 이데아론을 토대로 한 이상국가를 제시하는데, 제7권에서는 동굴의 비유를 통해 이데아론을 비유적으로 설명한다. 광원인 "태양"은 진정으로 존재하는 실체인 "이데아"인 반면에, 현실 세계에 존재하는 것들은 이데아의 "그림자 형상들"이다. 그리고 이 "이데아"는 오직 철학을 하는 것을 통해서만 인식될 수 있다.

루어진 어둠의 왕국이고, 이 인위적인 추상은 그 말라비틀어진 손으로 현실의 삶의 피와 체액을 포착하려고 하지만 결코 포착할 수 없다고 생각합니다. 플라톤은 현실의 삶을 동굴 암벽에 비친 그림자의 장난이라고 보았지만, 그들은 바로 이 현실의 삶 속에서 참된 실체가 맥동하고 있고, 그 밖의 다른 모든 것은 이 현실의 삶으로부터 파생된 생명 없는 유령이라고 생각합니다.[20]

어떻게 해서 이런 변화가 일어났을까요? 『국가』에서 플라톤이 보여준 정열과 열광은 결국 당시에 모든 학문적 인식의 중요한 수단 중 하나인 개념의 의미가 처음으로 발견되고 자각되었다는 사실에서 유래합니다. 개념이라는 수단의 의미를 발견한 인물은 소크라테스[21]입니다. 물론 당시에 소크라테스만이 그 의미를 발견한 것은 아닙니다. 아리스토텔레스의 논리학[22]과 대단히 유사한 논리학의 단초는 인도에

---

20 여기서 베버가 묘사하고 있는 젊은이들의 생각은 당시에 등장했던 "생의철학"과 맥을 같이한다.

21 고대 그리스의 철학자 "소크라테스"(기원전 470~399)는 오직 이성에 의거한 추론만이 진리를 알 수 있게 해준다는 확고한 신념으로, 사람들의 생각에 담긴 모순과 거짓을 그의 독특한 문답법을 통해 드러냈다. 그가 한 유명한 말인 "네 자신을 알라"는 사람들은 스스로 자신의 생각이 옳다고 생각하지만 이성적 추론을 통해 그 거짓이 드러나는 경우가 대부분이기 때문에 "안다는 착각에서 벗어나라"라는 의미로 해석될 수 있다. 소크라테스는 진리를 추구하는 데 이성적 추론 외의 다른 모든 것을 배제했다는 점에서 진정한 의미의 합리주의자이자 근대 이성의 선구자였다. "플라톤"(기원전 약 427~347)은 소크라테스의 제자로 객관적 관념론의 창시자다. 아테네에 "아카데메이아"라는 철학 학교를 세워 사람들을 가르쳤고 30권이 넘는 대화편을 썼다.

22 "아리스토텔레스"(기원전 384~322)는 플라톤의 제자였지만, 이상주의적이고 관념론적이었던 플라톤과 달리 현실주의적인 철학자였다. 칸트는 『순수이성비판』에서 논리학을 아리스토텔레스가 완성했다고 말했다. 기원전 40년경에 아리스토텔레스가 "오르가논"이라는 이름의 전집으로 편찬한 여섯 권의 논리학 저작들은 명사와 명사가 지시하는 대상을 다루는 『범주론』, 명제를 다룬 『명제론』, 추론을 다룬 『분석론전서』, 논증을 다룬

서도 찾아볼 수 있습니다. 하지만 개념의 중요성에 대한 고대 그리스인들의 이러한 자각은 어디에서도 찾아볼 수 없습니다.

고대 그리스인들은 자기가 아무것도 알지 못한다는 사실을 인정하든지, 아니면 바로 이것만이 진리이고 결코 사라지지 않을 영원한 진리라는 사실을 인정하지 않고는 빠져나올 수 없게 만드는 논리적인 수단을 최초로 사용한 것으로 보였습니다. 이것은 소크라테스의 제자들에게 주어진 엄청난 체험이었습니다.

이러한 체험으로부터 아름다움, 좋음, 용기, 혼을 비롯해 어떤 것의 올바른 개념을 발견하기만 한다면, 그것들의 진정한 모습을 파악할 수 있다고 생각했습니다. 그리고 그것들의 진정한 모습을 파악하면 사람들이 자신의 삶에서, 무엇보다도 특히 도시국가의 시민으로서 어떻게 올바르게 행동해야 하는지 알고 가르칠 수 있는 길이 열릴 것처럼 보였습니다. 철저하게 정치적인 사고를 했던 고대 그리스인들에게는 모든 것이 도시국가의 시민으로서 올바르게 행동하는 것은 어떤 것인가 하는 질문으로 귀결되었기 때문입니다. 그들은 이 질문에 대답하기 위해 학문을 했습니다.

고대 그리스인이 개념이라는 학문적 도구를 발견하고 나서, 르네상스 시대에는 학문 연구의 두 번째 중요한 도구, 즉 신뢰할 수 있는 방식으로 경험을 검증하는 합리적 실험이 등장했습니다. 이 두 번째 도구가 없었다면, 오늘날의 경험과학은 불가능했을 것입니다. 물론 그 이전에도 사람들은 실험을 했습니다. 예컨대, 인도에서는 요가 수

『분석론후서』, 개연적 명제를 다룬 『토피카』, 거짓을 다룬 『오류론』 등이다.

행자들이 금욕 기법을 발전시키기 위해 생리학적인 실험을 했습니다. 고대 그리스에서는 전쟁 기술을 발전시키기 위한 목적으로, 중세 시대에는 광업을 위한 목적으로 수학적인 실험을 했습니다. 그러나 실험을 연구의 원리로 끌어올린 것은 르네상스 시대의 업적입니다.

이렇게 실험을 연구의 원리로 끌어올리는 데 개척자 역할을 한 사람들은 레오나르도 다빈치[23]를 비롯한 예술 분야의 위대한 개혁자들이었습니다. 특히 16세기에 실험적으로 피아노를 만들어 여러 가지 음악 실험을 한 음악가들의 활약은 주목할 만합니다. 이러한 개척자들을 시작으로 무엇보다도 갈릴레이[24]는 실험을 학문에 도입했고, 베이컨[25]은 이론 분야에 도입했습니다. 그 후에는 유럽 대륙의 대학들,

---

23 "레오나르도 다빈치"(1452~1519)는 르네상스 시대 이탈리아를 대표하는 천재적인 미술가, 과학자, 기술자, 사상가다. 1466년에 피렌체로 가서 부친의 친구인 안드레아 델 베로키오에게서 도제 수업을 받으면서, 인체 해부학을 비롯한 자연현상의 예리한 관찰과 정확한 묘사를 습득해 당시 사실주의의 교양과 기교를 갖추었다. 놀라울 정도의 사실적 표현 기법으로 심오한 정신적 내용을 객관적으로 표현한 것으로 유명하다. 다빈치는 미술뿐만 아니라 음악, 과학, 해부학, 천문학 등에 정통했으며, 직접 관찰하고 실험한 결과를 글과 스케치로 남겼다.

24 "갈릴레이"(1564~1642)는 이탈리아의 천문학자이자 물리학자로, 당시에 정설이었던 천동설에 맞서 코페르니쿠스의 지동설을 뒷받침할 자유낙하 운동과 관성의 법칙 등을 발견했다. 이러한 관찰과 실험은 뉴턴의 고전역학을 탄생시키는 밑거름이 되었다. 그는 실험과 수학을 혁신적으로 결합해 운동과 관련한 역학에 독창적으로 기여했고, 자연법칙은 수학적이라고 단언한 최초의 근대사상가 중 한 명이었다. 대표적인 저작으로는 『프톨레마이오스와 코페르니쿠스의 2대 세계 체계에 관한 대화』(1632), 『새로운 두 개의 과학에 관한 논의와 수학적 증명』(1638) 등이 있다.

25 "베이컨"(1561~1626)은 영국의 철학자로, 과학의 새로운 방법론을 제안함으로써 근대 과학혁명에 지대하게 기여했다. 자신의 저작인 『대개혁』 2부의 제목을 "노붐 오르가눔"(새로운 도구)이라 붙이고, 귀납적 방법을 사용해 실험과 관찰로 자연의 원리를 발견하는 과학적 방법론을 제안했다.

특히 이탈리아와 네덜란드의 대학들에서 자연과학의 여러 정밀 학문 분과들이 가장 먼저 실험을 학문의 도구로 채택했습니다.

그렇다면 근대라는 새로운 시대의 문턱에 있던 이 사람들에게 학문은 무엇을 의미했을까요? 레오나르도 같은 실험적인 예술가들과 음악 분야의 개혁자들에게 학문은 진정한 예술에 도달하는 길을 의미했고, 동시에 진정한 자연에 도달하는 길이기도 했습니다. 그들은 예술이 학문의 반열에 올라야 하고, 아울러 사회적으로 보나 예술가의 삶의 내용으로 보나 예술가는 학자의 반열로 격상되어야 한다고 생각했습니다. 이것이 예컨대 레오나르도의 스케치북[26]의 근저에 있는 야심입니다.

오늘날은 어떻습니까? 자연에 도달하는 길로서의 학문이라는 말은 오늘날 젊은 사람들에게는 신성모독처럼 들릴 것입니다. 학문에 대한 오늘날의 인식은 이 말과 정반대이기 때문입니다. 오늘날 젊은 사람들은 자신의 본성, 그리고 자연으로 돌아가려면 학문의 지성주의[27]

---

26 레오나르도는 여러 글과 스케치를 남겼는데, 낱장의 종이들은 큰 것도 있었고 5~7센티미터 정도로 작은 것도 있었다. 그는 이 종이쪽지에 깨알처럼 작은 글씨로 글을 적어 넣었다. 그가 남긴 그림 중에는 오늘날의 낙하산, 비행기, 전차, 잠수함, 증기기관, 습도계에 해당하는 것들도 볼 수 있다. 또한 그는 사람과 동물의 해부도를 평생 끊임없이 그렸고, 이 해부도는 당시 의학에 종사하던 사람들이 그린 것보다 훨씬 더 세밀하고 훌륭했다. 이 해부도를 그리기 위해 30구가 넘는 시체를 해부했으며 시체 한 구당 최소한 일주일을 관찰하며 그림을 그려 스케치로 남겼다고 한다.

27 "지성주의"(Intellektualismus)는 의지나 감정보다 지성을 중시하는 철학적 세계관이다. 철학 영역에서는 이성으로부터 도출하는 지식을 추구하는 합리주의와 동의어다. 지성주의와 합리주의로부터 근대의 학문과 과학이 탄생했다. 사람들은 근대 초기에는 이러한 사조에 열광했지만, 1800년대 중반을 거쳐 제1차세계대전을 겪으면서 합리주의와 실증주의에 대한 회의감을 표현했고, 이것은 19세기 중반에 "생의철학"으로 표출되어

로부터 벗어나야 한다고 생각합니다! 그러니 학문이 진정한 예술에 도달하기 위한 길이라는 말에 대해서는 대꾸할 가치조차 없다고 생각합니다.

하지만 정밀 자연과학의 분과들이 생겨난 시대에 살았던 사람들은 학문에 대해 지금보다 훨씬 더 많은 것을 기대했습니다. 당시에 스바메르담[28]이 "여기서 나는 한 마리 이의 해부학을 통해 신의 섭리를 증명해 보일 것이다"라고 말한 것을 떠올려보십시오. 그러면 여러분은 개신교와 청교도로부터 간접적인 영향을 받은 학문 연구가 당시에 무엇을 자신의 고유한 과제라고 생각했는지 알게 될 것입니다. 그들에게 학문은 신에게 도달하는 길을 보여주는 것이었습니다.

당시 사람들은 철학자들 및 그들이 사용하는 개념과 추론을 통해서는 더 이상 신에게 도달하는 길을 발견할 수 없었습니다. 중세 시대 사람들은 바로 그 길을 통해 신을 찾았지만, 근대의 모든 경건주의적인 신학자들, 그중에서 특히 필립 야콥 슈페너[29]는 그 길을 통해서는 신을 발견할 수 없다는 것을 알았습니다. 그들은 신은 감춰져 있고, 신의 길은 우리의 길과 다르며, 신의 생각은 우리의 생각과 다르기 때문에 철학적인 방법으로는 신을 발견할 수 없지만, 신의 창조물을 물

20세기 초반에는 실존주의로 이어졌다.

28 "스바메르담"(1637~1680)은 네덜란드의 생물학자이자 해부학자다. 당시 사람들은 신은 동식물을 창조했지만 곤충은 창조하지 않았다고 생각했지만, 그는 곤충 연구를 통해 모든 피조물의 창조 또는 생성은 동일한 법칙, 즉 신의 일관된 섭리를 따른다고 확신했다.

29 "필립 야콥 슈페너"(1635~1705)는 독일의 루터교 신학자로 경건주의의 창시자다. 루터파 교회의 정통주의에 반대해 신앙의 내면화, 영혼의 경건, 신앙적 실천을 중요시하는 개혁적 이상을 추구했다.

리적으로 파악할 수 있는 자연과학을 통해서는 이 세계에 대한 신의 의도와 관련된 어떤 흔적을 발견할 수 있기를 기대했습니다.

오늘날은 어떻습니까? 자연과학을 하는 사람들 가운데 일부 아이 같은 어른들은 오늘날에도 천문학이나 생리학, 물리학, 화학 등에 관한 지식이 이 세계의 의미에 대해 무엇이라도 가르쳐줄 수 있다고 믿겠지만, 이들을 제외한다면 그런 것을 믿을 사람이 과연 누가 있겠습니까? 그리고 이 세계의 의미에 관한 어떤 흔적을 발견할 수 있게 해줄 어떤 길이 있다고 믿는 사람이 과연 있을까요? 오늘날 사람들은 과연 이 세계의 의미라는 것이 존재한다고 믿기나 할까요? 이 문제와 관련해 자연과학은 세계의 의미 같은 것이 존재한다는 믿음을 뿌리째 죽여버리는 역할을 하는 데 적합할 뿐입니다!

하물며 학문이 신에게 도달하는 길이라니요? 유별나게 신에 대해 생소하고 낯선 분야가 학문인데, 그런 학문이 신에게 도달하는 길이라니요? 사람들이 인정하든 인정하지 않든, 오늘날 학문이 유별나게 신에 대해 생소하고 낯선 분야라는 것을 자신의 내면 깊은 곳에서 의심하는 사람은 아무도 없을 것입니다.

학문의 합리주의와 지성주의에서 벗어나는 것이야말로 신적인 것들과 함께 살아가는 데 필수적인 기본 전제라는 말, 또는 이와 유사한 말은 종교적인 성향을 지니고 있거나 종교적 체험을 추구하는 모든 젊은 사람에게서 들을 수 있는 기본적인 구호 중 하나입니다. 그들은 단지 종교적 체험만이 아니라 삶과 관련된 모든 체험을 위해서도 학문의 합리주의와 지성주의에서 벗어나야 한다고 말합니다.

그런데 한 가지 의아하고 기괴한 것은 그렇게 말하는 사람들이 학문 대신에 선택한 길입니다. 그들은 지금까지 지성주의가 아직 유일하게 건드리지 못한 비합리적인 영역조차 이제 의식의 영역으로 끌어올려서 근대적인 지성주의의 시각으로 바라봅니다. 그들이 주장하는 비합리적 낭만주의는 사실 근대적인 지성주의의 한 형태여서 결국 그렇게 귀결될 수밖에 없기 때문입니다. 따라서 그들은 지성주의로부터 해방되고자 그 길을 걷지만, 실제로는 자신들이 목표로 설정했던 것과는 정반대의 결과에 도달합니다.

끝으로 사람들은 순진한 낙관주의에 빠져서 학문을, 즉 학문에 기초한 삶을 지배하는 기술을 인류에게 행복을 가져다주는 길로 여기고 찬양했습니다. 하지만 행복을 찾아낸 최후의 인간을 맹폭한 니체[30]의 비판 이후에 그런 입장은 이제 더 이상 거론할 가치조차 없게 되었다고 나는 생각합니다. 강의실이나 편집실에 있는 일부 아이 같은 어른들 외에 오늘날 학문이 인류를 행복으로 이끌어줄 길이라고 믿는 사람이 누가 있습니까?

이제 본래의 주제로 돌아갑시다. 학문을 진정한 존재에 도달하는 길, 진정한 예술에 도달하는 길, 진정한 행복에 도달하는 길이라고 생

---

30 독일의 철학자 "니체"(1844~1900)는 쇼펜하우어(1788~1860)의 영향을 받아 합리주의 철학과 결별하고 의지의 철학으로 나아갔다. 쇼펜하우어와 함께 "생의철학자"로 분류된다. 1883년과 1885년 사이에 집필된 『차라투스트라는 이렇게 말했다』에서 그는 차라투스트라가 설파한 "초인"(Übermensch)이 도래하기 직전 시기에 살아가는 "최후의 인간"(Letzter Mensch)에 대해 말한다. "최후의 인간"은 삶에 지쳐서 아무런 모험도 하지 않고 오직 편안함과 안전함만을 추구하는 수동적이고 허무주의적인 인간이다. 니체에게는 자신의 의지로 어떤 것을 행할 수도 없고 건설할 수도 없는 인간인 "최후의 인간"은 근대사회와 서구 문명이 최종적으로 도달하게 될 인간상이었고, 자신이 살아가는 시대의 인간상이었다.

각했던 이전의 모든 환상이 무너진 상황에서, 앞에서 말한 학문과 관련된 본질적인 기본 전제를 고려할 때, 직업으로서의 학문의 의미는 무엇일까요? 이 질문에 대해 톨스토이는 다음과 같이 아주 간단한 말로 답했습니다. "학문은 무의미하다. 왜냐하면 학문은 우리에게 유일하게 중요한 질문, 즉 '우리는 무엇을 해야 하고, 우리는 어떻게 살아야 하는가'라는 질문에 어떤 대답도 주지 않기 때문이다."

학문이 대답을 주지 못한다는 사실은 논쟁의 여지가 전혀 없습니다. 하지만 우리는 여기서 학문은 어떤 의미에서 이 질문에 아무런 대답도 주지 못하는지, 그리고 학문은 대답을 주지는 못하지만 이 질문을 올바르게 제기하는 사람에게는 그 대답을 찾는 데 어떤 역할을 할 수 있는 것은 아닌지 물을 수 있습니다.

오늘날 사람들은 전제 없는 학문이라는 말을 자주 합니다. 그런 학문이 존재할까요? 이 질문에 대한 대답은 전제 없는 학문을 어떻게 이해하느냐에 달려 있습니다. 모든 학문 연구에서는 논리 및 방법론과 관련된 규칙들의 타당성을 항상 전제합니다. 이 규칙들은 우리가 이 세계 속에서 올바른 방향을 찾을 수 있게 해주는 공통된 기반입니다. 이러한 전제는 적어도 지금 우리가 다루고 있는 질문과 관련해 가장 문제의 소지가 없습니다.

하지만 학문 연구에는 또 다른 전제가 있습니다. 즉, 학문 연구로부터 도출된 결과물은 알 가치가 있다는 의미에서 중요하다는 전제입니다. 우리의 모든 문제는 분명히 이 전제에 달려 있습니다. 이 전제는 학문적 수단으로는 증명할 수 없는 까닭에 오직 그 자체로 판단해야 하는 것이어서, 사람들은 각자의 인생관에 따라 이 전제를 거부할 수도 있고 받아들일 수도 있기 때문입니다.

게다가 각 학문의 구조는 천차만별이기 때문에, 학문 연구의 결과물이 알 가치가 있다는 전제도 학문에 따라 천차만별입니다. 예컨대, 물리학, 화학, 천문학 같은 자연과학은 학문으로 밝혀낼 수 있는 우주 현상들에 관한 궁극적인 법칙들은 알 가치가 있다는 것을 자명한 사실로 전제합니다. 자연과학을 하는 사람들이 그렇게 전제하는 이유는 단지 학문을 통해 알아낸 궁극적인 법칙들에 관한 지식이 기술적으로 유용하기 때문만이 아니라, 그런 지식 자체를 추구하는 것이 그들의 소명이라고 생각하기 때문이기도 합니다. 하지만 자연과학적인 지식이 알 가치가 있다는 전제 자체는 결코 증명할 수 없습니다. 그리고 과연 자연과학에 속한 학문이 설명하는 이 세계가 존재할 가치가 있다거나, 이 세계가 어떤 의미를 지니고 있다거나, 이 세계 속에 존재하는 것이 어떤 의미를 지니고 있다는 것은 더더욱 증명할 수 없습니다. 자연과학은 그런 것들을 묻지 않습니다.

또한 학문적으로 고도로 발전한 근대 의학 같은 실용적인 기술 분야를 생각해봅시다. 의학 연구의 공통된 전제는, 통상적인 표현을 사용하자면 순전히 생명 그 자체를 보존하고 고통 그 자체를 완화시키는 일이 의무라는 것입니다. 그런데 이러한 전제에는 문제가 있습니다. 예컨대, 정신병으로 비참하기 짝이 없는 삶을 살아가는 사람과 같이 불치병에 걸린 환자가 죽기를 간청하고, 그의 가족들도 그런 삶은 가치가 없다고 여깁니다. 가치 없는 삶을 유지하는 데 드는 비용을 감당할 수 없으니, 가족들이 명시적으로 말을 하든 하지 못하든, 그의 죽음을 원하거나 원할 수밖에 없는 상황에서도, 의사는 자신의 의술로 그의 생명을 살려냅니다. 이런 경우에 의학의 전제와 형법은 의사가 그 사람의 생명을 유지시키는 일을 포기하는 것을 막습니다. 의학은 한 사람의 삶이 살아갈 가치가 있는지, 언제 살아갈 가치가 있는지에 대해서는 묻지 않기 때문입니다.

우리가 기술로 삶을 지배하고자 한다면, 어떻게 해야 하는가 하는 질문에 모든 자연과학은 답을 제공합니다. 하지만 우리가 기술로 삶을 지배해야 하고 지배하고자 하는지, 기술로 삶을 지배하는 것이 궁극적으로 의미가 있는지 자연과학은 전혀 거론하지 않거나, 그것이 바로 자연과학의 목적이라고 전제합니다.

또한 예술학 같은 학문 분과를 생각해보십시오. 미학에서는 예술품이 존재한다는 사실을 전제하고서, 예술품이 되기 위해서 어떤 조건들이 충족되어야 하는지 규명하고자 합니다. 하지만 미학은 예술이 악마가 지배하는 현세의 영역이어서 본질적으로 신에게 적대적이며, 또한 가장 깊은 내면에서 귀족주의적 정신을 지닌 탓에 인류애를 해치는 것은 아닌가 하는 질문은 제기하지 않습니다. 그러니까 미학은 예술품이 존재해야 하는지는 묻지 않습니다.

또한 법학을 생각해보십시오. 법학은 법률적 사고에 비추어 보았을 때 무엇이 유효한지를 확정하는데, 법률적 사고는 한편으로는 모종의 강제되는 논리에, 다른 한편으로는 관습적으로 주어진 규준에 구속되어 있습니다. 따라서 법학은 그 학문에서 사용하는 특정한 법적 규칙과 해석 방법론이 옳다는 전제하에서만 유효합니다. 하지만 법이 존재해야 하는지, 그리고 인간이 그러한 규칙을 정해야 하는지 법학은 대답해주지 않습니다. 단지 법학은 사람들이 특정한 결과에 도달하고자 할 때 우리의 법적 사고의 규범에 따른 이 법적인 규칙이 그 결과에 도달하기 위한 적절한 수단이라는 것만 말해줄 수 있을 뿐입니다.

또한 역사상의 문화과학들을 생각해보십시오. 이러한 학문은 정치, 예술, 문학, 사회와 관련된 문화 현상이 어떻게 생겨났고 생겨나는지를 이해할 수 있도록 가르칩니다. 하지만 그러한 문화 현상이 존재할 가치가 있었거나 존재할 가치가 있는가 하는 질문에 대답해주지 않고, 그러한 문화 현상을 이해하기 위해 애쓰는 것이 과연 가치 있는 일인가 하는 질문에도 대답해주지 않습니다. 학문은 사람들이 문화 현상에 대한 그러한 이해를 통해서 문화인들의 공동체에 동참하는 것은 인간에게 이롭다는 것을 전제합니다. 하지만 그렇게 하는 것이 인간에게 이롭다는 사실을 학문적으로 증명할 수도 없고, 그런 것을 전제하고 있다고 해서 그 전제가 자명하게 참이라는 사실을 결코 증명해주지 않습니다.

4

사실판단과 가치판단

1) 강의실과 정치

그렇다면 이제 나와 가장 가까운 학문 분과들인 사회학, 역사학, 국가경제학, 정치학과 이러한 개별 학문들의 의미를 밝혀내는 것을 과제로 삼는 온갖 종류의 문화철학을 생각해봅시다.

사람들은 강의실에서는 정치가 배제되어야 한다고 말하고, 나도 그 말에 동의합니다. 학생들도 강의실에서는 정치를 배제해야 합니다. 예컨대, 나는 이전의 동료였던 베를린 대학의 디트리히 셰퍼 교수의 강의실에서 평화주의를 지지하는 학생들이 강단에 서 있는 그를 에워싸고 소란을 피운 일이나, 평화주의를 반대하는 학생들이 나와는 완전히 상반된 견해를 지닌 푀르스터 교수를 상대로 소란을 피운 일 모두 똑같이 한탄합니다.

물론 교수들도 강의실에서 정치를 배제해야 합니다. 교수가 정치를 학문적으로 다룰 때는 더욱더 철저하게 정치를 배제해야 합니다. 현실 정치에서 어떤 입장을 취하는 것과 정치 체계와 정당의 지위를 학문적으로 분석하는 것은 전혀 다르기 때문입니다. 교수가 대중 집회에서 민주주의에 관해 말할 때는 자신의 개인적인 입장이 무엇인지 숨길 필요가 없습니다. 대중 집회에서 자신의 입장을 분명하게 표명하는 것은 강연자에게 부과된 의무이자 책임입니다. 그런 경우에 사람들이 사용하는 말들은 학문적인 분석의 수단이 아니라, 다른 사람들의 지지를 얻기 위한 정치적인 선전 활동입니다. 그 말들은 깊은 사유의 토양을 일구는 데 사용하는 쟁기의 날이 아니라 적에 맞서 싸우기 위한 칼입니다.

반면에 강의실에서 교수가 자신의 말을 그런 식으로 사용하는 것은 모독이고 죄악입니다. 예컨대, 교수는 민주주의에 대해 강의한다면 먼저 여러 유형의 민주주의를 제시하고, 각각의 유형이 어떤 식으로 작동하는지 분석한 후에, 각각의 유형이 우리의 삶에 어떤 결과를 초래하는지 확실하게 보여주어야 합니다. 그런 다음에는 민주주의적이지 않은 다른 여러 정치체제와 심도 있게 비교함으로써, 수강생들이 각자의 궁극적인 이상에 따라 각각의 민주주의 유형에 대해 어떤 입장을 취할지 발견할 수 있게 해주어야 합니다. 진정한 교수라면 강단에서 자신의 특정한 입장을 노골적으로든 또는 암묵적으로든 표명하는 것은 극도로 경계해야 합니다. 사실로 하여금 말하게 하는 체하면서 실제로는 자신의 입장을 은연중에 표명하는 것은 당연히 교수로서의 책무를 저버리는 가장 악질적인 행위입니다.

우리가 그렇게 해서는 안 되는 이유는 도대체 무엇일까요? 내가 미리 말해두지만, 아주 존경할 만한 나의 동료 교수들은 강의실에서 자신의 입장을 표명하지 않는 것은 일반적으로 불가능하고, 설령 가능하다고 하더라도 자신의 입장을 표명하는 것을 회피하는 일은 이상하다고 생각합니다.

대학교수의 책무를 학문적으로 증명할 수 있는 사람은 아무도 없습니다. 우리는 대학교수에게 다음과 같은 것을 요구할 수 있을 뿐입니다. 즉, 수학적이거나 논리적인 사실관계의 확인 또는 문화적 재화들의 내적 구조 확인과 문화와 그 개별적인 내용물의 가치를 묻는 질문, 또는 문화 공동체와 정치 조직 안에서 사람이 어떻게 행동해야 하는가 하는 질문에 대답해주는 것이 완전히 다른 문제라는 것을 인정하는 지적 정직성 등을 요구할 수 있을 뿐입니다.

대학교수가 강의실에서 왜 이 두 가지를 모두 해서는 안 되는지 묻는다면, 예언자와 대중 선동가는 강의실의 강단에 서서는 안 된다고 대답해야 합니다. 그리고 예언자와 대중 선동가에게 거리로 나가서 대중 앞에서 말하라고 말해주어야 합니다. 즉, 누구나 비판할 수 있는 곳에서 말하라는 뜻입니다.

강의실에서 교수와 수강생들은 서로 마주 보고 있지만, 수강생들은 침묵해야 하고 오직 교수만 말합니다. 학생들은 자신의 미래를 위해 교수의 강의에 참석해야 하고, 강의실에서는 아무도 교수에게 맞서서 교수가 하는 말을 비판할 수 없습니다. 이런 상황에서 교수가 자신이 지닌 지식과 학문적인 경험으로 수강생들에게 도움을 주어야 하는 책무를 저버리고, 도리어 그러한 상황을 악용해 자신의 개인적인 정치 견해를 학생들에게 각인시키고자 한다면 이는 무책임한 짓입니다.

물론 자신의 개인적인 정치 견해를 배제한다는 원칙을 고수하는 교수라도 어떤 경우에는 자신의 주관적인 감정을 충분히 배제하지 못할 수도 있습니다. 이럴 경우에 그는 자기 양심의 재판정에서 아주 신랄한 비판을 받습니다. 하지만 종종 이 원칙을 지키지 못하는 경우가 있다고 해서, 그것이 이 원칙을 지켜야 할 의무가 없다는 것을 증명해 주지는 않습니다. 우리가 사실 자체와 관련된 영역에서 종종 오류를 저지를 수 있다고 해서 그것이 진실을 추구해야 할 의무가 없다는 증거가 될 수 없기 때문입니다.

나는 순전히 학문적인 이해관계라는 측면에서도 강의실에서 주관적인 감정을 개입시키는 것을 거부합니다. 나는 우리 역사학자들이 쓴 저작 속에서 학자가 자신의 가치판단을 개입시킬 때마다 역사적 사실들에 대한 온전한 이해가 방해받는다는 것을 증명해 보일 수 있습니다. 하지만 그렇게 한다면 오늘 저녁의 강연 주제를 벗어나고 또 기나긴 논쟁을 요구할 것입니다.

단지 내가 묻고자 하는 것은 독실한 가톨릭 신자와 프리메이슨 단원[31]이 교회 체제와 국가 체제, 또는 종교사에 관한 강의를 듣는다고 했을 때, 어떻게 두 사람이 이 주제에 대해 동일한 평가를 내리게

---

31 "프리메이슨"은 1717년 영국 런던에서 중세 석공들의 조합인 "길드"를 모체로 설립한 단체다. 처음에는 석공(영어로 mason)들의 친목 도모와 교육이 목적이었지만 남성 엘리트의 전용 사교 클럽으로 발전했다. 18세기 중반부터 본격적으로 활동해 유럽 각국과 미국에까지 퍼졌는데, 세계시민주의와 세계 단일 정부를 지향하고 종교적 자유와 관용을 중시해 가톨릭교회의 탄압을 받았다. 하지만 사회 지도층의 여러 인맥을 이용해 각종 이권에 개입하는 이익 단체로 전락했다는 비난에 직면했다. 조지 워싱턴, 에이브러햄 링컨, 윈스턴 처칠, 헨리 포드, 맥아더 장군 등도 "프리메이슨 단원"이었다.

할 수 있겠느냐는 것입니다. 그것은 불가능합니다. 하지만 대학교수는 자신의 지식과 방법론이 이 두 사람 모두에게 유익하기를 바라야 하고, 자신의 강의가 그렇게 되도록 스스로에게 요구해야 합니다.

그러면 당연히 여러분은 독실한 가톨릭 신자는 기독교의 교리적 전제들로부터 자유로운 교수가 기독교의 발생 과정과 관련해 제시하는 사실들을 결코 받아들이지 않으리라고 말할 것이고, 그 말은 물론 맞습니다. 그러나 실제로 그런 교수와 독실한 가톨릭 신자 간의 차이는 다음과 같습니다. 종교에 속박되기를 거부한다는 의미에서 전제 없는 학문은 사실 기적과 계시를 배제합니다. 그런데도 만일 학문이 기적과 계시를 배제하지 않는다면, 학문이 자신의 전제들을 배신하는 것입니다. 반면에, 독실한 가톨릭 신자는 기적과 계시 둘 모두를 인정합니다.

따라서 모든 전제 없는 학문이 독실한 가톨릭 신자에게 요구하는 것은 기독교의 발생 과정을 경험적으로 설명할 때는 온갖 초자연적인 원인을 배제하고 설명해야 하기 때문에, 전제 없는 학문은 그런 방식으로 설명할 수밖에 없다는 것을 인정해야 한다는 점입니다. 그리고 독실한 가톨릭 신자는 자신의 신앙을 배신하지 않는 가운데 이것을 인정할 수 있습니다.

그렇다면 학문의 성과는 사실 자체는 아무래도 상관이 없고 오직 실용적인 측면만 중요한 사람에게는 아무런 의미도 없는 것일까요? 아마도 그렇지 않을 것입니다. 우선 한 가지만 말해보겠습니다. 모든 쓸모 있는 교수의 첫 번째 책무는 자신의 학생들에게 그들의 당파적 견해에 불리한 사실들을 인정하는 법을 가르치는 것입니다. 예컨대,

내 자신의 견해를 포함해 모든 당파적 견해에는 아주 불리한 사실들이 존재합니다. 대학교수가 자신의 수강생들이 그들의 당파적 견해에 불리한 사실들을 자연스럽게 인정할 수 있도록 만든다면, 그 대학교수는 지적인 업적을 뛰어넘는 대단한 업적을 성취하는 것이라고 나는 믿습니다. 사실 대학교수가 이러한 책무를 수행하는 것은 너무나 당연한 일인데도, 그 업적을 도덕적 업적이라고 표현한다면 너무 거창하게 들릴지도 모르겠지만, 그럼에도 불구하고 나는 기꺼이 그런 표현을 사용하고자 합니다.

2) 신들의 전쟁터인 이 세계와 학문

지금까지 나는 대학교수가 강의실에서 자신의 개인적인 입장 표명을 피해야 하는 것과 관련해 오직 실제적인 이유에 대해서만 말했습니다. 하지만 대학교수가 강의실에서 자신의 개인적인 입장 표명을 피해야 하는 이유는 그뿐만이 아닙니다. 특정한 목적이 확정되고 전제된 가운데 그 목적을 이루기 위한 수단을 논의하는 경우를 제외한다면, 어떤 실천적인 입장을 학문적으로 옹호해서는 안 된다고 말하는데는 훨씬 더 깊은 이유가 있습니다. 이 세계에서는 서로 다른 가치질서들이 싸우고 있고 이 싸움은 결코 해결될 수 없기 때문에, 어떤 특정한 실천적 입장을 학문적으로 옹호하는 일은 원칙적으로 무의미하다는 것이 바로 그 이유입니다.

제임스 밀[32]은 나이 들어서 "인간이 순전히 경험으로부터 출발한다면 다신교에 도달하게 된다"라고 말했습니다. 나는 그의 철학을 좋아하지 않지만 그가 한 이 말은 옳습니다. 그의 말이 깊이가 없어 보이고 이치에 맞지 않는 것처럼 들리지만 그 안에는 진리를 담고 있습니다.

오늘날 우리가 다시 알게 된 것이 있다면, 어떤 것은 아름답지 않음에도 불구하고 신성할 수 있을 뿐만 아니라, 아름답지 않기 때문에 그리고 아름답지 않은 한에서 신성할 수 있다는 것입니다. 우리는 그 증거를 「이사야서」 53장[33]과 「시편」 22편에서 발견할 수 있습니다.

그리고 우리는 니체 이후로 어떤 것은 선하지 않음에도 불구하고 아름다울 수 있을 뿐만 아니라, 선하지 않다는 바로 그 점에서 아름다울 수 있다는 것을 다시 알게 되었습니다. 또한 이전에는 보들레르가 『악의 꽃』[34]이라고 제목을 붙인 자신의 시집에서 그런 생각을 형상화

---

32 "제임스 밀"(1773~1836)은 영국의 계몽주의자, 공리주의 철학자, 정치학자, 경제학자로,『자유론』을 쓴 존 스튜어트 밀(1806~1873)의 아버지다. 『인간 정신의 현상 분석』은 공리주의의 심리학적 기초를 설명한 그의 역작이고,『브리태니커 백과사전』 부록으로 집필한『교육론』과『정치론』은 공리주의자들의 경전으로 높이 평가받는다.

33 39권으로 된『구약성경』의 한 책인 「이사야서」의 53장은 장차 예수라는 이름으로 오게될 구세주 메시아(그리스도)의 고난에 관한 예언이고, 「시편」 22편도 장차 예수가 골고다에서 십자가에 못 박힐 때 하나님을 향해 절규하는 내용을 담고 있는 예언시다. 「시편」 22편은 "내 하나님이여 내 하나님이여 어찌 나를 버리셨나이까 어찌 나를 멀리하여 돕지 아니하시오며 내 신음 소리를 듣지 아니하시나이까"라는 말로 시작한다. 베버는 예수 그리스도의 고난은 결코 "아름다운" 모습은 아니지만, 인류의 죄를 대신 짊어진 "신성한" 일이었다고 말했다.

34 "보들레르"(1821~1867)는 프랑스의 시인으로, 청년 시절부터 쓴 10편의 시를 모아놓은『악의 꽃』(1857)으로 유명하다. 현대 시의 창시자인 그는 기존의 상투적이고 인습적인 주제들과 단절하고, 파리 생활의 일상적인 광경들, 심지어 더없이 동물적이고 음탕한 것들까지도 미화하지 않고 노래했다. 보들레르는 이 시집을 "세상의 모든 고통을 담아놓은 사전"이라고 스스로 평가했다.

하고 있음을 여러분은 알고 있을 것입니다. 그리고 어떤 것은 아름답지도 않고 신성하지도 않고 선하지도 않음에도 불구하고, 그리고 바로 그렇기 때문에 참될 수 있다는 것은 누구나 아는 상식입니다. 하지만 이 모든 것은 각각의 질서와 가치를 관장하는 신들의 싸움을 보여주는 가장 기본적인 사례들일 뿐입니다.

나는 프랑스 문화의 가치와 독일 문화의 가치 중에서 어느 쪽이 더 우월한가를 어떻게 학문적으로 결정할 수 있는지 모릅니다. 여기에서도 서로 다른 신들이 싸우고 있고, 이 싸움은 영원히 지속될 것입니다.

오늘날의 이러한 상황은 신들과 악령들의 주술로부터 아직 벗어나지 못했던 옛 세계의 상황과 동일합니다. 단지 형태만 서로 다를 뿐입니다. 고대 그리스인들은 어떤 때는 아프로디테에게, 또 어떤 때는 아폴론에게 제물을 바쳤으며, 무엇보다도 특히 자기 도시의 수호신에게 제물을 바쳤는데 오늘날의 상황도 동일합니다. 단지 오늘날에는 탈주술화되어 내적으로 신들과 신비적이고 참된 관계를 맺는 것에서 벗어났다는 사실만 다를 뿐입니다.

그리고 이 신들과 그들의 싸움을 지배하는 것은 운명이지 학문이 결코 아닙니다. 학문은 오직 어느 특정한 질서에서 무엇을 신적인 것으로 여기는지, 아니 어느 특정한 질서 속에서 무엇을 신적인 것으로 여기는지를 이해할 수 있을 뿐입니다. 대학교수는 강의실에서 오직 이것만을 다룸으로써 그가 할 수 있는 일은 끝납니다. 물론 이 주제에 담겨 있는 중요한 삶의 문제가 다 해결된 것은 아닙니다. 그러나 삶의 문제에 관한 한 대학 강단이 아닌 다른 힘들이 발언권을 갖습니다.

"악에 맞서지 말라"라거나 "누가 한쪽 뺨을 때리거든 다른 쪽 뺨도 내밀라"라고 말하는 산상수훈[35]의 윤리를 감히 학문적으로 반박하려고 할 사람이 누가 있겠습니까? 하지만 세속적인 관점에서 보면, 산상수훈이 설교하는 내용은 자존심을 버리는 윤리라는 것이 분명합니다. 따라서 사람들은 산상수훈의 윤리가 설파하는 종교적인 자존심과 이와는 완전히 다르게 "악에 맞서라, 그러지 않으면 너는 악의 폭압에 대해 연대책임이 있다"라고 말하는 인간적인 자존심, 이 둘 중에서 어느 하나를 선택해야 합니다. 각자에게는 그가 지닌 궁극적인 입장에 따라 이 둘 중 하나는 악마가 되고 다른 하나는 신이 되는데, 각자는 자신에게 어느 쪽이 신이고 어느 쪽이 악마인지 결정해야 합니다. 그리고 자신의 삶의 모든 질서 속에서 처음부터 끝까지 내내 그렇게 해야 합니다.

그런데 모든 종교적 예언으로부터 기원하는 윤리적이고 체계적인 삶이 지닌 거대한 합리주의는 반드시 필요한 한 분인 유일신을 위해 다신교의 신들을 폐위시켰습니다. 하지만 외적으로나 내적으로나 삶의 현실에 직면하자, 우리 모두 기독교의 역사 속에서 알고 있는 온갖 타협과 상대화의 길을 걸어야 했습니다. 오늘날 그러한 타협과 상대화의 길은 종교에서 일상적인 것이 되었습니다. 탈주술화되어서 비인격적인 모습을 한 많은 옛 신은 무덤에서 기어나와 우리의 삶을 지배하려 애쓰고 있고, 서로 간의 영원한 싸움을 다시 시작했습니

---

35 "산상수훈"은 『신약성경』 「마태복음」 5~7장에 나오는 예수의 산상 설교로, 기독교의 대헌장 또는 기독교 윤리의 근본으로 간주된다.

다. 바로 오늘날의 사람들 특히 젊은 세대는 그러한 일상과 맞서야 한다는 상황을 가장 힘들어합니다. 사람들이 너 나 할 것 없이 체험으로 뛰어드는 것은 이러한 상황이 가져다주는 무력감 때문입니다. 그리고 이것은 자신이 살아가는 시대의 숙명이 지닌 진정한 면모를 차마 바라볼 수 없는 무력감입니다.

우리가 지난 1,000년 동안 오로지 기독교 윤리의 엄청난 격정에만 매몰되어서 신들의 싸움을 볼 수 없다가 이제는 그러한 현실을 다시 분명하게 알게 된 것은 우리 문화의 숙명입니다. 이런 문제들을 논의하자면 끝도 없기 때문에 이 정도로 해두는 것이 좋겠습니다.

3) 교수와 지도자의 차이

일부 젊은이들은 지금까지 내 말을 다 듣고서, "좋습니다, 하지만 어쨌든 우리가 강의실에 들어가는 것은 단지 분석과 사실 확인을 듣기 위한 것이 아니라, 이를 넘어서는 어떤 다른 것을 체험하기 위한 것입니다"라고 대답할지도 모릅니다. 교수에게 그런 요구를 하는 것은 교수에게 교수가 아니라 그와 반대되는 다른 인물, 즉 지도자가 되어달라고 요구하는 오류를 저지르는 일입니다. 하지만 우리는 오직 교수로 강단에 섭니다. 교수와 지도자는 완전히 다르고, 이 사실은 쉽게 확인할 수 있습니다.

내가 여러분을 다시 한번 미국으로 데려가는 것을 양해해주십시오. 미국에서는 흔히 그러한 일을 가장 순수하고 원초적인 형태로 볼 수 있기 때문입니다. 미국의 젊은이들은 우리 독일의 젊은이들에 비해 학습량이 대단히 적습니다. 미국의 젊은이들은 믿을 수 없을 정도로 많은 시험을 치르지만, 학창 생활의 의미를 기준으로 본다면 아직은 독일의 젊은이들처럼 절대적인 '시험인간'은 되지 않았습니다. 미국에서는 관료주의가 아직 시작 단계에 있어서, 시험 성적이 기재된 대학 졸업장이 녹봉을 받는 관직 세계로 들어가게 해주는 입장권이 아니기 때문입니다.

미국의 젊은이들은 그 어떤 것이나 누구에 대해서도, 그리고 어떤 전통과 어떤 공직에 대해서도 존경심을 갖고 있지 않습니다. 그들은 어떤 사람이 개인적으로 이루어낸 업적에 대해서만 존경심을 갖습니다. 미국인들은 이것을 민주주의라고 부릅니다. 민주주의가 지닌 이러한 참된 의미가 미국의 현실에서 아무리 일그러져 있다고 할지라도 민주주의는 바로 그런 것이고, 여기서 중요한 것은 바로 이러한 민주주의의 참된 의미입니다.

미국의 젊은이는 자기와 마주하고 있는 교수는 내 아버지의 돈을 받고 내게 자신의 지식과 방법론을 파는 사람인데, 이것은 야채상 아주머니가 내 어머니의 돈을 받고 양배추를 파는 것과 완전히 똑같다고 생각합니다. 이것이 전부입니다. 물론 어느 교수가 미식축구의 대가라면, 그는 이 분야에서는 지도자입니다. 하지만 그 교수가 미식축구나 그 밖의 다른 스포츠 분야에서 대가가 아니라면, 그는 단지 교수일 뿐이고 그 이상은 아닙니다. 따라서 미국의 어느 젊은 사람도 교수가 세계관이나 인생의 길잡이가 되어줄 규칙들을 자기에게 팔 것이라고 생각하지는 않을 것입니다.

물론 내가 묘사한 미국의 젊은이에 대해서 우리는 거부감을 느낄 것입니다. 하지만 내가 의도적으로 어느 정도 극단적으로 묘사한 그들의 모습 속에 일말의 진리가 담겨 있는 것은 아닌지 우리는 물어보아야 합니다.

학생 여러분! 여러분은 강의실에 들어와서 우리 교수들에게 여러분의 지도자가 되어주기를 요구하는데, 100명의 교수 중 적어도 99명은 자신을 인생이라는 미식축구의 대가나, 인생을 어떻게 살아야 하는지를 가르쳐줄 수 있는 지도자로 여길 것을 요구하지도 않고, 또 그래서도 안 된다는 것은 여러분이 미처 고려하지 못한 경우입니다.

생각해보십시오. 한 사람의 가치는 그가 지도자의 자질을 갖추고 있느냐에 따라 결정되지 않습니다. 적어도 탁월한 학자와 대학교수가 되기 위해 갖추어야 하는 자질은 현실에서의 삶, 그중에서도 특히 정치와 관련해 어떻게 살아가야 하는지 가르쳐줄 지도자가 되기 위해 갖추어야 하는 자질과 다릅니다. 실제로 특정한 교수가 지도자의 자질을 갖추고 있다면, 그것은 순전히 우연일 뿐입니다. 강단에 서는 교수마다 자기가 지도자의 자질을 발휘하도록 요구받고 있다고 느낀다면, 그것은 부당하고 무리한 요구이기 때문에 대단히 우려스러운 일입니다.

한층 더 우려스러운 일은 강의실에서 교수가 자신이 지도자인 척하도록 내버려두는 것입니다. 자신은 지도자의 자질을 가장 많이 갖추고 있다고 생각하는 사람일수록 실제로는 흔히 지도자의 자질을 가장 적게 지닌 사람이고, 무엇보다도 특히 강단은 어떤 사람이 진정한 지도자인지 검증해볼 수 있는 곳이 전혀 아니기 때문입니다.

어느 교수가 자신은 젊은이들에게 조언하는 자의 소명을 받았다고 느끼고, 그런 점에서 젊은이들의 신뢰를 누리고 있다면, 젊은이들과 인간 대 인간으로서 개인적으로 교류하면서 그 소명에 헌신하는 것은 얼마든지 허용됩니다. 그리고 그가 여러 세계관과 당파적 견해의 싸움에 개입하도록 소명을 받았다고 느낀다면, 대학 강단 밖 삶의 현장에서, 즉 언론이든 집회든 협회든 자신이 원하는 모든 곳에서 그 소명에 헌신하는 것도 얼마든지 허용됩니다. 하지만 자신과 생각이 다른 수강생들이 있을지 모를 강의실에서 침묵하도록 강요받는 수강생들 앞에서 교수가 자신의 신념을 일방적으로 피력하는 것은 용기라고 하기에는 부끄러울 정도로 너무나 쉽고 편안한 일입니다.

5

학문의 역할과 한계

1) 학문의 역할

결국 여러분은 이렇게 질문할 것입니다. 학문이 그런 것이라면, 도대체 학문은 실천적이고 개인적인 삶에 어떤 긍정적인 기여를 하는가? 이 질문을 통해 우리는 다시 직업으로서의 학문이라는 문제로 돌아가게 됩니다.

첫 번째로 말할 수 있는 것은 당연히 학문은 외적인 사물과 사람의 행동에 대한 예측을 통해 자신의 삶을 지배할 수 있게 해주는 기술에 관한 지식을 제공합니다. 물론 여러분은 미국의 젊은이들에게 대학교수의 역할이 야채상 아주머니의 역할과 다를 바 없다고 말할 것이고, 나도 그 말에 전적으로 동의합니다.

하지만 대학교수는 야채상 아주머니가 절대로 제공해줄 수 없는 것을 학생들에게 제공하는데, 바로 사고의 방법론과 사고의 도구 및 훈련입니다. 이것이 학문이 제공해줄 수 있는 두 번째의 것입니다. 아마도 여러분은 그런 것들이 야채는 아니지만, 야채를 얻을 수 있게 해주는 수단에 지나지 않는다고 말할 것입니다. 좋습니다. 오늘 이 문제에 대해서는 이 정도로 해둡시다.

그러나 다행히 학문이 하는 일은 이것으로 끝이 아닙니다. 우리 교수들은 여러분이 명료함에 도달하도록 도울 수 있는데, 이것이 학문이 제공해줄 수 있는 세 번째의 것입니다. 당연히 이 말은 우리 교수들이 스스로 명료함에 도달해 있다는 것을 전제합니다. 우리가 스스로 명료함에 도달해 있기 때문에, 우리는 여러분이 어떤 가치문제—편의상 예컨대 어떤 사회현상을 생각해보십시오—에 직면했을 때 서로 다른 입장을 취할 수 있다는 것, 여러분이 이런저런 입장을 취했을 경우에 그 입장을 실제로 실현하기 위해서는 학문의 경험에 비추어 보았을 때 이런저런 수단을 사용해야 한다는 것, 하지만 그 수단이 여러분이 배척해야 한다고 생각하는 그런 수단일 수도 있다는 것을 여러분에게 분명하게 보여줄 수 있습니다.

따라서 여러분이 취하는 입장에 따라 어떤 목적을 달성하기 위해서 여러분이 배척하는 어떤 수단을 사용할 수밖에 없는 경우에, 여러분은 목적을 달성하기 위해 수단과 관련된 여러분의 신념을 포기하든가, 아니면 수단과 관련된 여러분의 신념을 지키기 위해 목적을 포기하든가 둘 중 하나를 선택해야 합니다. 목적은 수단을 정당화합니까, 아니면 정당화하지 않습니까? 대학교수는 여러분에게 이 둘 중 하나를 선택할 수밖에 없는 불가피성을 보여줄 수 있습니다. 하지만 대학교수가 대중 선동가가 아닌 교수로 남아 있고자 하는 한 그 이상의 것은 할 수 없습니다. 물론 더 나아가 대학교수는 여러분이 이런저런 목적을 달성하고자 한다면, 학문의 경험에 비추어 그렇게 했을 때 수반되는 이런저런 부수적인 결과들도 감수해야 한다는 것을 말해줄 수 있습니다. 하지만 거기에서 여러분은 또다시 앞에서 말한 것과 동일한 처지에 놓이게 됩니다.

이 모든 것은 온갖 기술자가 직면하는 문제이기도 합니다. 기술자는 피해가 더 적은 쪽 또는 상대적인 최선이라는 원칙에 따라 어느 쪽을 선택해야 하는 경우를 많이 직면하기 때문입니다. 단지 기술자의 경우에는 고려해야 할 가장 중요한 것이 주어져 있습니다. 즉, 목적이 주어져 있는 것이 다를 뿐입니다.

반면에 진정으로 궁극적인 문제를 다루는 우리 교수들의 경우는 그렇지 않습니다. 그리고 바로 이것이 학문 자체가 사람들이 명료함에 도달할 수 있도록 도와주고자 할 때 할 수 있는 마지막 역할이자 한계가 무엇인지 보여줍니다.

우리 교수들은 여러분에게 다음과 같이 말해줄 수 있고, 또한 말해주어야 합니다. 이런저런 실천적 입장은 오직 이런저런 궁극적인 세계관의 기본 입장—이는 하나일 수도 있고 여럿일 수도 있습니다—으로부터만 나올 수 있고, 다른 입장으로부터는 나올 수 없다는 것입니다. 비유적으로 말해, 여러분이 특정한 입장을 취하기로 결정했다면, 여러분은 바로 그 신만을 섬기고 그 밖의 다른 모든 신에게는 상처를 주는 것입니다. 자신에게 진실하다면, 여러분은 필연적으로 여러분이 취한 그 특정한 입장으로부터 도출되는 이런저런 최종적인 결과에 따라 행동할 수밖에 없기 때문입니다. 적어도 원칙적으로는 그렇습니다.

철학이라는 학문 분과, 그리고 개별 학문 분과의 원리에 관한 철학적 논의들이 하는 일이 바로 그렇습니다. 일단 교수들이 우리에게 주어진 본분을 충분히 이해하고 있다는 것을 전제한다면, 우리 교수들은 학생들이 각자의 행위가 지닌 궁극적인 의미를 스스로 설명할 수 있게 해주거나, 적어도 그렇게 하도록 도와줄 수 있습니다.

우리 교수들이 여러분에게 해줄 수 있는 이것은 내가 보기에 여러분의 개인적인 삶과 관련해서도 그렇게 작은 일이 아닙니다. 나는 여기에서도 그런 일을 성공적으로 해내는 교수는 도덕적인 힘을 섬기고 있는 것이라고, 즉 그런 교수는 명료함과 책임감을 만들어내는 의무를 수행하고 있는 것이라고 다시 한번 말하고 싶습니다. 그리고 교수가 수강생들에게 특정한 입장을 강요하거나 암시하는 것을 양심적으로 회피할수록, 그 교수는 이 의무를 더욱더 잘 수행하리라고 믿습니다.

물론 내가 여기에서 여러분에게 제시하는 이러한 견해는, 언제나 그 자체를 준거로 삼아 그 자체로 이해된 삶은 오직 온갖 신들 간의 영원한 싸움일 뿐이라는 기본적인 전제로부터 나옵니다. 직설적으로 말하자면, 나의 기본적인 전제는 사람들이 삶에 대해 취할 수 있는 온갖 궁극적인 입장이 서로 양립할 수 없고 이 입장들 간의 싸움은 해결할 수 없기 때문에, 우리 각자는 필연적으로 이 입장들 중 어느 하나를 선택해야 한다는 것입니다.

이러한 상황에서 학문이 어떤 사람의 소명이 될 가치가 있는가, 그리고 학문 자체가 객관적으로 가치 있는 소명인가 하는 것은 또다시 가치판단의 문제입니다. 따라서 강의실에서는 이 질문들에 대해 아무것도 말할 수 없습니다. 이 질문들에 대한 긍정의 대답은 강의실에서 강의를 하기 위한 전제조건이기 때문입니다. 개인적으로 나는 내 자신의 학문 활동을 통해 이미 이 질문들에 대해 긍정적으로 대답하고 있습니다.

오늘날 젊은이들은 지성주의를 가장 사악한 악마로 여겨 실제로 미워하거나 미워하고 있다고 착각하지만, 사실 그들 중 대부분은 후자에 속합니다. 바로 그런 관점에도 불구하고, 아니 바로 그런 관점 때문에 나는 이 질문들에 대해 긍정적으로 대답합니다. 그런 젊은이들에게는 "악마 그는 늙었기 때문에, 악마를 이해하려면 너도 늙어야 한다는 것을 명심하라"[36]라는 말을 해주는 것이 적절하기 때문입니다. 여기서 "늙었다"는 것은 출생증명서에 기재된 나이가 많다는 것을 의미하지 않습니다. 이 말의 의미는 오늘날 학문이라는 악마 앞에서 도망치는 사람이 다반사지만, 악마와 맞서서 끝장을 보려는 사람은 그렇게 하지 말고, 도리어 일단 악마의 길을 끝까지 파헤쳐서 악마의 힘과 한계를 알아야 한다는 것입니다.

오늘날 학문은 사실관계의 자각과 지식을 위해 전문적으로 행하는 직업일 뿐이지, 구원과 계시를 통해 은총을 베푸는 선견자[37]와 예언자가 주는 선물도 아니고, 이 세계의 의미에 관한 현자와 철학자의 성찰 중 일부도 아닙니다. 물론 학문이 이러한 성격을 지니게 된 것은

---

36 괴테의 『파우스트』 제2부 제2막에 나오는 메피스토펠레스의 대사다.
37 "선견자"(Seher)는 직역하면 "보는 자"라는 뜻으로, 신이 보여준 환상 또는 묵시를 보고 신의 뜻을 대언하는 자를 가리킨다. 반면에, "예언자"(Prophet)는 일반적으로 신의 뜻을 대언하는 자를 의미한다. 고대 그리스의 예언자는 "신탁"을 받아 예언했고, 이스라엘에서 히브리 예언자도 나중에는 "신탁"을 받아 예언했지만, 초기에는 환상이나 묵시를 보고 예언했기 때문에 "선견자"라고 불렸다.

우리가 처해 있는 역사적 상황,[38] 즉 우리가 우리 자신을 스스로 속이지 않는 한 빠져나갈 수 없는 우리의 역사적 상황으로 말미암아 불가피하게 그렇게 된 것입니다.

그런데 지금 여러분 안에 있는 톨스토이가 다시 일어서서 이렇게 질문할지도 모릅니다. "그렇다면 우리는 무엇을 해야 하는가, 또 우리는 우리의 삶을 어떤 식으로 설계해야 하는가?" 또는 오늘 이 강연에서 나온 표현을 사용하자면, "우리는 서로 싸우고 있는 여러 신 가운데 어느 신을 섬겨야 하는가, 아니면 그런 신들과 완전히 다른 신을 섬겨야 한다면 그 신은 누구인가? 이 질문에 대해 학문이 대답해주지 않는다면 누가 대답해줄 수 있는가?"

이러한 물음에 대해서 우리는 오직 예언자나 구세주만이 대답해줄 수 있다고 말해야 합니다. 예언자가 존재하지 않는다거나 예언자가 한 예언이 이제 더 이상 믿을 수 없다고 해서, 여러분이 수천 명의 대학교수로 하여금 국가에서 주는 보수를 받으며 특권을 누리는 가운데 작은 예언자가 되어 강의실에서 예언자의 역할을 하게끔 한다고 해도, 이처럼 무리하고 강제적인 방식으로는 진정한 예언자가 이 땅에 다시 등장하게 할 수 없습니다.

대학교수가 그렇게 했을 때 얻을 수 있는 유일한 결과물은 우리의 가장 젊은 세대 중 다수가 갈망하는 예언자는 존재하지 않는다는 결정적으로 중요한 사실을 알지 못하게 하고, 이 사실이 지닌 엄청나

---

38 여기서 "역사적 상황"은 근대에 이르러 합리주의를 기반으로 한 실증 학문이 발달해서, 베버가 앞에서 말했듯이 "계시"나 "기적"이 더 이상 학문의 영역에 들어설 수 없게 된 상황을 일컫는다.

게 중요한 의미를 실감하지 못하게 하는 것입니다. 우리가 신과 소원해진 시대, 예언자가 없는 시대 속에서 살아가야 할 운명이라는 이 근본적인 사실을, 강단에서 이루어지는 이 모든 예언 같은 대용품을 통해 은폐하는 것은 진정으로 종교적 감수성을 지닌 사람들에게 결코 도움이 되지 않는다고 나는 믿습니다. 내가 보기에 그들이 지닌 종교적 감수성은 정직한 것이어서, 교수가 베푸는 그러한 은혜에 반발할 것입니다.

2) 신학이란 무엇인가

그렇다면 신학이 존재한다는 것, 그리고 신학이 자신을 학문이라고 주장한다는 사실에 대해서는 우리가 어떤 입장을 취해야 하는가 하고 여러분은 말하고 싶을 것입니다. 우리는 이 질문에 대한 대답을 피해서는 안 됩니다. 신학과 교리는 어디에나 존재하지 않지만, 그렇다고 해서 기독교에만 존재하는 것도 아닙니다. 시간을 거슬러 올라가면, 신학과 교리는 이슬람교, 마니교,[39] 영지주의,[40] 오르페우스교,[41] 조로아

---

39 "마니교"는 3세기에 페르시아에서 마니(약 210~276)가 조로아스터교를 기반으로 창시한 이원론적인 종교다. 마니는 자신이 아담에서 시작해 아브라함, 싯다르타, 예수, 조로아스터로 이어져 내려온 예언자들의 마지막 계승자라고 생각했다. 마니교는 기본적으로 인간의 영혼은 타락해 악의 물질과 섞여 있지만, 영혼 또는 지혜가 타락한 인간을 해방시킨다고 설명한다.
40 "영지주의"는 신의 계시에 의한 초자연적이고 비밀스러운 지식("영지")을 소유할 때 구원받는다고 가르치는 종교를 가리킨다. 기원후 1세기 중반에 생겨나 2~3세기에 전성기

스터교,[42] 불교, 힌두교의 여러 분파, 도교, 우파니샤드,[43] 그리고 당연히 유대교에도 상당히 발전된 형태로 존재합니다.

물론 이러한 종교들에서 신학과 교리가 체계적으로 발전된 정도는 천차만별입니다. 예컨대, 유대교와는 대조적으로 서양의 기독교는 신학과 교리를 체계적으로 확장해왔고, 지금도 확장하고자 애쓰고 있으며, 이러한 기독교의 신학과 교리의 발전이 서양에서 역사적으로 지대한 의미를 지닌 것은 우연이 아닙니다. 이것은 고대 그리스의 정신에서 기인했습니다. 동양의 모든 신학이 인도의 사상으로 소급되는 것이 분명하듯이, 서양의 모든 신학은 고대 그리스의 정신으로 소급됩니다.

모든 신학은 종교적인 구원에 대한 지적 합리화입니다. 절대적으

를 구가하다가 4세기경에 "마니교"가 흡수했다. 중심적인 교설은 영혼은 선하고 순수하며 신비로운 데 반해 물질과 육체는 악하고 타락했다는 이원론적 사상이다.

41 "오르페우스교"는 오르페우스가 신의 계시에 따라 창시했다고 하는 고대 그리스의 밀교다. 언젠가는 죽게 마련인 육체의 속박으로부터 벗어나, 인간의 영혼이 영적 존재로서 불사와 영원의 행복을 얻는다는 것을 기본 교리로 삼고, 그 목적을 달성하기 위해 계율에 따라 엄격한 수행과 특별한 제의를 행했다. "오르페우스"는 트라키아의 왕 오이아그로스와 무사 여신 중 한 명인 칼리오페 사이에서 태어난 아들로, 음악의 신 아폴론에게서 리라를 배워 리라 연주의 명인이 되었다.

42 "조로아스터교"는 기원전 7~6세기에 예언자 조로아스터가 창시한 고대 페르시아의 이원론적 종교다. 세상은 선과 악이 싸우는 투쟁의 현장이기 때문에, 인간은 타고난 이성과 자유의지를 활용해 둘 중 한쪽을 선택해야 하는데, 이때 인간은 선을 선택해 완전함에 도달할 수 있도록 노력해야 하고, 선택의 결과에 따라 인간의 운명이 결정된다고 가르쳤다.

43 "우파니샤드"는 고대 인도의 철학 경전으로, 브라만교의 성전 『베다』의 4부문 중 마지막 부문에 해당하기 때문에 "베단타"(베다의 마지막)라고도 부른다. 대부분이 스승과 제자 사이의 철학적 토론으로 구성되어 있다. 인도의 정통 브라만 철학과 종교의 근간인 "우파니샤드"의 근본 사상은 대우주의 본체인 브라만(梵)과 개인의 본질인 아트만(我)이 일체라고 하는 범아일여(梵我一如)의 사상이다. 교설의 핵심은 외부가 아닌 내면에 있는 신을 찾고 제의가 아니라 만물에 스며 있는 브라만을 찾으라는 데 있다.

로 아무런 전제도 없는 학문은 존재하지 않고, 어떤 학문도 자신의 전제를 거부하는 사람에게는 자신의 가치를 증명할 수 없습니다. 하지만 모든 신학은 자신의 학문적 연구를 위해, 그리고 자기 존재의 정당성을 위해 몇 가지 특별한 전제들을 추가합니다. 이 전제들의 의미와 범위는 신학마다 다릅니다. 예컨대, 힌두교의 신학을 비롯한 모든 신학은 이 세계에는 틀림없이 의미가 있다고 전제합니다. 그리고 그러한 전제 위에서 이렇게 질문합니다. 이 세계의 의미를 지적으로 인식하려면 이 세계를 어떤 식으로 해석해야 하는가?

이것은 칸트의 인식론이 "학문적 진리가 존재하고, 그 진리는 타당하다"라고 전제하고서, "어떠한 사유 조건들 아래에서 이 전제가 가능하고 유의미한가" 하고 묻는 것과 같습니다. 또한 근대의 미학자들이 "예술작품은 존재한다"라고 전제하고서ー예컨대, 루카치[44]는 이것을 명시적으로 전제했고, 어떤 사람들은 암묵적으로 전제했습니다ー"어떤 조건 아래에서 이것이 가능하고 유의미한가" 하고 묻는 것과 같습니다.

하지만 신학은 본질적으로 종교철학적인 전제로 만족하지 않고, 추가적으로 다음과 같은 것을 전제하는 것이 보통입니다. 즉, 특정한 계시들을 구원에 중요한 사실, 요컨대 비로소 의미 있는 삶을 살 수 있게 해주는 사실로서 전적으로 믿어야 한다는 것, 특정한 상태와 행위가 신성함의 특질을 지니고 있다는 것, 다시 말해 특정한 상태와 행

---

44 "루카치"(1885~1971)는 헝가리의 마르크스주의 철학자이자 미학자로서 막스 베버의 제자다. 일찍부터 연극 운동, 문학비평에 관심을 갖고 『영혼과 형식』(1910), 『소설의 이론』(1916), 『역사와 계급의식』(1927) 등을 썼다.

위가 종교적으로 의미 있는 삶을 살아가게 해주거나 그런 삶의 구성 부분이라는 전제에서 출발합니다.

따라서 이러한 전제 위에서 신학이 던지는 질문은 다음과 같습니다. 전적으로 받아들여져야 하는 이 전제들을 의미 있게 해주는 세계관은 어떤 것이고, 그렇게 하려면 이 세계를 어떻게 해석해야 하는가? 신학의 이러한 전제들은 학문이라는 영역 밖에 놓여 있습니다. 이 전제들은 통상적인 의미의 지식이 아니라 자산입니다. 신앙이나 다른 신성한 상태는 이미 가지고 있어야 하는 것이고, 신학이 줄 수 있는 것이 아닙니다. 다른 학문이 이 자산을 줄 수 없다는 것은 두말할 필요가 없습니다. 반대로 모든 실증 신학[45]에서 신자는 어느 시점에서 아우구스티누스[46]가 "나는 불합리한데도 믿는 것이 아니라, 불합리하기 때문에 믿는다"[47]라고 한 말이 적용되는 순간을 경험합니다.

지성을 제물로 바치는 것은 대가만이 할 수 있는 일인데, 그런 능력이 있다는 것은 실증 종교를 신봉하는 사람들이 보여주는 결정적으로 중요한 특징입니다. 신학은 스스로 학문이라고 주장함에도 불구하

---

45 "실증 신학"(positive theologie)은 계시 및 신앙과 관련된 명제들의 이해를 위해 역사상 실제 교회의 신앙에 대한 역사적이고 실증적인 연구를 하는 신학 분과다. 반면에 계시 및 신앙과 관련된 명제들을 연구하는 신학 분과는 사변 신학이라 부른다.

46 "아우구스티누스"(354~430)는 초기 기독교의 대표적인 교부로, 중세 가톨릭 사상의 이론적 기초를 놓았다. 대표작으로는 『고백록』, 『신국론』 등이 있다.

47 기독교 교부 중 한 사람인 테르툴리아누스(160~220)가 "부적절하기 때문에 믿을 수 있다"(credibile est, quia ineptum est)라고 말한 것이 계몽주의 수사학에서 "불가능하기 때문에 나는 믿는다"(credo quia impossibile)로 바뀌었는데, 프랑스의 계몽주의자 볼테르(1694~1778)는 이 말을 다시 "불합리하기 때문에 나는 믿는다"(credo quia absurdum est)로 바꾸고, 그 출처를 "아우구스티누스"라고 언급했다. "아우구스티누스"는 "알기 위해 믿으라"(crede ut intellegas)라고 말했다.

고 자신의 이러한 특수한 전제를 분명하게 드러내기 때문에, 학문의 가치 영역과 종교적 구원의 가치 영역 간의 긴장은 해소될 수 없습니다.

당연한 말이지만, 예언자와 교회에 지성을 제물로 바치는 사람들은 오직 제자들과 신자들뿐입니다. 여기서 나는 많은 사람에게 불쾌감을 준 비유를 또다시 의도적으로 반복하고자 합니다. 오늘날 많은 지식인은 진짜라는 것이 보장된 옛 물건들을 자신의 영혼에 비치하고자 하는 갈망을 지니고 있고, 종교도 그런 옛 물건 중의 하나였다는 것을 기억해냈습니다. 그러나 그들은 종교에 귀의하지는 않고, 그 대신에 자신이 장난스럽게 꾸며놓은 일종의 가정 예배소를 온 세계에서 가져온 작은 성화들로 치장하거나, 신비한 성스러움이 있다고 여겨지는 온갖 체험을 통해 종교의 대용품을 만들어내, 그 체험을 글로 써서 도서 시장에 팔러 다닙니다. 하지만 사람들이 그렇게 한다고 해서 새로운 예언이 생겨나는 것은 결코 아닙니다. 한마디로 말해서 이것은 사기이거나 자기기만입니다.

반면에 최근 몇 년 동안 조용히 성장한 많은 청년 단체 중 다수는 종종 그들 자신의 관계에 대한 오해에서 자신들의 인간적인 공동체 관계에 종교적이거나 우주적이거나 신비적인 관계라는 의미를 부여하고 있지만, 그들의 이러한 의미 부여는 결코 사기가 아니라 매우 진지하고 진실한 것입니다. 그들은 진정한 형제애를 보여주는 모든 행위에는 이러한 행위를 통해 초개인적 영역에 불멸의 어떤 것이 추가된다고 생각해서 그렇게 하겠지만, 순전히 인간적인 공동체 관계의 가치가 그러한 종교적인 의미 부여를 통해 높아지는 것인지는 의심스러울 따름입니다. 하지만 이것은 여기에서 다룰 문제는 아닙니다.

6

결론

궁극적이고 가장 숭고한 가치들이 공적인 영역에서 배제되어 신비주의적인 은둔의 삶이나 개개인들 간의 직접적인 형제애 관계 속으로 물러나게 된 것은 이 세계의 합리화와 지성화, 그리고 무엇보다도 특히 탈주술화를 특징으로 하는 우리 시대의 운명입니다. 우리 시대에는 기념비적인 예술이 아니라 은밀하게 행해지는 예술이 최고의 예술이라는 사실은 우연이 아닙니다. 또한 전에는 예언하는 성령의 불이 거대한 공동체를 폭풍처럼 휩쓸어 그들 모두를 하나로 묶어주었지만, 오늘날에는 그런 것에 상응하는 힘이 아주 작은 공동체 내의 인간관계 내에서만 매우 약하게 맥동하는 것도 우연이 아닙니다.

　우리가 기념비적인 예술을 억지로 시도하고 창출해내고자 한다면, 지난 20년 동안의 많은 기념비적인 사례에서 볼 수 있는 아주 초라하고 기괴한 것만 생겨날 뿐입니다. 마찬가지로 새롭고 진정한 예언 없이 어떤 종교적인 새로운 것을 고안해내고자 한다면, 근본적으로 예술과 관련해 방금 말한 것과 비슷한 일이 벌어질 것이고, 그 결과는 한층 더 역겨울 것이 틀림없습니다.

강단에서 이루어지는 예언은 오직 광신적인 종파만 만들어낼 뿐이고, 진정한 공동체를 만들어내지는 못할 것입니다. 이 시대의 이러한 운명을 꿋꿋하게 감수할 수 없는 사람들은 흔히 자신이 변절자라는 것을 공공연하게 떠들고 다니지만, 우리는 그런 사람들에게 차라리 그저 조용하게, 그들을 측은히 여겨 두 팔을 활짝 벌려 안아주고자 하는 옛 교회의 품안으로 돌아가는 것이 좋겠다고 말해주어야 합니다. 교회도 그들을 환영할 것이기 때문에 그들이 그렇게 하는 것은 어려운 일이 아닙니다.

그렇게 했을 때 그들은 지성을 제물로 바쳐야 하지만, 옛 교회로 돌아가려면 어쩔 수 없는 일입니다. 그들이 진정으로 옛 교회로 돌아가려고 그렇게 한다면, 우리도 그들이 지성을 제물로 바치는 것을 나무라지 않을 것입니다. 종교에 무조건 헌신하기 위해 그런 식으로 지성을 제물로 바치는 것은, 자신의 궁극적인 입장을 분명히 할 용기가 없어 나약한 상대화를 통해 지적으로 정직해야 할 의무를 회피하고 벗어버리는 것과 도덕적으로 다른 의미를 지니기 때문입니다.

내가 보기에는 강단에서 예언을 행하는 것보다는 종교에 귀의하는 것이 더 낫습니다. 이들은 강의실이라는 공간 안에서는 순전한 지적 정직성이라는 미덕 외에 다른 어떤 미덕도 있을 수 없다는 것을 분명히 알지 못하고, 이 지적 정직성의 의무는 오늘날 새로운 예언자와 구세주를 고대하는 수많은 사람 모두가 처한 상황이 이사야가 포로 시대에 예언한 에돔의 파수꾼의 저 아름다운 노래[48]에서 파수꾼이 사람들에게 들려주는 다음과 같은 상황과 같다는 것을 깨닫기를 우리에게 요구합니다. "에돔의 세일 산에서 외치는 소리가 들려온다. '파수꾼아, 밤이 아직 얼마나 남았는가?' 파수꾼은 말한다. '아침은 올 것이지만 아직은 밤이다. 묻고자 한다면 다른 때에 다시 오라.'"

이 말을 들은 유대 민족은 2,000년이 훨씬 넘는 세월 동안 그렇게 묻고 고대해왔지만, 우리는 이 민족의 충격적인 운명[49]을 알고 있습니다. 이 운명으로부터 우리는 교훈을 얻고자 합니다. 그 교훈은 갈망하고 고대하는 것만으로는 부족하고 다른 어떤 것을 행해야 한다는 교훈, 즉 사람들과의 관계에서나 우리 자신의 소명과 관련해서나 우리가 지금 하고 있는 일을 해나가면서 일상의 요구에 부응해야 한다는 것입니다. 우리가 각자 삶의 실을 자아내는 신을 찾아서 그 신에게 복종한다면, 그렇게 하는 것은 아주 쉽고 간단합니다. (끝)

---

48 "유대 민족"인 이스라엘은 신이 메소포타미아의 우르 지역에서 그들의 조상인 "아브라함"이라는 족장을 가나안 땅(팔레스타인)으로 인도함으로써 시작하지만, 기원전 8세기에 바빌로니아 땅으로 끌려가 포로 생활을 하는 "포로 시대"를 겪는다. "이사야"는 포로 시대 이전부터 활동했던 남왕국 유다의 예언자로, 여기에서 인용한 "파수꾼의 노래"는 『구약성경』에 속한 「이사야서」 21장 10~12절에 나온다. 열방에 관한 예언 가운데 하나인 이 노래에서는 바빌로니아의 지배를 뜻하는 "밤"이 언젠가는 걷힐 것이지만, 지금은 아니라는 것을 보여준다. 아브라함의 아들 이삭이 낳은 두 아들 중에서 "야곱"은 이스라엘의 조상이 되고 그의 형 "에서"의 자손들은 에돔이라는 인접 국가를 형성하는데, 그 땅은 험준한 산악 지역이어서 "세일 산"이라 불렸다. "세일"은 "관목이 무성하다"라는 뜻이다.

49 "유대 민족"은 로마의 식민지로 있다가 70년에 완전히 멸망하고 나서 세계 각지로 흩어져 살았다. 이렇게 거의 2,000년을 '디아스포라'("흩어져 살아가는 자들"이라는 뜻)로 살아가다가 제2차세계대전 후인 1948년에 팔레스타인 땅에 "이스라엘"을 다시 건국했다. 하지만 베버 당시에 "유대 민족"은 여전히 나라 없이 살아가는 민족이었다. 포로 시대의 예언자들은 "유대 민족"에게 구세주인 메시아가 등장해 이 민족이 전 세계를 호령하는 날이 올 것이라고 예언했다. 베버는 유대인들이 그날을 고대하며 살았지만, 2,000년 가까운 세월이 흘렀어도 상황은 조금도 변하지 않았다는 데서 교훈을 얻어야 한다고 보았다.

해제

박문재

학문을 한다는 것은 무엇을 의미하고, 정치를 한다는 것은 무엇을 의미하는가? 막스 베버는 제1차세계대전과 그 직후 패전국 독일의 혼란기 속에서 이 두 가지 주제를 놓고 대학생들과 대화한다. 사실 당시의 대학생들은 전쟁 패배, 독일 혁명 발발, 독일 제국 붕괴와 공화국 수립이라는 일련의 사건들로 말미암아 모든 것이 변해버린 상황 속에서 갈피를 잡을 수 없었기 때문에, "예언자"나 "구세주"의 출현을 열망했다. 그들에게 존경받던 사회과학자 베버는 이 문제에 대답해줄 수 있는 인물로 보였을 것이다. "학문"과 "정치"에 관한 두 편의 강연을 통해 베버는 과연 무슨 이야기를 해줄 수 있었을까?

베버에 따르면 학문의 책무와 정치의 책무는 완전히 다르다. 학문의 책무는 시류에 편승하지 않고 오로지 학문적 영감과 열정으로 모든 사실관계를 객관적으로 규명해내는 데 있기 때문에, 정파적 이해관계를 따라 학문을 해서는 안 된다. 반면에, 정치의 책무는 진정한 카리스마를 지닌 정치가가 책임 윤리를 바탕으로 시대의 소명을 따라 사람들을 조직해 국가에 부여된 강제력으로 과제들을 이루어내는 데 있다. 따라서 이 혼란기에 진정한 "예언자"가 등장해 문제를 해결해주어야 한다. 그럼으로써 학자인 교수에게 예언자의 역할을 기대하는 것은 잘못이고, 예언자인 정치가가 출현하지 않아 국가가 관료들이나 아마추어의 지배를 받는 것은 불행한 일이다.

오늘날 우리는 학문과 정치에 무엇을 기대하고 있는가? 이러한 우리의 기대는 과연 타당한가? 학문과 정치에 대한 우리의 기대가 나무에서 고기를 얻으려고 하는 연목구어(緣木求魚)는 아닐까? 과연 우리는 학문과 정치에 진정으로 무엇인가를 기대할 수 있는가? 19세기 후반부터 20세기 초에 걸쳐 활동한, 독일의 저명한 사회과학자이자 사상가인 베버는 학문과 정치에 관한 두 강연을 통해 이러한 질문에 대답해준다.

이 해제에서는 두 강연을 좀 더 깊이 있게 이해하기 위해 베버가 살았던 당시의 시대 상황을 살펴보고, 그 시대 속에서 베버가 어떤 생각으로 어떻게 살았는지를 알아본 후에, 마지막으로 두 강연의 개요와 구조를 확인하고자 한다.

I. 시대 상황

베버가 활동했던 시대는 영국의 산업혁명 시기부터 20세기 초반까지 (주로 제1차세계대전까지)를 가리키는 근대 중에서 말기에 해당한다. 따

라서 여기에 실린 두 편의 강연을 심도 있게 이해하는 데 필요한 근대
의 여러 특징을 살펴보기로 하자.

1. 사회·정치적 배경

1) 절대왕정

16~18세기 유럽 각국은 봉건사회가 해체되기 시작하면서 근대 시민
사회가 성립하는 과도기에 접어든다. 이때 힘을 잃고 몰락하던 봉건
귀족과 새롭게 떠오르는 신흥 부르주아 계급이 대립하면서 전제적인
정치 형태가 출현하는데 이를 '절대왕정'이라고 한다. 『직업으로서의
정치』에서 베버는 이 과정을 국왕이 신흥 부르주아 계급을 활용해 봉
건귀족 세력을 누르고 권력을 국왕 한 사람에게 집중시켰다고 설명한
다. 절대왕정에서는 정치적으로 왕권신수설에 의존해 관료제와 상비
군을 설치하고 왕권을 강화했으며, 경제적으로는 중상주의 정책을 실
시했다.

2) 산업혁명

산업혁명은 1760년경부터 1820년경까지 영국에서 시작한 기술혁신
과 새로운 제조 공정의 발명, 그리고 잇따른 경제·사회·정치 분야의
큰 변화를 가리킨다. 18세기 후반에 면제품 수요의 증가와 그에 따른
방적기의 발명으로 대규모 방적 공장이 생겨났고, 제임스 와트의 증
기기관 발명으로 기계공업과 제철 산업, 수송 산업의 혁명적인 발전
이 산업혁명의 원동력이 되었다. 그러자 농촌의 농민들이 대거 도시

로 유입되어 임금노동자가 되었고, 영국 사회는 농업사회에서 산업사회로 전환했다. 산업 활동으로 자본을 축적한 신흥 부르주아 계급이 등장하면서, 정치적으로는 절대왕정이 무너지기 시작하고 왕권과 부르주아 계급의 힘겨루기가 이어지다가, 결국에는 시민혁명이 일어났다.

3) 시민혁명

부르주아 혁명이라고도 하는 시민혁명은 봉건사회 또는 절대왕정의 지배로부터 시민사회로의 전환 과정에서 일어난 혁명이다. 절대왕정 아래에서 신대륙 발견, 신항로 개척, 상공업 발달로 힘을 키운 부르주아가 산업사회의 기반을 마련하기 위해 주도적인 역할을 한 정치적 변혁으로, 영국의 청교도혁명(1642~1649)과 명예혁명(1688), 프랑스혁명(1789~1794)이 대표적인 시민혁명이다. 시민혁명과 함께 무소불위의 왕권을 중심으로 한 절대왕정이 무너지고, 자유와 평등을 최고의 가치로 여기는 새로운 근대국가의 서막이 올랐다. 영국은 명예혁명 이후에 입헌군주국을 수립해 국왕의 권력은 현저하게 약화시킨 반면에 의회의 권력을 강화시켰고, 프랑스는 루이 16세의 처형과 함께 공화국을 수립했다.

2. 사상적 배경

1) 근대주의

우리는 근대를 지배했던 특징을 근대주의(modernism)라는 말로 표현한다. 근대주의라는 용어는 봉건 중세 시대와 확연하게 구별되는 근대 특유의 사상과 세계관을 일컫는다. 하나의 사조가 아니라 한 시대를 특징짓는 표현으로서의 근대주의, 즉 넓은 의미의 근대주의는 특히 서양에서 "진보"를 이루어가는 인간의 힘을 믿고, 실험과 과학 지식, 기술의 도움으로 인간의 환경을 재형성하고자 하는 사상적 경향을 가리킨다. 따라서 근대주의는 저 멀리 14~16세기에 일어난 르네상스 운동을 시작으로 17~18세기에 일어난 계몽주의 운동을 거쳐 자유주의와 개인주의, 그리고 무엇보다도 합리주의의 완성을 지향한 사상과 세계관이었다고 말할 수 있다. 중세의 신학적 사고를 벗어난 이성 중심의 사고, 즉 합리주의적 사고에 기반한 과학의 발달은 근대주의 형성에 결정적인 역할을 했다. 르네상스 운동이 고대 그리스와 로마 문화를 부흥시킴으로써, 중세 봉건사회의 특징이었던 신학적 사상을 와해시키고 인간 중심의 자유주의적이고 개인주의적인 "인본주의 사상"을 확립하고자 한 것이었다면, 계몽주의 운동은 "이성"의 힘과 인류의 "무한한 진보"를 믿고, 여전히 남아 있는 봉건 질서를 타파해 사회를 개혁하는 데 목적을 두었다. 베버의 강연에서 계몽주의는 중요하기 때문에 자세하게 살펴볼 필요가 있다.

2) 계몽주의

계몽주의는 17세기 후반에 시작되어 18세기에 유럽 전역에서 유행했던 문화적·철학적·문학적·지적 사조다. 대표적인 계몽주의자로는 바뤼흐 스피노자(1632~1677), 존 로크(1632~1704), 피에르 벨(1647~1706), 아이작 뉴턴(1643~1727) 등이 있다. 계몽주의자들은 스스로 진보적 엘리트라고 생각했고, 종교적이고 정치적인 박해에 맞서 투쟁했다. 계몽주의자들의 저작은 미국 독립전쟁과 프랑스혁명을 비롯한 18세기 말의 정치적 대격변에 큰 영향을 미쳤다. 계몽주의 운동은 자본주의가 가장 발전한 영국에서 시작해(로크, 흄, 스미스 등), 프랑스를 거쳐(몽테스키외, 볼테르, 루소, 백과전서파 등), 독일로 번져갔다(라이프니츠, 볼프, 칸트 등).

계몽주의 운동은 정치, 경제, 사회, 종교, 사상 등에서 전근대적인 어둠에 "이성"의 빛을 비추었다. 전근대적인 어둠은 봉건적이고 종교적인 권위, 특권, 부정, 압제, 인습, 전통, 편견, 미신 등을 가리킨다. 계몽주의자들은 "이성"을 척도로 이 어둠을 비판하고 단죄했다. 오직 이성에 바탕을 둔 생각이 모든 인간 행위나 사회형태의 기준으로 제시되었고, 이성에 입각한 영원한 진리와 영원한 정의는 이전의 어둠 및 어리석음과 대조를 이뤘다. 계몽주의는 모든 것을 신학적 관점에서 평가했던 중세 봉건 시대를 뒤집어엎고, 오직 인간의 이성을 기준으로 평가했다. 이렇게 이성적 정신의 열광이 세계를 뒤흔들었다.

영국의 계몽주의는 넓게는 17세기 초 프랜시스 베이컨에서 18세기 말 애덤 스미스, 벤담에 이르는 경험론의 철학을, 좁게는 존 로크에서 스미스까지의 18세기 철학을 지칭한다. 영국의 계몽주의는 무신론의 경향, 인간 내면의 도덕의식의 강조, 유물론의 경향을 띤 공리주의로 나타나 인간 중심주의적인 낙관론을 폈지만, 사회 비판은 없었으며 온건하고 현상 유지적이었다.

반면에 프랑스의 계몽주의는 데카르트 철학의 영향 아래 가톨릭 신앙의 권위주의와 금욕과 복종의 윤리에 대한 저항으로 태동해 루이 14세가 사망한 1715년 이후에는 이성적 비판으로 발전했다. 볼테르,

몽테스키외, 디드로는 구체제('앙시앵 레짐')에 고착된 종교적 편견, 사회적 기성 관념에 비판을 가했다. 특히 볼테르는 이신론과 종교적 관용에 입각해 교회를 공격했으며, 1748년 몽테스키외는『법의 정신』을 발표하면서 자연법사상에 의거해 구체제에 대한 신랄한 비판을 전개했다. 프랑스혁명 직전인 1770년경에 이르러 계몽주의는 시대의 지배적인 이데올로기로서 개화한 모든 부르주아를 사로잡아 실천적인 변혁의 사상으로 군림했다. 혁명 의회에서 전개된 모든 정치사상은 이미 계몽주의가 선취했다.

독일의 계몽주의는 영국의 경험론을 독일에 소개하고 법학에서 뛰어난 업적을 남긴 토마지우스(1655~1728)에서 시작해 칸트의『순수이성비판』이 나온 1781년까지 지속적으로 발전했다. 당시 독일은 봉건영주가 지배하는 왕국들로 구성되어 있었고, 봉건 세력과 손잡은 루터교 신학이 계몽주의 운동을 탄압하고 있는 상황이어서 계몽주의 운동은 큰 성과를 낼 수 없었다.

3) 사회주의

베버는 근대 중에서도 말기를 살아간 인물이었다. 근대 말기에는 한편으로는 근대 자본주의적 산업사회에 대한 반발로 사회주의가 출현해 큰 세력을 형성했고, 다른 한편으로는 합리주의와 진보 사상을 기조로 한 넓은 의미의 근대주의에 대한 실망과 반발로 생의철학과 낭만주의가 출현했다. 이 세 가지 사상은 베버에게도 큰 영향을 미쳤다. 먼저 사회주의부터 살펴보자.

사회주의는 자유주의적 개인주의 및 자본주의에 맞서 자본과 토지 같은 생산수단을 사회적 소유로 삼아 모든 사회 구성원의 이익을 위해 관리해야 한다고 주장하는 사상과 그런 주장을 관철하기 위한 구체적이고 조직적인 활동이다. 여기에서는 근대 말기에 유럽 전역과 러시아, 중국을 휩쓸었던, 마르크스(1818~1883)와 엥겔스(1820~1895)가 창시한 마르크스주의라는 과학적 사회주의를 살펴보고자 한다. 이전에도 사회주의사상은 존재했지만, 마르크스주의는 헤겔과 포이어바흐 같은 19세기 독일 고전철학의 변증법과 유물론, 영국 고전학파의 경제학자 리카도의 노동가치설, 프랑스의 사회주의사상을 결합해 비판적으로 발전시켰기 때문에, 자본주의의 부작용이 심각하게 나타나고 있던 근대 말기에 강한 호소력을 지닐 수 있었다.

유물론적 변증법에 기초한 공산주의사상인 마르크스주의는 제1차 세계대전 이전에 유럽에서 일어난 대부분의 노동운동의 사상적 기초가 되었다. 마르크스주의자들은 마르크스가 발견한 자본주의 운동 법칙이 자본주의의 필연적인 붕괴와 공산주의혁명의 도래를 약속한다고 믿었다. 그런데 마르크스는 사회주의가 자본주의에서 공산주의로 이행하는 과정에서 불가피한 과도기적인 단계라고 말했다. 그래서 1917년 11월에 러시아에서 사회주의혁명이 일어나 볼셰비키가 공산 정권을 수립했을 때, 유럽에서는 혁명을 통해 공산국가를 세워야 한다고 주장한 "혁명적 사회주의자"와 부르주아 체제로의 개혁을 거쳐 점진적으로 공산국가로 이행해야 한다고 주장한 "개혁적 사회주의자" 간의 투쟁이 치열했다. 이러한 반목은 러시아에서는 레닌이 이끈, 전자에 속한 볼셰비키(다수파)와 마르토프가 이끈, 후자에 속한 멘셰비키(소수파)의 투쟁으로 나타났다. 독일에서는 개혁적 사회주의자들이 주도하던 사회민주당에서 리프크네히트, 로자 룩셈부르크 등이 이끄는 혁명적 사회주의자들이 탈당해 스파르타쿠스단을 결성하는 사태가 벌어졌다.

사회문화적인 요인이 경제에서 중요한 역할을 한다고 믿고, 실제로『프로테스탄트 윤리와 자본주의 정신』에서 자신의 주장을 입증한 베버는 사상적 지향에서도 유물론을 기반으로 하는 마르크스주의와 대척 관계에 있었다. 즉, 하나의 이데올로기로 작용한 마르크스주의 운동은 과학적 엄밀성을 추구했던 사회학자 베버와는 상극이었다. 이러한 갈등은 이 책의 두 강연에서도 뚜렷하게 드러난다.

4) 생의철학

생의철학은 실증과학의 발달로 생겨난 합리주의와 실증주의에 반발해 19세기 후반부터 20세기 초까지 유럽 전역에서 일어난 비합리주의적 철학 사조를 가리킨다. 대표적인 인물로는 쇼펜하우어, 니체, 딜타이, 짐멜, 베르그송 등이 있다. 그들의 공통된 주장은 인간 또는 인간을 포함한 생물, 나아가 우주 전체의 "생(生)"은, 실증과학의 합리적이고 과학적인 사고로는 파악하기 어렵고, 도리어 은폐된다는 것이었다. "생"이 무엇인가에 대해서 쇼펜하우어는 "생에 대한 맹목적 의지"라고 정의했고, 니체는 "권력의지," 딜타이는 "정신적이고 역사적인 생," 짐멜은 "초월의 내재," 베르그송은 "생명의 비약"으로 정의했다. 하지만 합리적이고 과학적인 사고에서 벗어나 모종의 "직관"이나 직접적인 "체험"으로 되돌아갈 때만 비로소 진실을 파악할 수 있다고 일관되고 집요하게 주장했다는 점에서는 공통점을 지닌다.

생의철학은 합리성과 보편성을 추구한 근대주의에 반발해 생의 비합리성을 그대로 인정하고자 했지만, 베버가 보기에 생의철학은 지금까지 학문이 건드리지 않았던 비합리적인 영역까지 합리적인 영역으로 끌어들이고자 하는 시도였다. 생의철학은 20세기 전반에 합리주의와 실증주의에 대한 반발로 출현한 실존주의로 이어졌다.

5) 낭만주의

낭만주의는 18세기 말에서 19세기 중엽까지 유럽 전역과 아메리카에서 생겨난 문예사조이자 운동이다. 감성의 해방, 무한에 대한 동경과 불안, 질서와 논리에 대한 반항을 특징으로 하며, 고전주의와 대립한다. 18세기 유럽 국가들은 17세기 프랑스에서 확립된 고전주의를 계승하는 동시에, 이성을 유일한 인식 수단으로 삼은 계몽주의의 지배를 받았다. 고전주의는 보편적이고 절대적인 미 관념에 입각해 엄격한 규칙을 세우고 복잡함보다 간결함, 동적인 것보다 정적인 것, 토속성보다 도회성, 노골적인 것보다 우아함, 파격보다 균형을 중시하는 귀족문화였다. 하지만 18세기 중엽이 되면서 한편으로는 절대왕정의 약화 및 부르주아의 출현과 함께 인간을 있는 그대로 보려는 욕구가 분출했고, 다른 한편으로는 계몽주의의 근간인 이성의 비합리성이 드러났다. 계몽주의 최고의 성과가 이성에 의한 비합리적인 정치체제의 타파였는데, 프랑스혁명(1789)을 통해 드러난 인간의 취약성을 보고는 절망하지 않을 수 없었다. 사람들은 모든 질서가 무너지고 혼돈에 빠지는 것에 당혹했으며, 모든 원리가 붕괴하는 것을 보고 극도의 불신감에 사로잡혔다. 이러한 정신의 폐허 위에서 사람들은 지금까지 주목받지 못했던 감각 현상들에서 인간성의 진실을 찾는 것과 동시에, 고전주의가 모범으로 삼은 그리스와 로마의 고전 시대가 아니라, 개인과 국가에서 문화의 원천을 찾으려고 했다. 이것이 바로 낭만주의 정신의 본질이다.

3. 독일의 상황

1) 독일제국의 수립

베버(1864~1920)는 독일제국 시대(1871~1918)를 살았던 인물이다. 독일제국이 생기기 이전인 19세기에 독일은 39개의 군소 국가로 분리된 분권 국가였다. 그러다가 1862년에 군소 국가들 중에서 가장 크고 강한 프로이센왕국의 재상 오토 폰 비스마르크(1815~1898)가 철혈정책을 추진해 1871년 독일을 통일하고 독일제국을 세웠으며, 프로이센의 국왕이었던 빌헬름 1세(1861~888)가 독일제국의 황제로 즉위했다. 1888년에 황제가 된 빌헬름 2세는 1890년에 비스마르크를 은퇴시키고, 그의 외교 정책 대신에 팽창 정책을 추진했다. 이렇게 해서 독일-오스트리아-헝가리로 이루어진 '동맹국'과 러시아-영국-프랑스로 이루어진 '협상국'이 대립하는 와중에 제1차세계대전(1914~1918)이 발발했다.

2) 독일제국의 구성

독일제국은 4왕국, 6대공국, 5공국, 7후국, 3자유시, 엘자스-로트링겐 제국령으로 구성된 연방이다. 각국을 대표하는 연방 참의원이 상원을 구성하고 여기서 가장 중요한 문제를 결정했다. 그러나 각국은 종래의 정치제도와 법률을 그대로 유지한 채 행정권까지 장악하고 있었다. 국민 중 남자만 참여하는 보통선거를 통해 제국 의회가 하원을 구성했지만 예산심의권을 가지고 있는 데 불과했다. 통상 프로이센의 왕이 독일 황제가 되었고, 프로이센왕국의 수상은 제국의 재상을 겸했다. 따라서 연방 정부의 각료들은 황제가 임명했고, 이들은 의회에 책임을 지지 않았다. 베버는 『직업으로서의 정치』에서 이런 제국 의회와 연방 정부의 구성이 독일 정치에 어떤 영향을 미쳤는지 분석한다. 연방국 가운데 프로이센왕국이 제국 면적의 5분의 3, 제국 인구의 3분의 2를 차지했기 때문에, 사실상 독일제국은 황제의 전제정치에 놓여 있었다. 또한 독일제국에서는 재상의 권한이 컸기 때문에 비스마르크 같은 유력한 인물이 재상일 때는 사실상 그의 독재가 이루어졌고, 그렇지 않은 경우에는 독일 통일의 의미가 유명무실했다. 이처럼 독일제국은 의회주의와 자유주의가 아닌 "융커"라 불린 대지주 귀족이 군부와 관료의 요직을 독점했기 때문에, 독일의 근대적 개혁은 지지부진할 수밖에 없었다.

3) 독일제국의 정당

1871년에 시작해 1918년에 해체된 제국 의회에서 활동한 주요 정당으로는 독일보수당, 사회민주당, 독일진보당, 독일중앙당이 있다. 독일보수당(Deutschkonservative Partei, DkP)은 1876년에 창당한 독일제국의 우익 정당이다. 주로 부유한 프로이센의 대지주인 "융커"들의 지지를 받았다. 독일진보당(Deutsche Fortschrittspartei, DFP)은 독일 최초의 근대 정당으로 1861년 오토 폰 비스마르크 총리의 정책에 반대하는 프로이센 의회 진보파 의원들이 창당한 정당이다. 한편, 가톨릭중앙당이라고도 불리는 독일중앙당(Deutsche Zentrumspartei, DZP)은 독일 제국 시기와 바이마르공화국 시기에 활동한 가톨릭 정당이다. 1870년 프로이센 정부가 로마가톨릭교회의 힘을 줄이기 위해 문화투쟁을 시작하자, 독일의 가톨릭교도들의 힘을 모으고 로마가톨릭교회의 이익을 옹호하기 위해 창설했다. 이 정당은 이내 독일 제국 의회 의석의 4분의 1을 장악하면서 대다수의 정치 문제에 관해 중도적인 위치에서 중재하는 중요한 역할을 담당했다.

국가사회주의자인 페르디난트 라살(1825~1864)이 1863년에 전독일노동자협회를 창립하고, 마르크스주의자들인 아우구스트 베벨(1840~1913)과 카를 리프크네히트(1871~1919)가 1875년에 통합해 사회민주당의 전신인 사회민주노동당을 창당했다. 사회민주당은 독일제국의 대내외 정책에 대단히 비판적인 입장을 견지했다. 1878년 비스마르크의 제국 의회가 "사회주의자 탄압법"을 제정하면서 12년간 어려움을 겪었지만, 이 법이 폐지된 1890년에 독일 사회민주당(Sozialdemokratische Partei Deutschlands, SPD)으로 당명을 개정하고, 마르크스주의를 공식적인 강령으로 천명했다. 하지만 초기의 사회민주당은 노동조합에 가까웠으며, 19세기 유럽의 사회주의 정당들과 마찬가지로 이념적으로는 혁명적 마르크스주의를 지향했다. 19세기 말과 20세기 초 영국 사회주의 운동의 영향을 받은 베른슈타인(1850~1932)은 수정주의적 마르크스주의를 제기한다. 민주적 선거를 통해 정권을 획득해 사회주의로 사회를 변화시킨다는 개혁적 사회주의를 천명한 수정주의는 제

1차세계대전이 끝난 뒤에야 받아들여지지만, 실제로 당은 이 노선을 정식으로 채택하기 이전부터 받아들이고 있었다.

1914년에 제1차세계대전이 발발하자 전시 공채 발행 문제로 독일 사회민주당은 심각한 내분을 겪는다. 대부분의 당원 및 의원이 전시 공채 발행에 찬성표를 던졌지만 소수 세력은 이에 반발했다. 결국 이 두 세력 간 갈등의 골은 깊어져 한동안 두 개의 당으로 분열되었다. 찬성표를 던진 다수파 세력은 다수파사회민주당(MSPD)이라 불렸으며, 소수파는 독립사회민주당(USPD)이라는 당을 따로 창설했다. 후자의 주요 지도자는 좀 더 좌파적인 로자 룩셈부르크와 카를 리프크네히트 등이었다. 그러나 독립사회민주당은 그들보다 더 급진적 좌파인 독일공산당(KPD)과 다수파사회민주당 사이에서 자신들의 위치가 모호해지자 결국 다수파사회민주당과 다시 통합한다. 이렇게 해서 1918년에 독일혁명(11월혁명)이 일어나 독일제국이 붕괴하고, 사회민주당의 오랜 요구 사항이었던 여성의 선거권, 비례대표제, 사회와 정치의 개혁, 1일 8시간 노동제, 민주공화제가 수용되자, 사회민주당의 주도로 바이마르공화국(1919~1933)을 수립한다. 베버도 사회민주당 후보로 바이마르공화국 수립을 위한 제헌의회 의원 선거에 출마했지만 낙선했다.

4) 독일혁명과 바이마르공화국의 수립

독일혁명 또는 11월혁명은 제1차세계대전이 끝나갈 무렵인 1918년 11월에 독일에서 발생한 혁명이다. 이 혁명으로 독일제국이 붕괴하고 의회민주주의를 지향하는 바이마르공화국이 탄생했다. 4년 넘게 이어져온 전쟁으로 누적된 극도의 피폐와 피로감, 독일제국의 패전에 대한 엄청난 충격, 권력 엘리트들에 의한 비민주적인 권력 구조가 혁명의 원인이었다. 직접적인 계기는 독일의 패전이 거의 확실해진 10월 말에 해군 지휘부가 실패할 것이 뻔한 공격 명령을 내리자, 11월 3일 킬 항구의 수병들이 봉기했고 여기에 노동자들도 가세해 "노동자와 병사 평의회"를 구성하면서 킬 지역을 장악한 사건이었다. 혁명은 독일 전역으로 급속히 번져 곳곳에서 "노동자와 병사 평의회"가 각 지방을 장악했다. 베버가 있던 바이에른 지방(수도는 뮌헨)에도 11월 7일 사회주의 공화국이 들어서고 베를린도 혁명의 열기에 휩싸였는데, 이때 사회민주당(SPD)은 무장봉기에 반대했다. 결국 11월 9일 황제 빌헬름 2세가 네덜란드로 망명하면서 제정이 무너졌다. 이와 함께 막스 폰 바덴 총리가 사임하면서 사회민주당의 지도자인 프리드리히 에베르트에게 임시정부 수립을 위촉했고, 마침내 11월 9일 공화국의 수립을 선포했다. 에베르트가 11월 11일에 휴전협정에 조인함으로써 제1차세계대전도 막을 내렸다.

독일혁명으로 제정이 붕괴하고 공화국이 선포되었지만 정부의 수립은 난관에 부딪혔다. 의회주의자였던 에베르트는 제헌의회의 조속한 소집을 추진했다. 하지만 카를 리프크네히트와 로자 룩셈부르크가 이끄는 "스파르타쿠스단"이 에베르트의 의회주의 노선에 반대하면서 반정부 투쟁을 전개했다. 스파르타쿠스단은 독립사회민주당에서 떨어져 나와 1919년 1월 1일 독일공산당(KPD)를 창설하고 베를린에서 봉기를 일으켰다. 프리드리히 에베르트와 사회민주당 지도부는 내전에 대한 두려움으로 기존의 제정 시절 관료들의 권력을 박탈하지 않고 오히려 그들을 이용해 새로운 민주주의적 관계를 수립하려고 했었다. 그럼으로써 이들은 독일 국방 사령부와 연합해 혁명의 과격화를 저지하고자 했다. 이때 사회민주당의 구스타프 노스케가 이끄는 의용군(자유군단)은 스파르타쿠스단의 대중 시위와 봉기를 가혹하게 탄압했고 스파르타쿠스단의 지도자들인 카를 리프크네히트와 로자 룩셈부르크를 체포해 살해했다. 이로써 과격 혁명 노선은 힘을 잃었고 1919년 8월 11일에 독일혁명은 새로운 바이마르헌법의 채택과 함께 마무리되었다. 베버는 독일이 연합국과 맺은 평화협정인 베르사유 조약(1919)에서 독일 측 협상자로 나서기도 했고 바이마르헌법의 초안을 마련하는 위원회의 위원으로 활동하기도 했다.

II. 막스 베버의 삶과 사상

1. 막스 베버의 삶

독일의 사회학자, 정치경제학자, 역사가, 법학자로, 근대 서양 사회를 발전시킨 가장 중요한 이론가 중 한 사람인 막스 베버(Maximilian Karl Emil Weber)는 1864년 4월 21일 독일 작센주의 에르푸르트에서 막스 베버 1세의 여덟 자녀 가운데 장남으로 태어났다. 법률가이자 에르푸르트 시청 공무원이었던 아버지는 1869년 국민자유당의 부유하고 유력한 정치가로 프로이센왕국과 제국 의회에서 국회의원 경력을 시작하기 위해 베를린으로 이사했다. 부유한 가문 출신으로 아주 독실한 칼뱅주의 개신교도이자 인문학적 소양을 지녔던 어머니 헬레네 팔렌 슈타인과 달리, 아버지는 지극히 현실적이고 일상 정치를 중시하는, 당시 독일의 전형적인 부르주아 정치가였다. 베버 1세가 법률가이자 공직자였기 때문에 생의철학자 딜타이를 비롯한 여러 저명한 학자와 유명 인사가 그의 집을 드나들었다. 이렇게 베버는 어릴 때부터 정치와 학문을 접할 수 있는 지적인 분위기에서 자랐다.

여덟 살이 되자 베버는 1872년에 왕립 아우구스타 황후 김나지움에 들어간다. 이 시절에 베버는 호메로스, 베르길리우스, 키케로, 리비우스의 책을 읽고 그들에 관한 글을 썼으며, 대학 진학 이전에 괴테, 스피노자, 칸트, 쇼펜하우어에 관한 지식을 섭렵했다. 수업 시간에는 40권으로 된 괴테(1749~1832) 전집을 몰래 다 읽었다고 하는데, 이것이 그의 사상과 방법론에 중대한 영향을 미쳤다고 한다. 13살이던 1877년 성탄절에 「황제와 교황의 지위를 중심으로 한 독일 역사의 과정에 관하여」와 「콘스탄티누스 시대부터 민족 대이동까지 로마제국 시대에 관하여」라는 두 편의 역사 평론을 써서 부모에게 선물하기도 했다. 그로부터 2년 후에는 「인도 게르만 여러 국민의 민족성, 민족의 발전, 민족사에 관한 고찰」이라는 논문을 썼다. 베버는 그리스어와 라틴어에 정통했을 뿐만 아니라, 『구약성경』을 원어로 읽을 정도로 히브리어도 잘 알고 있었다고 한다.

베버는 베를린에서 김나지움을 졸업한 후에, 1882년에 하이델베르크 대학에 들어가 법학을 공부했지만, 경제학 강의를 비롯해 중세 역사와 신학도 공부했다. 1883년에는 병역 의무를 수행하기 위해 슈트라스부르크에서 1년 동안 군 복무를 했다. 이때 자신의 친척인 지질

학자 베네케와 역사학자였던 이모부 바움가르텐과의 교류가 그의 학문적 성장에 큰 도움을 주었다.

1884년 가을에는 베를린에 있는 프리드리히 빌헬름 대학(지금의 베를린 자유대학, 베를린 대학이라 약칭함)에서 수학하고자 부모님 집으로 돌아왔다. 그는 이 대학에서 법률, 경제, 철학, 역사 등 다방면으로 공부했는데, 특히 역사에 큰 관심을 가졌다. 1886년에는 변호사 자격시험에 합격했고, 1888년에는 역사학파에 속한 독일 경제학자들의 새로운 모임인 사회정책학회(Verein fur Socialpolitik)에 가입했다. 이 학회는 경제학의 역할은 우선 당시 여러 사회 문제를 해결하는 것이라고 보았고, 경제 문제에 관한 대규모 통계 연구를 주창했다.

1889년에는 「중세 상사(商社)의 역사」라는 제목의 법제사에 대한 논문을 써서 베를린 대학에서 법학 박사 학위를 취득했다. 1891년에는 하빌리타치온 논문인 「국가 공법 및 사법의 관점에서 본 로마 농업사」로 교수 자격을 취득해, 1892년부터 베를린 대학에서 상법과 로마법의 강사(Privatdozent)가 됨으로써 교수의 이력을 시작했다.

박사 논문과 하빌리타치온 논문을 쓴 몇 년 동안 베버의 관심은 점점 경제학 연구로 옮겨 갔고, 당시 사회정책에도 관심을 기울였다. 이렇게 해서 1892년에 「동부 독일 농업 노동자의 상태」, 「국민 국가와 경제 정책」 등과 같은 논문들을 썼고, 이것이 계기가 되어 1893년에 프라이부르크 대학 경제학 교수로 초빙되어 1894년 5월에 경제학 정교수로 취임한다. 이곳에서 철학자 리케르트(1863~1936)와 교류함으로써 베버는 학문적으로 많은 영향을 받았다.

1893년 베버는 사촌 누나의 딸인 마리안네 슈니트거와 결혼했다.

학자이자 여성주의자였던 그녀는 이후 27년간 잠시도 베버의 곁을 떠나지 않은 평생의 동반자였다. 마리안네 베버는 베버 서거 후 베버의 동료 및 제자와 함께 그의 유고를 정리해 베버의 저작집을 편찬했고, 방대한 분량의 전기인 『막스 베버의 생애』를 저술해 1926년에 출간했다. 이 전기에는 베버의 성장, 성격, 가정, 교우 관계뿐만 아니라 사상의 형성, 학문적 활동까지 상세하게 나와 있다.

1897년에 베버는 자신의 첫 모교인 하이델베르크 대학 경제학 교수로 초빙되어 크니스(1821~1898)의 후계자가 된다. 이곳에서 베버는 공법학자 게오르크 옐리네크(1851~1911), 신학자 에른스트 트룈치(1865~1923)와 교류를 쌓는다. 베버가 하이델베르크 대학에서 교수로 지내고 있던 1897년 여름에 어머니가 그를 방문했다가 갑자기 찾아온 아버지와 열띤 논쟁을 벌였다. 어머니가 여러 해 동안 아버지로부터 제대로 된 대접을 받지 못한 것을 목격해왔던 베버는 아버지를 자신의 집에서 내쫓았고, 아버지는 그로부터 7주 후에 죽는 불상사가 벌어졌다. 이 사건으로 베버는 정신 질환을 얻었다. 이듬해인 1898년에는 심각한 신경 질환이 발병해 베버는 1899년 가을 학기를 채 마치지 못하고, 이탈리아 등지에서 요양하지만 호전되지 않아 1903년 교수직을 사임한다.

교수직을 사임한 이후에 건강이 좋아진 베버는 1904년에 미국을 여행한 후에, 동료 에드가 야페(1865~1921), 베르너 좀바르트(1863~1941)와 함께 『사회과학과 사회정책 논총』(*Archiv für Sozialwissenschaft und Sozialpolitik*)이라는 학술지의 공동 편집장직을 맡았다. 이때 그는 「사회과학 및 사회정책적 인식의 객관성」, 「프로테스탄트 윤리와 자본주의 정신」,「문화과학의 논리에 있어서의 비판적 연구」,「루돌프 슈타플러의 유물사관의 극복」,「세계종교의 경제 윤리 문제」 등의 논문을 발표했다.

1914년에 베버는 제1차세계대전이 일어나자 군 복무를 지원해 하이델베르크의 야전병원에서 근무했지만, 곧 돌아와 빌헬름 2세의 전쟁 방침에 반대하는 투쟁을 전개하기도 했다. 1918년에는 하이델베르크에서 "노동자와 병사 평의회"의 일원으로 활동했고, 이후 베르사유조약에 독일 대표로 참여했으며, 바이마르헌법의 초안을 담당한 위원회에서 활동하기도 했다.

베버는 제1차세계대전에서의 독일의 비참한 패배와 굴욕적인 강화조약에 충격을 받고 1918년 여름에는 다시 대학으로 돌아가 빈 대학에서, 1918년에는 뮌헨 대학에서 사회학 및 사회경제사 강의를 담당했다. 1919년에는 바이마르공화국 헌법 제정을 위한 제헌의회 선거에 출마했지만 낙선했다. 1920년 봄부터 건강이 다시 악화된 베버는 스페인 독감에 걸려 6월 14일 뮌헨에서 폐렴으로 사망한 후 하이델베르크에 묻혔다.

2. 막스 베버의 저작

1889년에 막스 베버는「중세 상사(商社)의 역사」(Zur Geschichte der Handelgesellschaften im Mittelalter)라는 제목의 법제사에 대한 논문을 써서 베를린 대학에서 법학 박사 학위를 취득했다. 이 논문에서 그는 중세 시대에 몇몇 개인이 운영했던 사기업의 이윤, 위험 부담, 비용에 비추어 여러 가지 법 원칙을 검토했다.

1891년에는 하빌리타치온 논문인 「국가 공법 및 사법의 관점에서 본 로마 농업사」(Die Römische Agrargeschichte in ihrer Bedeutung für das Staats- und Privatrecht)로 교수 자격을 취득하고, 1892년부터 베를린 대학에서 상법과 로마법의 강사(Privatdozent)가 됨으로써 교수로서의 이력을 시작했다. 이 논문 저작에서 그는 고대 로마의 농업에 관한 문헌, 토지 조사의 방법, 토지 단위를 지칭하는 데 사용된 용어에 대한 분석을 통해 로마 사회의 경제·사회·정치적 발전을 검토했다.

베버가 가입한 사회정책학회에 소속되어 있던 정부 관리들과 전문가들은 1890년에 독일에서 지주들의 상황을 연구하기로 했는데, 여기서 베버는 엘베강 동쪽 지방에 관한 자료를 검토하는 책임을 맡았다. 이 지방에서 독일 노동자들은 전통적인 노사 관계를 변화시킴으로써 자신들의 사회적 신분을 상승시키기를 원했다. 당시 노동자들은 오직 1년 단위 계약으로 노동자가 될 수 있었기 때문이다. 하지만 폴란드를 비롯한 동유럽과 러시아로부터 유입된 이주 노동자들로 인해 그들은 생존을 위한 경제 전쟁에서 이주 노동자들보다 더 경쟁력이 떨어지는 열악한 처지에 놓였다. 베버는 이러한 노사 관계의 변화를 장차 독일 사회 전역에서 벌어질 광범위한 변화의 징후로 해석했다. 이런 내용을 담은 책이 바로 베버가 1892년에 쓴 『동부 독일의 농업 노동자의 상태』(Die Verhältnisse der Landarbeiter im ostelbischen Deutschland)다.

『증권 거래소』(Die Börse)는 베버가 1896년에 쓴 책이다. 1890년대에 증권거래소는 독일 자본주의의 상징이었다. 베버는 1894~1896년에 증권거래소에 관한 여러 편의 논문을 써서, 증권거래소는 "정직하게 일하는 사람들"을 속이기 위한 기만적인 기업이라는 대중적인 견해를 반박했다. 그는 먼저 문화 가치를 창출하고 파괴할 수 있는 상업화는 가부장제라는 가치를 파괴한 반면에, 농업 노동자에게는 기회를 창출해주었다는 사실을 입증했다. 다음으로는 경제활동이 경제적 이해관계의 추구와 관련된 관념들의 일부지만 별개로 취급되어야 한다고 주장했다.

1894년에 베버는 프라이부르크 대학 경제학 교수로 부임하면서, 「민족국가와 국민경제정책」(Der Nationalstaat und die Volkswirtschaftspolitik)(1895)이라는 취임 강연을 했다. 이 강연에서 베버는 독일 노동자계급은 독일 미래의 주체가 될 수 없다고 진단했다. 그들은 경제적 이득을 위해서는 조직적인 투쟁을 하지만, 정치적으로는 독일 노동자들을 좌지우지하는 저널리스트 집단보다 훨씬 미성숙하다고 보았기 때문이다. 베버는 로마사와, 프랑스혁명 시기인 1792~1795년의 국민공회와, 독일 노동자 계급을 비교한다. 그에 따르면 독일 노동자계급에게는 로마 귀족 카틸리나의 불꽃 같은 반역 에너지도 없고, 프랑스의 국민공회에 불었던 강력한 민족적 열정의 기미도 없으며, 정치적 지도력이라는 소명을 부여받은 계급에게 볼 수 있는 위대한 권력 본능도 부족했다. 또한 독일 노동자계급은 정치적인 교육을 제대로 받지 못했고, 정치적인 변화에 대한 기대치도 낮았으며, 인습과 관습에 길들여져 있었다. 독일 노동자들처럼 정치적인 학습을 받지 못한 사람들이 정치 지도자가 되면 가장 파괴적인 집단이 될 수밖에 없기 때문에, 베버는 이들이 정치적으로 적이 될 수밖에 없다고 보았다.

1904~1905년에 베버는 자신의 대표작이라 할 수 있는 『프로테

스탄트 윤리와 자본주의 정신』(*Die protestantische Ethik und der Geist des Kapitalismus*)을 발표했다. 이 책에서 그는 북유럽의 자본주의가 발달한 것은 프로테스탄트(개신교) 그중에서도 칼뱅주의가 많은 사람에게 영향을 미쳐 세속 사회에서 노동하며 자신들의 기업을 발전시키고, 교역에 종사해 투자를 위한 부를 축적했기 때문이라고 분석했다. 즉, 근대 자본주의가 계획되지 않고 조율되지 않은 가운데 출현하게 된 배후의 중요한 힘은 개신교의 노동 윤리였다는 주장이다.

『경제와 사회: 해석 사회학 개요』(*Wirtschaft und Gesellschaft: Grundriß der verstehenden Soziologie*)는 베버가 죽은 후 그의 부인 마리안네가 1922년에 출간한 저작으로 베버의 대표작 중 하나다. 이 저작은 종교, 경제학, 정치학, 공공 정책, 사회학 등 광범위한 주제들을 다룬다.

1998년에 국제사회학회에서는 베버의 『경제와 사회』(1922)를 20세기 가장 중요한 사회학 저서로 꼽았고, 미국 사회학자 라이트 밀의 『사회학적 상상력』(1959), 영국의 사회학자 머턴의 『사회 이론과 사회 구조』(1949)와 함께 『프로테스탄트 윤리와 자본주의 정신』을 네 번째로 중요한 사회학 저서로 선정했다.

1919년부터 베버는 그동안 발표한 세계종교의 경제 윤리에 관한 논문들을 보완해 『종교사회학논총』 제1~3권으로 간행하는 작업을 하지만 결국 끝을 보지 못했고, 이 논총은 그의 사후인 1922년에 출간되었다. 한편, 1923년에는 막스 베버의 강의 내용을 학생들의 강의 노트를 토대로 펴낸 경제 이론서인 『경제사』(*Wirtschaftsgeschichte*)가 출간되었다. 이 책에서 베버는 경제학을 다룰 때는 단지 경제 이론만 다루어서는 안 되고, 경제사회학과 경제사도 함께 다루어야 한다고 주장했다. 따라서 학자들은 이 저작을 경제사회학 저작으로 평가한다. 베버에 따르면 당시의 경제는 경제사적으로 노동의 분업, 이윤이나 지대의 생성을 위한 경제적 지향, 합리성과 비합리성이 경제생활을 규정하는 정도라는 세 가지 도전에 직면해 있었다.

3. 막스 베버의 사상

위의 저작들에 관한 분석에서 볼 수 있듯이, 베버를 한마디로 말하자면 사회학적 관점에서 경제학을 역사적으로 분석한 학자였다. 그는 경제학에서 역사학파에 속해 있었지만, 학문적인 방법론에서는 리케르트의 영향으로 신칸트학파의 입장에 서 있었다. 따라서 먼저 경제학과 관련해 고전학파와 역사학파를 알아보고, 다음으로 마르크스주의와의 관계를 살펴보도록 하자.

1) 역사학파

경제학에서 고전학파는 영국에서 『국부론』을 쓴 애덤 스미스(1723~1790)를 시조로 하고, 『인구론』을 쓴 맬서스(1788~1834), 『정치경제학 및 과세의 원리』를 쓴 리카도(1772~1823)를 거쳐, 『경제학 요강』을 쓴 제임스 밀(1773~1836)이 완성한 경제학파를 가리킨다. 18세기 영국의 산업혁명기에 기존의 중상주의를 비판하며 생겨난 고전학파는 자유경제 체제 내의 자유경쟁을 옹호했고, 시장 내에서 생산과 분배를 분석해 이론적으로 체계화했으며, 개인의 경제적 자유와 자유방임주의를 역설했다. 고전학파 경제학의 이론적 틀과 학문적 접근은 오늘날까지 경제학의 근간으로 남아 있다.

역사학파는 독일의 낭만주의 사조의 영향을 받아 19세기 중반부터 20세기 초까지 독일을 중심으로 일어난 경제학파다. 프리드리히 리스트(1789~1846)를 선구자로 하고, 빌헬름 로셔(1817~1894), 아돌프 크니스(1821~1898), 브루노 힐데브란트(1812~1878) 등의 구역사학파와 슈몰러(1838~1917), 바그너(1835~1917) 등의 신역사학파로 구별된다. 역사학파는 영국 자본주의가 선진적 지위를 이용해 후진 자본주의인 독일에 침투해 오는 것을 막고 독일이 자국의 산업을 보호하기 위해 형성한 학파였다.

구역사학파는 애덤 스미스를 비롯한 영국 고전학파의 자유주의 경제 이론이 후진국인 독일에 맞지 않는다는 점에서 보편타당하고 추상적인 경제법칙을 부정했다. 또한 경제 현상이나 국민경제는 자연적이고 불변적인 것이 아니라 나라와 시대에 따라 달라지는, 상대적이고 개별적인 것이라 여겨 역사적 연구나 통계조사를 중시했다. 나아가 각각의 경제 발전 단계에서는 서로 다른 경제 정책이 있어야 한다고 판단하고, 독일 국내 산업을 발전시키기 위해서는 보호무역 정책이 필요하다고 주장함으로써 고전학파의 자유무역주의를 배척했다. 신역사학파는 사회윤리적 입장에서 노사협조 이론과 사회정책론 등을 내세워 경제학사 및 사회정책론에서 큰 성과를 거두었지만, 역사를 지나치게 존중한 나머지 이론을 경시하는 경향으로 기우는 부작용을 낳기도 했다.

역사학파는 자본주의를 영속적인 것으로 파악했다는 점에서 마르크스주의 경제학과 결정적으로 차이가 있다. 역사학파 경제학에서 국가는 초계급적이면서도 유일하게 합리적일 수 있는 경제 주체인 반면에, 마르크스주의 경제학에서 국가는 계급 지배의 도구다.

베버는 언제나 독일 역사학파의 노선을 따르기는 했지만, 경제사를 "해석해야" 할 필요성을 강조했고, "방법론적 개인주의"를 옹호했다는 점에서 역사학파와는 다른 길을 걸었다. "방법론적 개인주의"는 허구적이고 인위적인 계급 또는 집단 역학보다 개인의 주관적 동기를 통해서 사회현상을 설명할 수 있다고 보는 태도를 가리킨다. 베버는 『경제와 사회』에서 이 개념을 사회과학의 전제로 도입했다.

2) 신칸트학파

신칸트학파는 독일에서 19세기 말부터 임마누엘 칸트의 비판주의 정신, 특히 칸트의 "물(物)자체"라는 개념과 그의 도덕철학을 부활시켜 발전시키는 것을 목표로 했던 철학 학파다. 19세기 말이 되면서 유물론에 대한 반성의 소리가 높아지자, 학자들은 물질로 환원될 수 없는 정신의 의의에 관해 논의하기 시작했다. 이러한 새로운 흐름의 철학적인 준거를 칸트에게서 구하려는 학파를 보통 신칸트학파라고 부른다. 이들은 칸트가 확립한 비판주의를 더욱 철저히 하는 동시에, 그것을 모든 문화 영역에 확대해 적용하려고 했다.

신칸트학파는 마르부르크 대학에서 활동한 코엔과 나토르프 등의 마르부르크학파, 하이델베르크 대학에서 활동한 빈델반트, 리케르트, 트뢸치를 중심으로 한 서남 독일학파로 나뉜다. 전자는 순수 논리와 순수 윤리의 개념 확립에 공헌했고, 후자는 가치와 문화라는 문제, 특히 사실과 가치의 구분을 주로 다루었는데, 베버는 후자에 속했다.

신칸트학파의 교설 중에서 현실은 본질적으로 혼란스럽고 불가해하기 때문에, 인간의 지성이 현실의 특정한 측면에 초점을 맞춰 인식하는 방식으로부터 모든 합리적 질서가 도출된다는 인식론은 베버의 연구에서 특히 중요했다. 또한 신칸트학파에 속한 베버는 특히 경제학과 사회학에서 문화와 가치의 문제를 중시했고, 문화의 세계는 가치의 세계이기 때문에 가치를 떠나서는 어떠한 사회과학 연구도 진전될수 없다고 보았다.

3) 마르크스주의와의 관계

독일의 현상학 전통의 철학자 카를 뢰비트(1897~1973)는 마르크스와 베버의 저작을 비교했다. 두 사람은 모두 서구 자본주의의 원인과 결과에 관심을 가졌지만, 마르크스가 "소외"라는 안경으로 자본주의를 바라보았다면, 베버는 "합리화"라는 개념을 통해 자본주의를 바라보았다고 말했다.

베버는 학문적인 문제에서 마르크스주의와 논쟁한 최초의 인물이다. 그는 마르크스주의적인 개념들은 학문적으로 엄밀하지 않고, 단지 형이상학적인 "이데올로기"일 뿐이어서, 마르크스주의의 경제적 환원주의는 경제적인 현상들에서조차도 부합하지 않는다고 보았다.

베버는 집단주의적인 사회주의경제가 인간을 해방시킬 수 있으리라고 믿지 않았다. 사회주의경제 역시 다른 모든 활동과 같이 수단의 제한을 받기 때문에 세계를 구원하는 역할을 수행할 능력이 없다는 것이 그 이유였다. 베버에 따르면, 사회주의경제는 오히려 관료제적 기제 아래에서 인류에 대한 억압을 초래하고, 완전히 집단화된 경제는 시장경제보다 더 악화된 무정부를 이끌기도 하는데, 집단화된 경제가 과도한 관료제를 낳기 때문이다.

베버는 마르크스주의적인 사회주의혁명은 사회를 추상적으로 두 개의 대립적인 진영으로 구분하지만, 역사적으로 모든 사회는 프롤레타리아 진영과 부르주아 진영 내부의 다양한 계층을 포함하기 때문에 그러한 도식적인 구분은 옳지 않다고 보았다. 베버에 따르면, 혁명은 흔히 지식인의 흥분과 격정의 근원이다. 베버는 인간이 혁명을 통해 '탈소외'라는 모호한 개념의 유토피아로 급격히 전환할 수 있다는 믿음은 이데올로기의 덫에 걸려 대이변을 바라는 지식인의 병폐라고 보고 마르크스주의 지식인들의 비관용성을 신랄하게 비난했다.

III. 『직업으로서의 정치』와 『직업으로서의 학문』 개요

베버는 뮌헨 대학 총장인 임마누엘 비른바움의 초청으로 사회적 자유주의 또는 좌파적 자유주의 성향의 학생 단체인 자유학생연합(Freistudentische Bund)이 주최한 "직업으로서의 정신노동"(geistige Arbeit als Beruf)이라는 일련의 대중 강연회에 참여해 두 번에 걸쳐 강의를 진행했다. "직업으로서의 학문"(Wissenschaft als Beruf)은 1917년 11월 7일에, "직업으로서의 정치"(Politik als Beruf)는 14개월 후인 1919년 1월 28일에 행해졌다.

1. 두 강연 전후의 상황

1) 러시아혁명

베버가 강연을 행한 시기는 1914년 제1차세계대전으로 사람들이 전쟁에 지쳐 있던 때였다. 이 시기에 러시아에서는 1917년에 방직공장 여성 노동자들과 프틸로프 공장 노동자들의 총파업에 모든 병사가 가담해 러시아제국을 무너뜨린 2월혁명(서양에서 사용한 그레고리력으로는 3월 8일에 발생)이 발생했다. 그 결과 제정러시아의 농민 정당인 사회혁명당과 멘셰비키의 주도 아래 노동자와 병사를 주축으로 하는 소비에트를 전국적으로 결성했다. 농촌 출신 병사들은 사회혁명당의 오랜 뿌리와 포괄적인 주장에 친근감을 느꼈고, 노동자들은 볼셰비키의 전투성보다 느슨하고 부담 없는 멘셰비키에 친근감을 느꼈기 때문이다. 소비에트와 더불어 자본가와 지주 세력을 기반으로 하는 임시정부가 탄생했고, 이어서 3월 17일에는 러시아공화국의 수립을 공포했다. 세상이 바뀌었지만 민중들이 보기에 근본적인 문제점은 해결되지 않았다. 전쟁은 계속되고 있었으며 굶주림과 기아는 여전했다. 노동자의 착취는 여전했고, 토지는 지주들의 손아귀에 있었으며, 소수민족에 대한 탄압도 여전했다. 이 문제들을 해결해야 할 소임은 자유주의자들로 구성된 임시정부에 있었지만 그들은 문제를 해결할 의사가 없었다. 이처럼 혼란한 와중에 레닌이 이끄는 볼셰비키만이 민중의 불만과 요구를 간파해 결국 10월혁명(그레고리력으로 이 강연이 행해진 11월 7일에 발생)으로 정권을 잡고 소비에트 정부를 구성한다.

2) 독일혁명

러시아혁명은 1918년 독일에서 일어난 11월혁명에 영향을 주었다. 독일에서는 4년 넘게 이어진 전쟁으로 극도의 피로감과 부담감이 팽배했다. 특히 이 전쟁에서 거의 확실해진 독일제국의 패배에 대한 충격과 사회적인 긴장 상태, 그리고 권력 엘리트들의 비민주적인 정치 구조는 11월혁명의 직접적인 원인이었다. 11월에 킬 항구에서 수병들이 봉기를 일으킴으로써 촉발된 이 혁명은 독일 전역으로 급속하게 확산되어 곳곳에서 병사들과 노동자들이 구성한 '노동자와 병사 평의회'가 지방 권력을 대체했다. 11월 7일에는 베버가 있던 바이에른 지역(뮌헨)에 사회주의 공화국이 들어섰고, 베를린에서는 11월 9일 독일제국의 황제 빌헬름 2세가 네덜란드로 망명하면서 제정이 무너지자 사회민주당의 지도자 프리드리히 에베르트가 임시정부를 이끌었다. 에베르트는 11월 9일에 공화국의 수립을 선포했고, 독일제국의 총리 자격으로 11월 11일에 휴전협정에 서명함으로써 제1차세계대전은 끝이 났다. 한편, 카를 리프크네히트와 로자 룩셈부르크가 이끄는 스파르타쿠스단이 에베르트의 의회주의 노선에 반대해 사회민주당을 탈당하며 반정부 투쟁을 전개하지만 가혹한 탄압으로 힘을 잃었고, 마침내 1919년 8월 11일 새로운 바이마르헌법의 채택과 함께 독일혁명은 막을 내렸다.

2. 『직업으로서의 정치』

베버가 이 강연을 통해 말하고자 한 요지, 그리고 제1차세계대전의 패전국으로서 혼란에 빠진 독일에 던지고자 한 메시지는 정치에는 반드시 카리스마적 지도자인 "예언자"가 필요하다는 것이었다. 즉, 지금까지의 독일은 관료제가 지배해온 국가여서 그런 "예언자"를 배출할 여건이 되지 않았기 때문에, 이제 독일제국이 무너지고 새로운 바이마르공화국 체제가 들어서는 시점에서 영국과 미국의 정치조직을 독일에 접목시켜 예언자와 관료제가 조화를 이루는 국가를 구성해야 한다는 요지였다. 자신의 이러한 요지를 제시하기 위해 베버는 다음과 같이 논의를 전개해나간다.

1) 서론

베버는 우선 국가는 물리적 강제력을 합법적으로 소유한 유일한 결사체라고 정의하고, 정치는 국가 또는 국가가 포괄하는 사람들의 집단 내에서 권력을 추구하거나 권력 배분에 영향을 미치는 행위라고 정의한다. 특히 그는 국가가 물리적 강제력을 합법적으로 보유한, 유일한 정치 결사체라는 것을 강조함으로써, 정치가는 이 물리적 강제력을 사용한다는 점에서 아주 독특한 위치에 있다고 말한다. 그런 다음 베버는 국가의 지배를 정당화하는 내적 조건으로 전통적 지배, 카리스마적 지배, 합법적 지배를 설명하면서 카리스마적 지배의 중요성을 강조한다. 또한 국가 지배를 위한 외적 조건으로 인적 조직과 물적 수단을 언급하면서, 이 둘의 분리와 함께 신분제 정치체제를 벗어나 절대왕정이라는 근대국가가 등장했고, 이 과정에서 직업 정치가가 출현했다는 사실을 보여준다.

2) 직업 정치가

베버는 먼저 사람들이 정치에 참여하는 유형을 여러 가지로 분류해 설명하고, 직업으로서 정치하는 사람들의 두 가지 방식, 즉 정치를 위해 살아가는 것과 정치에 의존해 살아가는 것을 구분한다. 베버는 역사로 눈을 돌려 직업 정치가와 다른 부류인 근대 전문 관료층이 어떻게 발전해왔는지 보여준다. 프랑스, 중국, 로마, 고대 그리스의 예를 들기도 하지만, 영국, 미국, 독일의 사례를 특히 강조하는 가운데, 정치가와 정당과 관료 간의 관계를 설명한다.

3) 역사적으로 본 직업 정치가의 여러 유형과 특징

베버는 어떤 부류가 직업 정치가로 활동했는지를 역사적으로 고찰하면서 성직자, 문인, 궁정 귀족, 도시 귀족, 법률가, 언론인을 차례로 설명한다. 여기서 베버는 다시 한번 정치가와 관료가 근본적으로 다르다는 사실을 강조하기 위해 둘의 차이를 설명하는데, 이것은 독일 관료제가 지닌 한계를 지적하는 내용이기도 하다.

4) 근대 정당의 출현과 직업 정치가

이제 베버는 최근으로 눈을 돌려, 근대 정당의 출현으로 의회가 정치의 중심이 되었고, 거기에서 본격적인 직업 정치가가 등장했다는 것을 보여준다. 영국에서 근대 정당이 출현한 초기에는 명망가 중심의 정당이 대세를 이루었지만, 점차 모든 유권자의 국민투표에 의한 정당 조직이 부상했고, 이러한 정당 조직이 현재의 흐름이라고 설명하면서 영국의 코커스 시스템, 미국의 보스 제도를 사례로 든다. 반면에 독일은 여전히 관료의 지배 아래 놓여 있는 것이 현주소인데, 독일의 정치체제로 인해 전망이 불투명하다고 진단한다.

5) 직업 정치가의 내적 조건

베버는 이제 직업 정치가의 내적 조건으로 옮겨 가서, 직업 정치가는 열정, 책임감, 시대를 읽는 안목을 갖추고 대의에 헌신하는 사람이어야 한다고 말한다.

6) 정치와 윤리

강의의 막바지로 접어든 베버는 정치의 본령('에토스')은 윤리라고 단언하면서도, 정치는 종교와 달리 절대 윤리를 지향하지 않는다고 말한다. 그는 종교나 이데올로기에서 지향하는 신념 윤리와 정치에서 통용되는 책임 윤리를 구별하고, 책임 윤리에 따라 행동할 때 생겨나는 목적과 수단의 관계를 다룬다. 정치는 물리적 강제력을 사용하는 것이기 때문에, 목적이 정당하면 수단도 정당화되느냐 하는 문제를 다룬다. 그러면서 그는 여러 종교의 윤리를 소개한다.

7) 결론: 신념 윤리와 책임 윤리의 상호 보완성

신념 윤리를 따르는 종교는 결과에 책임을 지지 않지만, 책임 윤리를 따르는 정치는 결과에 책임을 져야 한다. 따라서 정치가에게는 "신념 윤리"와 "책임 윤리"의 균형이 필요하다고 역설한다. 즉, 정치가는 신념 윤리에 따라 자신의 핵심적인 신념들을 흔들림 없이 굳건히 견지하면서, 책임 윤리에 따라 현실의 상황 속에서 국가의 적절한 강제력을 사용해 필요한 조치를 취함으로써 자신의 정치적 행위에 책임을 져야 한다고 강조한다.

베버는 이 강연을 마무리하면서 1918년에 일어난 독일의 11월혁명을 논평하고, 감정적인 흥분과 격정으로 이루어진 이 혁명 운동이 가져다줄 미래의 결과는 암울하다고 전망한다. 하지만 자신에게 날마다 주어지는 일들을 성실하게 해나가는 사람에게는 미래의 희망이 있다고 여운을 남긴다.

3. 『직업으로서의 학문』

베버가 이 강연을 통해 말하고자 한 핵심은 다음과 같다. 인간은 이 세계에 존재하는 수많은 가치관 중에서 어느 하나를 스스로 선택해야 하는데, 이때 학문은 어느 가치관을 선택해야 하는지를 말해줄 수 없다. 따라서 학문의 책무는 특정한 정파적 견해를 제시하고 합리화하는 데 있지 않고, 여러 견해가 지닌 함의와 결과를 정파적 편견 없이 제시함으로써, 개인으로 하여금 스스로 선택하는 것을 돕는 데 있다. 베버는 이 핵심을 말하기 위해 다음과 같이 자신의 논리를 전개해나간다.

1) 직업으로서의 학문의 외적 조건

먼저 베버는 독일의 강사와 미국의 조교를 비교하면서, 대학에서 학문을 직업으로 선택했을 때 외적으로 어떤 일이 벌어지는지, 즉 현재 독일 대학의 환경에서 직업으로서의 학문을 선택했을 때 처하게 되는 외적 조건을 설명한다. 베버는 능력보다는 우연과 운이 학자로서의 이력을 많이 좌우한다고 말하면서 독일의 교수 임용 제도의 문제점을 지적하고, 학자로서의 자질과 교사로서의 자질이 서로 다른 것도 한 요인이라고 말한다.

2) 직업으로서의 학문의 내적 조건

다음으로 베버는 직업으로서의 학문을 하고자 하는 사람이 내적으로 어떤 처지에 놓이게 되는지, 즉 내적 조건에 대해 말한다. 그는 학자에게는 열정과 끈질긴 연구, 영감이 필요하다고 말하고, 특히 학문에서 영감의 중요성을 강조한다. 하지만 오늘날의 젊은이들은 생의철학과 낭만주의의 영향을 받아 "개성"과 "체험"을 중시하고, 이성에 입각한 끈질긴 연구를 열정과 영감으로 수행해나가길 거부한다. 또한 베버는 학자의 내적 조건에서 중요한 것은 최고의 완성도를 갖춘 작품을 만들어낼 수 있는 예술과 달리 학문은 언제나 과도기적인 것, 즉 시간이 지나면 낡고 진부해질 수밖에 없는 결과물을 만들어낸다는 데 있다고 말한다.

3) 진보 과정으로서의 학문

베버에 따르면 세계는 탈주술화, 즉 지속적인 지성화와 합리화의 "진보" 과정에 있는데, 그 진보 과정의 일부인 학문이 지닌 잠정성으로 인해 학문의 "의미" 문제가 대두되고, "학문의 가치는 무엇인가" 하는 질문이 제기된다. 그러면서 그는 레프 톨스토이를 예로 들어 탈주술화 또는 진보의 의미를 설명하고, 이 진보 과정을 역사적으로 설명한다. 또한 베버는 어떤 학문도 전제로부터 자유로울 수 없기 때문에, 그 전제를 배척하는 사람에게 학문은 아무런 가치가 없다고 말한다. 학문은 특정한 입장을 설명하고 정당화하는 수단을 제공하지만, 왜 그 입장을 취할 가치가 있는지 설명해주지는 못하는데, 베버에 따르면 후자는 철학의 소임이다.

4) 사실판단과 가치판단

베버는 강의실과 정치에 대해 말하면서, 학문의 소명은 사실판단에 있지 가치판단에 있지 않기 때문에 강의실에서 교수는 정파적 견해를 말해서는 안 된다고 주장한다. 그런 후에 베버는 이 세계는 비록 탈주술화되긴 했지만, 비유적으로 각각의 가치를 수호하는 신들의 전쟁터라고 하면서 학문은 이 전쟁터에서 사람들에게 어떤 가치를 선택해야 하는지 말해줄 수 없다고 말한다. 그리고 이것이 사실판단을 하는 교수와 가치판단을 하는 지도자의 차이이며, 여기에 학문의 역할과 한계가 존재한다고 말한다. 한편, 베버에 따르면 학문은 삶의 근본적인 문제들에 결코 대답해줄 수 없기 때문에, 사람들에게 삶을 어떻게 살아야 하고 어떤 삶이 가치가 있는지 말해줄 수 없다. "가치"는 오로지 종교와 같은 "신념"으로부터만 나올 수 있으며 사실과 가치는 구별되어야 한다. 따라서 교수는 강의실에서 사실만 전달해줄 수 있을 뿐이고, 가치와 관련된 정파적 견해를 가르쳐서는 안 된다.

5) 학문의 역할과 한계

베버는 사람들이 어떤 가치를 선택해야 한다고 말해줄 수 없는 학문의 한계가 있지만, 학문은 사고의 방법론을 가르쳐주고 사고의 도구와 훈련을 제공해 어떤 문제의 본질과 결과를 명료하게 사고할 수 있도록 해줌으로써 그 선택을 돕는 역할을 한다고 말한다. 만약 사람들이 신학이라는 학문이 존재하지 않느냐고 반문한다면, 베버는 신학은 학문이 일반적으로 전제하는 것 외에도 계시의 사실성을 전제한다는 점에서 지성을 제물로 바쳐야만 가능하다는 사실을 보여준다.

6) 결론

학문을 정파적 견해를 뒷받침해주는 도구로 사용해 학자가 예언자가 되려고 한다면, 베버에게는 이 세계의 합리화와 지성화, 특히 탈주술화를 특징으로 하는 우리 시대의 운명을 거스르는 일이다. 그런 사람들은 차라리 종교에 귀의하는 것이 낫다. 학문은 지적 정직성이라는 미덕만 존재하는 곳이기 때문에, 직업으로서의 학문을 하고자 하는 사람들에게는 예언자가 되려 하지 말고, 아무리 오랜 세월이 걸린다고 해도 학문에 주어진 소임을 매일매일 해나가면서 일상의 요구에 부응해야 한다. 마지막으로 베버는 "우리가 각자의 삶의 실을 자아내는 신을 찾아서 그 신에게 복종한다면, 그렇게 하는 것은 아주 쉽고 간단합니다"라고 말하며 강연을 마무리한다.

막스 베버 연보

1864년   4월 21일에 작센주 에르푸르트에서 아버지 막스 베버 1세와 어머니 헬레네 팔
렌슈타인 사이에서 장남으로 태어남

1869년   가족이 에르푸르트에서 베를린으로 이사함

1872년   독일의 엘리트 공립학교인 왕립 아우구스타 황후 김나지움에 입학함

1882년   하이델베르크 대학에서 3학기 동안 법학을 전공하면서 경제학, 철학, 후기 고대
사 등을 배움

1883년   슈트라스부르크에서 1년 동안 군 복무를 하며 역사학을 공부함
이 대학 역사학 교수였던 이모부 헤르만 바움가르텐으로부터 자유주의 사상의
영향을 받음

1884년   군 복무를 마치고 베를린 대학에서 2학기를 공부함

1886년   변호사 자격시험에 합격함

1889년   베를린 대학에서 「중세 상사의 역사」라는 논문으로 법학 박사 학위를 취득함

1891년   「공법과 사법의 관점에서 본 로마 농업사」라는 논문이 책으로 출간됨

1892년   위의 논문으로 교수 자격을 취득하고 강사에 임명되어 베를린 대학에서 법학을
가르침

1893년   마리안네 슈니트거와 결혼함

1894년   프라이부르크 대학의 경제학 교수로 부임함
『괴팅겐 노동자 문고』 제1권에 「거래소」 제1부를 발표함

1896년   『괴팅겐 노동자 문고』 제2권에 「거래소」 제2부를 발표함

1897년   하이델베르크 대학의 경제학 교수로 부임함
막스 베버와 심하게 다툰 아버지가 한 달도 채 안 되어 죽음

1898년   봄에 신경정신과 계통의 병에 걸려 이후로 계속 투병 생활을 함

1899년   하이델베르크 대학 교수직을 사직하지만 무기한 휴직으로 처리되고, 이후에 휴
양을 위해 여러 곳을 여행하면서 다양한 책을 읽음

1903년	하이델베르크 대학 경제학 교수직을 사임함
	「로셔와 크니스, 그리고 역사학파 경제학의 논리적 문제들」이라는 논문을 발표함
	「프로테스탄트 윤리와 자본주의 정신」의 집필을 시작함
1904년	8월에 미국을 방문해 「과거와 현재의 독일 농업 문제」를 주제로 강연을 하고, 11월까지 미국의 사회와 자본주의를 체험함
	베르너 좀바르트 및 에드가 야페와 함께 『사회과학 및 사회정책 논총』의 편집을 맡음
	11월에 『사회과학 및 사회정책 논총』에 「프로테스탄트 윤리와 자본주의 정신」 제1부를 발표함
1905년	러시아에 공산혁명이 일어나자 러시아어를 배워서 공산혁명을 연구함
	6월에 『사회과학 및 사회정책 논총』에 「프로테스탄트 윤리와 자본주의 정신」 제2부를 발표함
1906년	러시아에 대한 연구 결과를 「러시아에서의 시민 계층적 민주주의의 상황에 대하여」와 「러시아의 유사 입헌정으로의 이행」이라는 두 편의 논문으로 발표함
	4월에 『프랑크푸르터 차이퉁』에 「교회와 분파」를 발표하고, 『기독교 세계』에 「북미의 '교회들'과 '분파들': 교회정치적 및 사회정치적 소묘」를 발표함
1908년	『고대 문명들의 농업사회학』 출간
1916년	『사회과학 및 사회정책 논총』에 「중국의 종교」와 「인도의 종교」를 발표함
1917년	『사회과학 및 사회정책 논총』에 「고대 유대교」를 발표함
1918년	베르사유조약에 독일 대표로 참여함
	대학 강의를 다시 시작함, 빈 대학의 가장 큰 강의실에서 "유물론적 역사관에 대한 실증적 비판"과 "국가사회학" 두 과목을 강의함
	뮌헨 대학에서 사회학 및 사회경제사 강의를 함
1919년	그동안 발표한 세계종교의 경제 윤리에 관한 논문들을 보완해 『종교사회학논총』 제1~3권으로 간행함
	1906년에 발표했던 「북미의 '교회들'과 '분파들': 교회정치적 및 사회정치적 소묘」를 대폭 증보해 「프로테스탄트 분파들과 자본주의 정신」으로 제목을 바꿔 『종교사회학 논총』 제1권에 수록함
	10월에 어머니 헬레네 베버가 죽음
1920년	『종교사회학논총』에 「예비적 고찰」이라는 글을 씀
	6월 14일에 폐렴으로 뮌헨에서 죽은 후 하이델베르크에 안장됨

옮긴이 박문재

서울대학교 법과대학 법학과와 장로회신학대학교 신학대학원 및 동 대학원을 졸업했고, 독일 보훔 대학교에서 수학했다. 고전어 연구 기관인 비블리카 아카데미아에서 고대 그리스어와 라틴어 원전들을 공부했다. 대학 시절에는 역사와 철학을 두루 공부했으며, 전문 번역가로서 30년 이상 인문학과 신학 도서를 번역해왔다.

역서로는 『프로테스탄트 윤리와 자본주의 정신』(막스 베버), 『자유론』(존 스튜어트 밀), 『실낙원』(존 밀턴) 등이 있고, 라틴어 원전을 번역한 책으로는 『고백록』(아우구스티누스), 『철학의 위안』(보에티우스), 『유토피아』(토머스 모어) 등이 있다. 그리스어 원전에서 옮긴 아우렐리우스의 『명상록』과 『소크라테스의 변명·크리톤·파이돈·향연』, 『아리스토텔레스 수사학』, 『아리스토텔레스 시학』, 『플라톤 국가』, 『이솝우화 전집』 등은 매끄러운 번역으로 독자들의 호평을 받고 있다.

현대지성 클래식 57

직업으로서의 정치
직업으로서의 학문

1판 1쇄 발행 2024년 5월 9일

지은이 막스 베버
옮긴이 박문재
발행인 박명곤 **CEO** 박지성 **CFO** 김영은
기획편집1팀 채대광, 김준원, 이승미, 이상지
기획편집2팀 박일귀, 이은빈, 강민형, 이지은, 박고은
디자인팀 구경표, 구혜민, 임지선
마케팅팀 임우열, 김은지, 전상미, 이호, 최고은

펴낸곳 (주)현대지성
출판등록 제406-2014-000124호
전화 070-7791-2136 **팩스** 0303-3444-2136
주소 서울시 강서구 마곡중앙6로 40, 장흥빌딩 10층
홈페이지 www.hdjisung.com **이메일** support@hdjisung.com
제작처 영신사

"Curious and Creative people make Inspiring Contents"
현대지성은 여러분의 의견 하나하나를 소중히 받고 있습니다.
원고 투고, 오탈자 제보, 제휴 제안은 support@hdjisung.com으로 보내 주세요.

현대지성 홈페이지

이 책을 만든 사람들
편집 박일귀 **표지 디자인** 구혜민 **내지 디자인** 박애영

"인류의 지혜에서 내일의 길을 찾다"
현대지성 클래식

현대지성 클래식 살펴보기